国際連合
その役割と機能

Ueki Yasuhiro
植木安弘

United Nations

日本評論社

はじめに

　国際連合（国連）とは何か。国連を代表するのは誰か。一見簡単そうに見える質問であるが、答えはそう簡単なものではない。

　国連とは端的にいうと「普遍的政治的国際機関」である。「普遍的」とは、ほとんどの国家（この場合、主権国家）が加盟していることである。しかし、「ほとんどの国家が加盟している国際機関」は多い。なぜ国連が他の国際機関と違うかは、その政治性にある。政治的な国際機関はいくつもあるが、その多くが地域的機関である。欧州連合（EU）などはその代表的な例だ。国連が他の政治的国際機関と違う点は、ほとんどの主権国家を加盟国とする政治的機関であることと、国際法上、個別的あるいは集団的自衛の他に武力行使を含む強制行動が取れる唯一の国際機関だということである。

　国連は国際機関であるが、正確にいうと主権国家が集まった「国際政府機関」（international-governmental organization：IGO）であり、民間団体で構成される国際非政府機関（international non-governmental organization：INGO）とは異なる。

　では、国連を代表するのは誰か。これはより複雑である。国際の平和と安全の維持で第一義的役割を与えられている安全保障理事会（安保理）で決議が採択されると、これは国連の決議となる。全加盟国を擁する総会で決議が採択されると、これも国連の決議となる。毎月交代する安保理議長が議長声明や記者声明を出すと、国連の声明となる。総会議長が声明を出すとこれも国連の声明となる。国連事務局のトップたる事務総長が発言すると国連の発

言となる。国連人権高等弁務官や国連難民高等弁務官が発言すると、これも国連の発言となる。このリストはかなり長い。国連の組織がかなり膨大でかつ複雑に入り込んでいるので、外から見ると、国連の組織に所属する人たちが発言したり行動をとったりすると国連の発言あるいは行動として理解されるのである。場合によっては決議や発言の内容に一貫性がない場合もある。そのため、誰が国連を代表しているのか問題になることもある。

　国連とは何か。国連とは誰か。国連の組織はどうなっているのか。国連の目的や原則は何か。国連の成果や課題は何か。国連は一般の人々にとって何の意義があるのか。これらの疑問に答え、国連の役割と機能を国連憲章だけではなく、現実の行動に照らし合わせて概説しようとするのが本書の目的である。

　国連は抽象的な概念ではない。変動しつつある国際政治の中で常にその時々のニーズに応じて国連の活動も変遷してきた。第二次世界大戦の廃墟の中から生まれた国連は、70年以上を過ぎた今日でも紛争予防行動から平和維持活動、紛争調停、紛争後の復興や安定化、経済社会開発、人権の促進、人道支援、持続可能な発展など幅広い分野で活動を行っている。その全体像を理解するのはそう簡単なことではないが、世界の人々の命や尊厳に直接的、間接的に影響を与える存在となっていることは確かである。

　国連の役割と機能を正確に、そして現実的に理解することにより、より積極的にグローバルな国際社会の課題に立ち向かうとともに、ローカルなレベルでも少しでも人々の安全と生活の向上、持続的社会の発展、そして、すべての人の尊厳を実現することに役立てることができれば、本書の意義が出てくる。

■目 次■

はじめに …………………………………………………………………… iii

第1章　国連の目的と特徴 ……………………………………………… 1

1．国連憲章前文の意味するもの　1
2．国際連盟の創設と崩壊　3
3．国連設立の交渉過程　6
4．国連の目的　8
5．国連の特徴　12

第2章　国連の原則 …………………………………………………… 17

1．主権平等と義務の履行　17
2．国際紛争の平和的解決　19
3．領土保全、政治的独立の尊重　20
4．強制行動をめぐる原則　22
5．内政不干渉と主権の壁　23

第3章　加盟国の地位 ………………………………………………… 31

1．原加盟国と新加盟国　31
2．冷戦と国連加盟問題　32
3．国家承認と国連加盟　33
4．国家統合と分離　35
5．パレスチナと台湾の加盟申請　36
6．加盟の資格　38
7．権利の停止と追放　39
8．脱退規定の欠如　41

第4章　国連の主要機関 ……………………………………………… 45

1．主要機関の設立と権限の相互関係　45
2．下部機関　46

第5章　総会 …………………………………………………………… 51

1．任務と権限　51

vi

2．通常総会 54

3．下部機関の役割 58

4．特別総会と緊急特別総会 60

5．表決 62

6．予算 63

7．オブザーバーと市民社会の参加 67

8．国際法の漸次的発展と法典化 68

9．総会の活性化 71

第6章　安全保障理事会 73

1．任務と権限 73

2．構成 76

3．表決 79

4．議長 81

5．決議の採択 84

6．決議の法的拘束性 85

7．公式会合、非公式協議、私的会合 88

8．下部機関の役割 90

9．安全保障理事会改革への動きと行き詰まり 92

第7章　紛争の平和的解決 97

1．平和的解決の義務 97

2．安全保障理事会の要請、調査、勧告 99

3．安全保障理事会の調査団派遣 100

4．平和的解決の手段 101

5．総会の役割 104

6．事務総長の役割 106

7．事務総長などによる事実調査 109

8．人権理事会による事実調査 111

9．安全保障理事会下部機関による検証や査察 112

10．国連平和維持活動(PKO)の貢献 112

第8章　強制行動 ·· 119

1. 国際平和と安全への脅威の存在決定 119
2. 暫定的措置 121
3. 武力を伴わない強制措置—経済制裁 122
4. 包括的経済制裁 124
5. 部分的経済制裁 126
6. 制裁委員会 129
7. 経済制裁の効果 132
8. 武力の行使 133
9. 個別的、集団的自衛の権利 135
10. 多国籍軍の活用 138
11. 国連 PKO による強制行動 141
12. 地域的機関や取極めの活用と旧敵国 143

第9章　経済社会理事会 ··· 147

1. 経済と社会分野での国際協力 147
2. 総会と経済社会理事会の関係 148
3. 権限と機能 149
4. 構成、議長、会期、表決 151
5. アジェンダと年次会合 152
6. 機能委員会と地域委員会の役割 156
7. 専門機関、基金、プログラムとの調整と連携 158
8. 人権委員会から人権理事会へ 160
9. NGO と市民社会の貢献 164

第10章　国際経済開発社会変動への対応 ······················ 169

1. 戦後の復興と難民対策(1946-1950年代) 169
2. 非植民地化と新興独立国支援(1960年代) 172
3. 南北対立と環境問題(1970年代) 173
4. 途上国債務問題と構造調整(1980年代) 175
5. 開発へのパラダイムシフトと気候変動への対処の始まり(1990年代) 176
6. ミレニアム開発目標(2000年代) 177

viii

7．持続的開発目標へ（2010年代―）　180

8．開発における国連の優位性　183

第11章　信託統治理事会と非植民地化 ……………………………187

1．民族自決権と連盟の委任統治制度　187

2．国連の信託統治制度　188

3．信託統治理事会　193

4．非自治地域宣言と非植民地化　194

5．今日の非自治地域とその将来　197

第12章　国際司法裁判所 …………………………………………203

1．主要な司法機関　203

2．非加盟国の加入　204

3．管轄権　205

4．義務的管轄権　206

5．裁判官の構成、任期、選出　207

6．判決と勧告的意見　208

7．勧告的意見（Advisory Opinion）　209

8．係争の領域　210

9．日本の捕鯨に関する国際司法裁判所の判決　211

第13章　国連事務総長と事務局 …………………………………215

1．事務総長の地位と権限　215

2．トリグブ・リー初代事務総長の選出と苦悩　218

3．ダグ・ハマーショルド事務総長の貢献　221

4．財政危機への対処と途上国支援を推進したウ・タント事務総長　223

5．南北対立の中のクルト・ワルトハイム事務総長　225

6．冷戦終焉期のハヴィエル・ペレス＝デクエヤル事務総長　226

7．ブトロス・ブトロス＝ガリ事務総長とアメリカの対立　228

8．事務局上がりの唯一のコフィ・アナン事務総長　231

9．アジア的潘基文事務総長　234

10．混迷期の国際政治に対応するアントニオ・グテーレス事務総長　236

第14章　国連憲章改正と死文化条項 ……………………………………………… 241

おわりに ………………………………………………………………………… 245

（付録）国連憲章　247

第1章　国連の目的と特徴

1．国連憲章前文の意味するもの

　国連憲章は国際社会の憲法ともいえるもので、主権国家から成る国際社会の行動規範を定めたものである。その前文は国連の存在そのものの根拠を表しており、また、国際社会の究極的目的を定めたものでもある。以下、前文を引用する。

　「われら連合国の人民は、われらの一生のうち二度まで言語に絶する悲哀を人類に与えた戦争の惨害から将来の世代を救い、基本的人権と人間の尊厳及び価値と男女及び大小各国の同権とに関する信念をあらためて確認し、正義と条約その他の国際法の源泉から生ずる義務の尊重とを維持することができる条件を確立し、一層大きな自由の中で社会的進歩と生活水準の向上とを促進すること、並びに、このために、寛容を実行し、且つ、善良な隣人として互いに平和に生活し、国際の平和及び安全を維持するためにわれらの力を合わせ、共同の利益の場合を除く外は武力を用いないことを原則の受諾と方法の設定によって確保し、すべての人民の経済的及び社会的発展を促進するために国際機構を用いることを決意して、これらの目的を達成するために、われらの努力を結集することに決意した。よって、われらの各自の政府は、サン・フランシスコ市に会合し、全権委任状を示してそれが良好妥当であると認められた代表

者を通じて、この国際連合憲章に同意したので、ここに国際連合という国際機構を設ける」。

この前文の意味するところは大きく5つに分けられる。

1）世界を巻き込む新たな大戦（第三次世界大戦）を防ぐ

第一次世界大戦（1914-1918）の死者は約1500万人に上り、第二次世界大戦（1939-1945）の死者は約6600万人と推定されている[1]。両大戦とも一般市民を巻き込む総力戦であり、一般市民も大きな犠牲者となった。第二次世界大戦終了時には大量破壊兵器の原子爆弾が使用され、その後より強力な核兵器が開発されることにより、人類そのものが滅亡しうる状況が生まれてきている。

2）基本的人権と人間の尊厳と価値を守る

1930年代にナチス・ドイツの支配下で起きた反ユダヤ主義とユダヤ人（及び他の少数民族）の迫害と大虐殺（約600万人が犠牲となったホロコースト）を国際社会が防げなかったことの反省で、基本的人権の侵害と尊厳の無視が国家間の緊張と戦争の原因にもなることが認識された。

3）国家主権を尊重する

国際社会は主権国家からなる国家社会で、国家の大小や性格の違いに関わらず、お互いの主権を尊重することにより、国家間関係を保つことになる。

4）国際法に基づいた行動を取る

国際法は、主権国家間の合意に基づき国家の権利と義務を定めるもので、2国間や多国間条約、国際慣習をベースに国家の行動を制約し、一定の規律を課すものである。世界政府が存在しない国際社会は「アナーキー的社会」とされるが、そのような状態の中で、主権国家同士が一定のルールに沿って行動することにより、紛争を解決し戦争が起きないようにすることに加え、一定の状況下では武力の行使に正当性を付与するものである。

5）経済的、社会的発展を促進する

経済的、社会的発展の阻害と戦争との間には、時によっては密接な関係があり得ることは、1930年代の経済ナショナリズムの高騰や経済圏のブロック化で実証されている。資源や市場を巡る争いや他民族の支配と服従、人権の抑圧は国家間あるいは国家内での紛争につながっていった。

2．国際連盟の創設と崩壊

国連の創設にあたっては、前身の国際連盟からの教訓が多く取り込まれている。国際連盟（連盟）は第一次世界大戦後の世界の平和と安全を集団的に守るために創設された最初の政治的国際機関である。

第一次世界大戦の勃発は、それまでの国際関係を維持してきた秩序の崩壊を意味するものであった[2]。19世紀初頭にヨーロッパの覇権を握ろうとしたナポレオン戦争は、1648年に端を発する近代国家主権体制（ウェストファリア体制）に挑戦するものであったが、1国による覇権主義の再来を防ぐために、勝利した連合国を中心に1815年のウィーン会議で生まれたのが「ヨーロッパの協調体制」であり、ヨーロッパの列強間の関係は「力の均衡（バランス・オブ・パワー）」で保たれてきた。しかし、産業革命や植民地化による勢力や富の拡大、武器の近代化などで、列強間の力関係が徐々に変化し、同盟関係が硬直化することによって、オーストリア・ハンガリー帝国下で起きたサラエボでのオーストリア皇太子暗殺事件をきっかけに、2つの同盟間の戦争が一気に世界大戦に導かれてしまった。

第一次世界大戦中に、イギリスやアメリカなどで、大戦後の新たな世界秩序造りの構想が議論され、それを集約した形で、集団で国際平和と安全を守る構想を表明したのが、アメリカのウッドロー・ウィルソン大統領だった[3]。ウィルソン大統領は1918年1月に出したいわゆる「14か条講和原則」の中で、すべての国家の政治的独立と領土保全を守るために国際連盟の設立を提唱した。また、その中で、オーストリア・ハンガリー帝国下にある東欧諸国の民族自決権を提唱したこともその後の国際秩序形成に大きな役割を果たす

ことになる。

　国際連盟は、第一次世界大戦の戦後処理として締結されたベルサイユ条約の一環として設立されたが、この条約で多額の賠償を強いられたドイツは経済困難に陥り、1926年には国際連盟に常任理事国として加盟を許されたものの、1930年代にはナチス・ドイツによる国際連盟への不満と脱退の起因となった。

　国際連盟の中核として全加盟国から構成される総会と大国を中心とした理事会が設立された。国の大小に関わらず1国1票制を総会に導入したが、これは、連盟はあくまでも主権国家により構成される構造になっていたことによる。また、集団安全保障体制を守るのは大国との強い信念のもとに理事会の構成が合意され、当時の大国のアメリカ、イギリス、フランス、イタリア、日本が常任理事国に就任することになっていたが、アメリカが国内的反対で非加盟となったことから他の4か国が常任理事国となり、さらには大国以外の国々の参加への政治的要求もあったため4か国を非常任理事国として追加することになった。

　国際連盟の大きな欠陥は、その創設を提唱したアメリカの不参加だった。不参加の直接の理由は、連盟規約第10条に規定された集団安全保障の概念だった。第10条は次のように規定されている。

　　「連盟国は、連盟各国の領土保全及現在の政治的独立を尊重し、且外部の侵略に対し之を擁護することを約す。右侵略の場合又は其の脅威若は危険ある場合に於いては、連盟理事会は、本条の義務を履行すべき手段を具申すべし」[4]。

　連盟加盟国への侵略に対しては、これを加盟国全体への侵略とみなしてこれに対処することを義務付けているのである。この集団的安全保障義務に対しては、アメリカの国内でも反対論が強かった。アメリカは、1823年に出されたジェームズ・モンロー大統領によるいわゆる「モンロー宣言」で、ヨーロッパの旧世界とアメリカの新世界は別個のシステムであり、アメリカはヨーロッパ諸国の戦争に関わらない代わりにヨーロッパのアメリカ南北大陸の

植民地拡大には反対するといった不干渉政策あるいは孤立主義がまだ根強く残っていた。アメリカは当初第一次大戦には不参加だったが、イギリスを支援していたアメリカの船をドイツが攻撃するに至って参戦した経緯があった。しかし、連盟規約が公になるにつれて、条約の批准権限を持つ上院で、他の加盟国を守るための参戦義務に対する反対が強くなり、結局アメリカの国際連盟加盟が阻止されてしまった。

　アメリカの不参加は国際連盟にとっては大きな痛手だった。当時の列強は、イギリス、フランス、アメリカ、イタリア、日本だったが、第一次世界大戦で疲弊したイギリスやフランスに取って代わって大国として登場してきたのがアメリカだった。国際連盟の創設を強く主張し、働きかけを行ったアメリカが欠如してしまったため、最初の集団安全保障体制に大きな穴が開いてしまった。

　国際連盟の問題点はその他にもいくつかあった。その1つは、連盟規約第5条に規定されている総会と理事会双方における議決に当たっての全会一致原則だった。連盟理事会は国際平和に影響する一切の問題を処理する権限を与えられていたが、非常任理事国も理事会に参加していたことから、常任、非常任1か国でも反対すると議決できないことになるため、大きな足枷となった。

　もう1つの大きな問題は、連盟規約第1条に規定されている脱退の権利だった。連盟の加盟国は2年の予告で連盟を脱退することが出来るというものである。事実、1931年の満州事変のリットン調査団による報告書で批判された日本は脱退通告を行い、1933年には脱退している[5]。1926年に常任理事国として加盟を許されたドイツも、ナチス・ドイツの誕生で、1933年には脱退している。常任理事国の1つだったイタリアもエチオピア侵攻、併合問題で制裁を受け、1937年には脱退した。1934年に加盟したソ連は1939年にフィンランド侵攻を批判され、連盟から追放された。その他にもブラジルなど幾つもの加盟国が諸々の理由で脱退したが、第二次世界大戦が始まった1939年には、主要国のうち連盟に残っていたのはイギリスとフランスだけだった[6]。

3．国連設立の交渉過程

　第二次世界大戦後新たな国際秩序の体制を確立する必要性は、すでに大戦後間もなく表明された。アメリカのフランクリン・D・ルーズベルト大統領とイギリスのウィンストン・チャーチル首相が1941年8月に大西洋上の米軍艦で会談し発表した原則宣言（大西洋憲章）の中で、戦後の世界構築に必要な8つの一般的原則が謳われ、その中で「より広範囲で恒久的な安全保障体制の確立」に触れた[7]。そして、そのための新たな国際機関の創設に関する議論は、日本の真珠湾攻撃を受けてアメリカが第二次世界大戦に参戦した後からアメリカで始まり、形勢が連合国側に有利になりつつあった1942年中頃から1943年にかけてコーデル・ハル国務長官を中心に本格的な準備が始まった。1943年8月にケベックで開催された米英巨頭会談で国際安全保障維持のための一般的な国際機関の設立が合意されたが、同年10月に開催された米英ソ中の4か国外相によるモスクワ会談では、ソ連が国際機関に参加する国家の条件に「平和愛好」の文言を主張した結果、モスクワ宣言では、「すべての平和愛好国の主権平等原則の下で他の国々にも開かれた新たな国際組織の創設」の必要性が表明された[8]。モスクワ会談には中国が招待されたが、これは日本のアジアにおける覇権主義に対抗する勢力として中国を見ていたアメリカの提案によるものである。

　1943年11月のテヘラン会談では米英ソの三巨頭によって新たな国際組織を形成するとの合意が正式になされ、これを基に、1944年8月から10月にかけてアメリカの首都ワシントンの郊外にあるダンバートン・オークスで開かれた会議で本格的な交渉が始まった[9]。この交渉では、新たな組織の形態が討議され、全加盟国から成る総会、常任理事国と非常任理事国から成る安全保障理事会、事務局、並びに国と国の係争を扱う国際司法裁判所の設置が合意された。しかし、常任理事国に付与する拒否権のあり方ではアメリカとソ連の間に大きな隔たりがあり、さらに国際司法裁判所の役割や非自治地域の扱いなどについても触れられなかった。これらの問題は1945年2月の米英ソ巨頭によるヤルタ会談やその後のサンフランシスコ会議まで持ち越された。

拒否権に関しては、ソ連はすべての問題に関する拒否権の権限を要求した。それでは安全保障理事会が機能しなくなる可能性があり、これを懸念したアメリカとイギリスは、常任理事国が紛争当事国となった場合には拒否権を行使しない提案をしたが、ソ連はこれを受け入れなかった。結局、手続き問題に関しては拒否権が適用できない、また、問題が手続き問題か実質的問題かを決める時には拒否権が行使できるという了解で、妥協が成立した。ヤルタ会談では、信託統治制度に関して合意が成立し、1945年4月にサンフランシスコで新たな国際機関の創設に関する国際会議を招集することが表明された。

加盟国については、ソ連は、孤立化を恐れてソ連の15共和国全部の加盟を要求した。ソ連は連邦国家で、憲法上は独立国の集合体ということになる。しかし、西側から見ればソ連は共産党が実権を握る一国家である。ソ連という連邦国家に加えて15の共和国全てを加盟させる訳にはいかない。しかし、共産主義国家がこの時点で1つしかないことを考慮し、ベラルーシとウクライナを加盟させることで妥協が成立した。両国とも大戦で大きな犠牲を払ったことも考慮された。

サンフランシスコ会議は1945年4月から6月まで開催された。ドイツと日本に同年3月までに宣戦布告した50か国が招待されたが、ポーランドは統一政府が出来ていなかったことから招待リストから外された。サンフランシスコ会議ではダンバートン・オークス合意が交渉の基礎となったが、他の中小国による貢献もあった。総会の国際平和と安全の維持面での権限強化にはニュージーランドやオーストラリアが貢献した[10]。地域機関の存在と役割については、ラテンアメリカ諸国が1945年2－3月に開催されたメキシコにおける会議で合意した内容を基に強く主張したことにより国連憲章に採用された。国際司法裁判所の役割についてもサンフランシスコ会議前に開催された司法者会議で内容が煮詰められ、それが受け入れられた。こうして、1945年6月26日に国連憲章が採択され、同年10月24日に効力が発生し、新たな国際連合が誕生した。

新たな国際連合の構想は国際連盟の教訓をベースにしたものだが、大国の協調による国際平和と安全保障の維持という考え方が共通項としてあった。

連盟では大国は常任理事国の地位を与えられたが、それは排他的特権という
ものではなかった。新たな国際連合では、大国に常任理事国の地位を与え、
さらに拒否権を付与することによって、大国の協調でのみ国連が機能すると
いう考え方が導入された。

この大国中心主義は、国連創設後まもなく始まる東西冷戦の中で国連の役
割をかなり限定的なものにするとともに、冷戦が終焉すると、国連の活性化
に貢献することにもなる。大国の利害の一致、不一致が国連の活動範囲を大
きく左右する構造を形作っているが、拒否権があるために大国が国連を崩壊
に導くことがないという逆説的な状況を作ることになる。

国際連盟の崩壊の要因となったのが、加盟国の脱退条項であった。そのた
め国連憲章には脱退規定がない。国連は各国の利害が衝突する場でもある。
また、加盟国に対して国際規範を破った場合には、批判したり、制裁措置を
取ることができる。そのような措置を取られた加盟国は当然国連に不満を持
ち、脱退の道を選ぼうとする。そのような道を少なくとも憲章上は遮ること
により、加盟国を国連に留め、国連憲章の規定順守と問題の解決を促してい
るのである。

国際連盟はわずか20年あまりでその役割を閉じたが、連盟の組織的経験や
いくつもの教訓を基に新たな平和と協調を目指した国際政治組織として国連
が創設された。その国連は、基本的な組織構造は大きくは変わっていない
が、時代の変化とともに、その役割や機能は変遷し、今日に至っている。す
でに70年を超えた存在となっている国連は、憲章前文に描かれた理想的な国
際社会の実現に向けて、主権国家の利害が衝突する厳しい現実の中で常に試
行錯誤しながら努力を重ねているのである。

4．国連の目的

国連憲章は第1章第1条で国連の目的を4つに大別している。

（1）国際の平和と安全を維持する。そのために有効な集団的措置を取り、

国際的紛争を平和的手段で解決し、正義と国際法の原則に従って平和と安全を実現する。

（2）人民の同権と自決の原則の尊重に基礎を置く諸国間の友好関係を発展させる。

（3）経済的、社会的、文化的または人道的な国際問題の解決や、人権および基本的自由の尊重のために国際協力を達成する。

（4）これらの共通の目的の達成に当たって諸国の行動を調和するための中心となる。

　国連の目的として第1に挙げたのは国際の平和と安全の維持である。これは、平和と安全なくしては他の目的も達成できないことを明確に示したものである。平和に対する脅威や侵略行為、その他の平和の破壊行為にはどう立ち向かっていくのか。それには加盟国が集団的に対処することが必要になる。そして、そのためには大国の軍事力が必要となる。特に侵略行為が起きた時や平和の破壊行為があった場合は、武力を背景にした政治的、経済的圧力、それでも不十分な時は武力の行使に訴えるほかない。どのような状況下で武力が行使できるかは、国連憲章第7章の「平和に対する脅威、平和の破壊及び侵略行為に関する行動」で規定することになる。

　この集団安全保障は、第二次世界大戦で勝利した大国が中心となって守っていくということが基礎にあり、「有効な集団的措置」は大戦中の大国が協調しながら、武力を行使してでも侵略行為などに対処することを意味している。これは逆に大国の一国でも反対すれば有効に機能しないということでもあり、大国は自国の決定権限を保持するとともに、この時点ではまだ大戦中の協調が続くであろうという楽観的観測があった。紛争の解決にあたっては、平和的な解決の他に「正義及び国際法の原則」に従うことが謳われているが、これはサンフランシスコ会議で中小国が大国による一方的武力行使権限に対して一定の自制を求めた結果だった[11]。

　大国の軍事力をベースとした国際平和と安全保障の維持では、当初「軍縮」は国連の目的には加えられなかった。この場合の軍縮とは「軍備縮小」という意味である。特に大国の軍備を縮小してしまうと侵略行為や平和の破

壊行為に対処できないことから、軍縮には大きな焦点が当てられなかった。これは国際連盟とは大きく異なる点である。連盟規約では、第8条に「軍備縮小」が設けられ、平和維持のためには強制行動に支障ない程度に軍備を最低限に縮小することが明言されていた。

　第一次世界大戦の原因と悲惨さに各国の軍備競争も加担していたという反省があった。軍備で優ることが自国の安全保障のみならず勢力の拡大につながり、経済の繁栄につながるという「力の政治（パワーポリティクス）」の時代だった。しかも、産業化、工業化、科学の拡大に伴って武器の威力もしだいに拡大していった。各国の武力の近代化は不透明な中で行われたため、武力のバランスに関して猜疑心が増し、一国の武力の近代化は他国の武力の近代化を促すという負の連鎖反応を引き起こした。第一次世界大戦では人を殺すための兵器として化学兵器が初めて使用され、戦争をいっそう悲惨なものにした。各国の軍備の透明性を高め、必要最小限に留めれば戦争防止に役立つとの発想だった。連盟時代初期にはワシントン軍縮条約やロンドン軍縮条約、化学兵器禁止条約などが締結されたが、大国のナショナリズムが高揚するにつれて軍縮の動きは止まっていった[12]。

　第2項の「人民の同権」では、「国家」（state）ではなく「人民」（nation）が使われているが、これは当初アメリカが大西洋憲章で主張した「すべての人々が自らの政府の形態を決める権利がある」との民主的原則に基づいている。「人民の同権と自決の権利」はダンバートン・オークスでの文書にはなかったが、サンフランシスコ会議でソ連の提案に基づき挿入されたものだ。ソ連は、この権利をむしろ自国の保護の観点からみており、国家から分離する人民の権限を意味したものではなかった。第2項の主眼点は「諸国間の友好関係の発展」にあった。人民の同権と自決の原則を尊重し合うことが友好的国家関係の基礎となるとの表明である。友好的な国家関係なくしては平和や安全、経済社会面での国際協調もないのである。

　自決の権利は既にウィルソン大統領によって提唱されていたが、連盟規約には明文化されていない。しかし、旧植民地や自立していない地域に対しては、独立への準備や居住民の福利厚生のために「委任統治」制度を採択し、戦争による領土の奪い合いが後の戦争の原因になることを防ぐ措置を取った

のである。この委任統治制度では、第一次世界大戦の敗戦国が統治していた地域の政治や経済の発達の度合いに応じて3つの統治形態を採用した。Aクラスはイラクやシリア、レバノン、パレスチナなど独立の達成に近い地域を対象とし、Bクラスはアフリカのイギリス、フランス、ベルギーの植民地で長期的に独立が可能な地域、そしてCクラスは当面独立にはほど遠い地域を対象とした。

　国連憲章で国連の目的の1つとして自決の権利が明文化されたことは、民族の自決権が主権国家の不可欠の要素となり、独立への要求がしだいに高まってきた当時の時代を背景にしたものだった。委任統治Aクラスのイラクはすでに1932年に独立を果たし、レバノンは1943年に独立した。イギリスの自治領のインドなどもすでに独立への道を進んでおり、民族自決権の行使が主権国家の正当性をなすとの認識の現れだった。インドはサンフランシスコ会議に招待され、国連の原加盟国の1つになっている。この民族自決権が総会によって基本的人権として認識されるのは1950年のことであり、その後広範囲に非植民地化の流れを助長するのは1950年代後半から1960年代前半にかけてのこととなる。

　国連の目的の第3項では、経済的、社会的、文化的または人道的性質を有する国際問題の解決が国連の目的の1つとして掲げられているが、経済的困難や摩擦、社会的差別、文化的排他主義あるいは人道の無視などが国際関係に及ぼす影響は、すでに第二次世界大戦に至る過程で露呈していた。また、人権および基本的人権の尊重はナチス・ドイツの大規模なユダヤ人迫害を止められなかったことへの深い反省があった。経済的、社会的、文化的、人道問題と人権、基本的自由が同じ文脈の中で語られていることは、両者の間に緊密な相関関係があることを認識していることによる。

　国連の3つの目的を達成するために、憲章は4つ目の国連の目的として、国連が各国の協調を促進する中心的存在として行動することを定めている。国連は主権国家で構成される国際機関であるため、各国の国益が衝突する場でもある。国益が異なっても各国の見解が表明できる世界のフォーラムとしての役割を果たすことにより、国益の調整を行い、問題の解決に向けて国際協調を促す役割を与えられている。国際協調なくして有効な行動は取れな

い。問題は、そのような協調を誰がどのようにしていくかである。これは、その後の国際政治の流れと国連の政治的発展に委ねられることになる。

5．国連の特徴

　国連の特徴としてまず挙げられるのが、国連は唯一の普遍的国際政治機関であるということである。ほとんどの主権国家が加盟しているだけでなく、常任理事国を中心とした安全保障理事会によって武力の行使を含む集団的強制行動が取れる権限が付与されている。武力の行使は自衛の目的であれば国際法上認められるが、集団的安全保障の中核に国連、具体的には安全保障理事会があることは、他の国際機関には見られない特徴である。
　安全保障理事会の決議には法的拘束力があることも国連の特徴となる。この法的拘束力は憲章第25条からきている。

　　「国際連合加盟国は、安全保障理事会の決定をこの憲章に従って受諾し
　　且つ履行することに同意する」。

　国連に加盟するということは国連憲章に規定されている権利と義務を受け入れるということであり、従って自動的に第25条の規定も受け入れることになる。ただ、現実には、安全保障理事会の決定を履行するかどうか、また、どのように履行するかは加盟国しだいとなる。というのは、安全保障理事会にはその決定を加盟国に自動的に強制する力がないためである。決定を強制できるかどうかは加盟国に強制する政治的意思と力があるかにかかる。
　安全保障理事会に拒否権を持つ常任理事国があるのも国連の特徴である。これは国際連盟にもなかったし、他の国際機関にも見られないものである。ほとんどの国際機関は、コンセンサス方式か多数決方式で決議を採択する。国連の場合も全加盟国が参加する総会では多数決方式を採用しているが、安全保障理事会だけが一国でも決議を葬ることができる拒否権を与えられている。

安全保障理事会の決議の法的拘束性と関連することに、武力の行使に関する国際的正当性の付与がある。武力の行使は個別的そして集団的自衛権の行使に加え、憲章第7章下の集団安全保障の場合に認められるが、第7章下に行動する時には15か国から構成される安全保障理事会の決議採択に必要な常任理事国を含む9か国の支持が必要となる。そのような支持を得ずに武力を行使した場合にどうなるかは後述する。

国連の特徴にはさらにいくつかある。世界のほとんどの国を加盟国とする国連総会は、政治問題を含むあらゆる問題を討議するフォーラムを提供している。安全保障理事会が討議している国際平和と安全問題については、総会は直接討議する権限を持っていないが、一般原則を討議したり、安全保障理事会が拒否権の行使で行動が取れない時、緊急特別総会を招集することもできる。総会決議は安全保障理事会の決議のような法的拘束力はないが、世界の世論を反映するものとしての勧告の役割を果たしている。

あまり注目されない国連の役割に、国際法の法典化がある。国際社会における法の秩序は二国間条約や多国間条約の締結によって形成され国家関係を律することになるが、多国間条約は署名し批准した多くの国々を拘束するため、国際法の発展に寄与する。国連総会は多くの多国間条約を決議の形で採択し、各国に対して署名と批准を求める。そして、多くの多国間条約は国連に寄託されるため、国連はある意味では国際法の守護神の役割を果たしているともいえる。総会の下部機関が直接条約を起草する場合もあれば、総会が招集した国際会議で条約が採択される場合もある。また、軍縮条約などは、独立した軍縮会議（Conference on Disarmament）などで交渉され、総会で採択される場合もある。

国連は、国際規範や原則の確立にも寄与している。例えば、1948年に総会によって採択された世界人権宣言は30条にわたる基本的人権の尊重や政治的、市民的、経済的、文化的権利を規定しているが、これはその後の人権規範の法典化の基礎となった。世界人権宣言は総会決議のため、それ自体は法的拘束力を持たないが、国際社会が人権規範を普遍的な価値として表明した意義は大きかった。1966年に採択された市民的政治的権利国際規約（規約B）と経済的社会的文化的国際規約（規約A）は、その後の人権の規範化に

大きく貢献している。

　国連の隠れた役割に、公式、非公式な外交的接触の場としての役割がある。特に、外交関係を持っていない、あるいは敵対関係にある国々が国連総会出席の際に非公式に接触する場も提供している。国連本部はアメリカのニューヨークにあるが、国連の敷地は「国際領域」として認められ、外交特権や免除が与えられている。そのため、各国の首脳が国連総会や他の会議に参加するため国連本部を訪問する際には、アメリカは外交関係がない国の場合にも査証を発行する義務がある。アメリカ自身も国連訪問を政治的に利用する場合があり、例えば、2013年9月に敵対関係にあるイランの穏健派とみられていたモハンマド・ロハニ大統領が国連総会に出席した際、アメリカ政府は非公式にロハニ大統領と電話会談している。アメリカとイランは1979年のイランでの神学革命以来外交関係が途絶えていたが、イランの核開発阻止に関する国際交渉が進んでいる時であり、アメリカとしても交渉を前進させるための外交接触の機会を探っていたのである。

　国連はグローバルな問題を討議し、基本方針や行動計画を立案するための国際会議を招集する権限がある。これも国連の隠れた権限である。事実、国連はさまざまな国際会議を招集しているが、その内容は、貿易と開発、環境問題、女性の地位、人口問題、気候変動、社会開発、持続可能な開発など多岐にわたる。例えば、1965年に開催された国連貿易開発会議（UNCTAD）は国際貿易で不利な立場に置かれている新興独立国を支援することを目的としたが、制度化の必要性が認識され、国連のプログラムとして専門機関となった。1972年にストックホルムで開催された国連環境会議は悪化する環境問題を討議し、より恒久的なフォローアップの機関として国連環境計画（UNEP）が創設された。1975年以来4度にわたり開催された国連女性会議は、1995年に北京宣言と行動計画を採択し、その後の女性の地位向上やエンパワーメントへ貢献した。1992年にリオデジャネイロで開催された地球サミットで採択された国連気候変動枠組み条約は、地球の温暖化に対処するため毎年締約国会議（Conference of Parties：COP）を開催しており、1997年には京都議定書が締結され、2015年には京都議定書に代わるものとしてパリ協定が締結された。

注

1）2つの大戦の死者数にはいろいろなデータがある。ここでは Matthew White, *Source List and Detailed Death Tolls for the Primary Megadeaths of the Twentieth Century* http://necrometrics.com/20c5m.htm のデータを引用。

2）Rene Albrecht-Carrie, *A Diplomatic History of Europe since the Congress of Vienna*, New York: Harper & Row, 1973参照。

3）藤原初枝『国際連盟』中公新書、2010年、第1章第2節の「パリ講和会議」参照。

4）前掲書付録「国際連盟規約」281-2頁。脱退や追放を含む連盟加盟国の変遷については、付録「国際連盟加盟国一覧」275-276頁。

5）緒方貞子『満州事変——政策の形成過程』岩波書店、2011年参照。

6）国連連盟の歴史については、E.P.Walters, *A History of the League of Nations*, Volume I and II, London: Oxford University Press, 1952が詳しい。著者は国際連盟の事務次長経験者でもある。

7）Leland M. Goodrich, Edvard Hambro and Anne Patricia Simons, *Charter of the United Nations*, New York & London: Columbia University Press, 1969, Third and Revised Edition, p. 2（以下 Goodrich）; Bruno Simma et al., eds., *The Charter of the United Nations: A Commentary*, Oxford: Oxford University Press, 1995, p. 7（以下 Simma）. この8つの原則は、米英は領土の獲得を戦争の目的としないこと、領土の調整は人々の意思を尊重することにより成されること、民族自決権、貿易障害の削減、グローバルな経済協力と厚生の進展、欠乏と恐怖の欠如からなる世界の構築、海洋の自由、より広範囲で恒久的な安全保障体制が確立されるまでの侵略国の武装解除である。

8）Paul Kennedy, The *Parliament of Man*, New York: Vintage, 2007, p.25.

9）国連創設の交渉過程の詳細についての代表的文献については次を参照。Goodrich, pp. 3-7; Bruno Simma, Daniel-Erasmus Khan, George Nolte, Andreas Paulus, eds., *The Charter of the United Nations, A Commentary, Third Edition, Volume 1, Drafting History*, Oxford: Oxford University Press, 2012, pp.1-23（以下 Simma, 3rd edition）. 明石康『国際連合——その光と影』岩波新書、1996年、第2章「サンフランシスコへの道」。

10）最上敏樹『国際機構論』東京大学出版会、1996年、113頁。

11）Goodrich, pp.27-28.

12）*Ibid.*, p.30.

第2章　国連の原則

　国連憲章では、第2条で7つの原則が規定されている。そして、この原則は国連全体に対して課されるものである。

（1）主権平等
（2）義務の遂行
（3）国際紛争の平和的解決
（4）領土保全、政治的独立に対する武力の行使、威嚇をせず
（5）国連への協力、強制行動対象国には支援せず
（6）国連非加盟国も国連の原則に従って行動
（7）内政不干渉、憲章第7章下強制行動が取られている場合を除く

1．主権平等と義務の履行

　国連の最も基本的な原則は「主権平等」であるが、これは主権国家が国連ですべて平等に扱われているということではない[1]。国連加盟国はそれぞれが主権国家であり、国連はその加盟国の集合体であるが、国連内で平等に扱われているかというと必ずしもそうではない。主権平等とは、法的な意味での平等であり、国家としての権利や義務は同等に持ち、その法的人格、領土保全、政治的独立は尊重されるということである。また、国連において国家

の代表権が争われる場合には、国連総会でその代表権が決定される[2]。

この主権平等の原則が一番よく表れているのが国連総会で、全加盟国が参加し、国の大小や強弱に関わらず、投票では1国1票が与えられている。しかし、安全保障理事会は、わずか15か国（当初11か国）で構成され、しかも、そのうちアメリカ、イギリス、フランス、ロシア（旧ソ連）、中国（中華人民共和国）の5か国は常任理事国として地位が与えられており、さらに拒否権も与えられている。また、安全保障理事会の決議はすべての加盟国を拘束することから、安全保障理事会、特に常任理事国の1票には特別な重みが与えられている。これは主権平等の原則に当てはまらないが、国連の創設が大国を中心になされ、大国が集団安全保障体制の中核に存在するという思想が受け入れられたことによる。

1国1票は総会のみならず、安全保障理事会や経済社会理事会、人権理事会、その他の機関でも受け入れられているが、経済社会理事会は54か国で構成されており、人権理事会は47か国で構成されていることから分かるように、すべての加盟国が政策の審議や決定に同等に参加している訳ではない。

加盟国は、国連に加盟することによって、国連憲章で与えられている権利を行使できるとともに、憲章から生ずる義務も履行しなければならない。国連憲章は署名と批准を必要とする国際条約でもあることから、このような権利と義務は国際法上の当然の要件だが、国連の原則として明記されることになった。

憲章第2条2項では、加盟国に対して、加盟から生じる権利と恩恵を全ての加盟国が享受できるように、憲章に規定されている義務を誠実に履行するように要請している。「誠実に（in good faith）」というのは、サンフランシスコ会議で南米のコロンビアの提案により挿入されたもので、その背景には、それまで国際条約が必ずしも順守されてこなかったという、特に中小国の不満があった。また、義務を順守しない場合には権利の停止や追放につながることにもなり、国連予算への相応の財政負担をするという義務をも意味した[3]。

憲章上の義務の履行という場合、その義務をどのように履行するかは、加盟国が義務の履行をどのように解釈するかにもよる。財政負担のように数字

で明確に表れる場合は義務が履行されているかどうか判断がつくが、国際平和や安全保障といった政治分野での義務の履行は、政治的な判断が必要となる。その政治的な判断の中心にあるのが安全保障理事会であり、さらに常任理事国の政治的判断が基礎となる。例えば、1990年8月に起きたイラクのクウェート軍事侵攻とその後の併合は明確な国際法違反、そして国連憲章に規定されている領土保全と政治的独立の原則に違反するものとみなされ、安全保障理事会はイラクに対してクウェートからの撤退と同国の主権回復を要求して包括的経済制裁を課した。この経済制裁によってもイラクが要求に応じなかったため、安全保障理事会はイラクに対して憲章第7章を引用して、加盟国に対してイラクへの武力の行使を認めることになる。これより10年前の1980年9月、イラクが前年のイラン神学革命の混乱に乗じてイランに軍事攻撃を開始し、シャタル・アラブ水路で国境をまたぐイラン南部の油田地帯であるクデスタン郡に地上軍を送り占領した時には、安全保障理事会は、議長声明や決議[4]で、イラク、イランの両国に対して軍事行動の停止や紛争の平和的解決を呼びかけただけだった。

2．国際紛争の平和的解決

国際紛争の平和的解決は国連の重要な原則として憲章第2条3項で規定され、さらに、憲章第6章で紛争の平和的解決に関して、その方法論や対処の仕方などがより詳しく述べられている。

第3項の文言は、「すべての加盟国は、その国際紛争を平和的手段によって国際の平和及び安全並びに正義を危うくしないように解決しなければならない」というものである。ここで規定されている紛争は「国際」紛争である。憲章第6章で言及されているのは「紛争」であり、「国際紛争」とは定義されていない。この違いは後述するが、国連の原則に「国際紛争」が使われた背景には、憲章第2条7項に規定されている「内政不干渉」の原則にもみられるように、国内の紛争には国連は原則として関わらないことが重視されたためである。

この第3項で注意すべき点は、国際平和と安全に加えて「正義（justice）」が文言に入っていることである。正義という時、これは小国が大国に権利を侵された場合の権利回復を主張する根拠となる。これについては、憲章起草の段階で、まず中国が「正義」の挿入を提案したが、当初受け入れられなかった。しかし、サンフランシスコ会議で中小国の主張が受け入れられ挿入されることとなった[5]。これは、大国については「国際の平和と安全」を維持するための平和的解決以外の方法が第7章で受け入れられていることがあるため、中小国側の「正義」も平和的解決以外の方法で成し遂げることが場合によってはあり得ることに理解を示したことになる[6]。ただ、正義はきわめて主観的な概念であることから、平和的解決が何によって「正義」とみなされるかは、紛争当事者の判断に任されることになる。

　さらに注意すべき点は、「紛争」（dispute）という文言である。"dispute"は係争という意味合いが強いが、ここでいう"dispute"は一般的な「紛争」という意味合いで使われている。問題は、何を持って「紛争」というか、そして、誰が「紛争」の存在を規定するか、である。例えば、日本と中国の尖閣列島をめぐる争いについて、日本は尖閣列島を日本の固有の領土であるとしてこれを二国間の紛争として捉えていない。これに対し、中国は、尖閣列島を自国の領土だと主張しており、日本の立場を否定している。この例からでも分かるように、紛争の定義や紛争の平和的解決原則に関する詳細な定義については国際合意が存在していない。結局、紛争の平和的解決は、国連の一般原則として、加盟国が自らの政治的意思で順守するという一般的義務として課されていることになる。

3．領土保全、政治的独立の尊重

　国連の4つ目の原則は、「各国の国際関係においてあるいは国連の目的に合致しない方法で他国の領土保全や政治的独立に対して武力の行使や威嚇を行うことは慎む」（第2条4項）ということである。

　ここで注目されるのは、武力の行使と威嚇が領土保全と政治的独立だけに

限定されていることである。領土保全と政治的独立は、中小国が大国の干渉を防ぐために強く主張したものだが、国際関係では基本的原則として受け入れられている。国際連盟規約でもこの原則は規定されているが、国連憲章との違いは、連盟規約の場合はこの原則が侵略によって破られた場合には加盟国は集団安全保障の原則によりこれに対処する義務が自動的に生じるが、国連憲章の場合には侵略行為や平和を破壊する行為を国際平和と安全に対する脅威と断定し集団安全保障措置を決めるのは安全保障理事会となるため、その対応は自動的でないことである。

「国連の目的に合致しない方法で」武力の行使や威嚇ができないと言うことは、逆に国連の場合は憲章第7章で集団安全保障体制を取っていることから、国際平和と安全の維持で第一義的役割を与えられている安全保障理事会が強制行動を勧告すれば加盟国は武力行使や威嚇ができるということである。

領土保全と政治的独立は、国家の分離運動が起きた場合には内部から挑戦を受けることになる。国家が自国内の分離運動にどのように対処するかはその国の判断による。その対処の方法が武力の行使による鎮圧であっても、それはその国の国内管轄事項ということになる。そのような事態を他の国がどう受け止め行動するかについては、国家間の関係や政治的思惑による。

問題は、領土保全と政治的独立が「自決の権利」によって挑戦を受けた場合である。自決の権利は憲章第1条2項でも国連の目的の1つとして認められている。特に植民地支配からの独立については広範な支持があり、多くの場合、武力闘争から独立を勝ち取っている。国連総会は、1960年に「植民地と人民に独立を付与する宣言」を採択し、植民地からの独立の正当性を与えている。そのため、植民地からの独立のための武力の行使についてはこれを支持する国が多い。

今日、ほとんどの植民地は自決権を行使して独立ないし他の自決方法を選択しているが、パレスチナの場合には、イスラエルは1948年に国家樹立を果たしたものの、パレスチナ人の国家は未だに樹立されていない。特に「西岸」地区は1967年の第三次中東戦争以来イスラエルによって占領されており、この占領に対する抵抗を正当なものとするか、これをテロ行為と認定す

るかで、その正当性に対する認識が異なる。

　また、他国が干渉して自決の権利が利用される場合もある。例えば、2014年に起きたロシアによるクリミア半島のロシア領への編入である。2013年末にウクライナで起きた親西欧派による反政府デモが親ロ政策を取っていたヤヌオコヴィッチ政権崩壊につながり、新政権が親西欧路線を取ったために、これに懸念を抱いたロシアはロシア系住民が多数を占めるクリミア半島に介入し、住民投票を行わせてウクライナから分離させた。その後、クリミア政府の要請を受けた形でロシア議会の承認を得て、クリミア半島をロシアに帰属させた。ウクライナ政府はこの住民投票を認めなかったが、ロシアは住民投票を自決権の行使と認め、ウクライナの領土保全と政治的独立に挑戦したのであった。

　今日、領土保全、政治的独立と「自決の権利」との関係は、中央政府が国内の分離独立を認めるかどうかの問題で、例えば、カナダのケベック州やイギリスのスコットランドでの分離独立を問う住民投票は中央政府が認めたため合法とされ、結果的には分離独立反対派が多数を占めて残留した。スペインのカタルーニャ州やイラクのクルド地区での分離独立を問う住民投票は、中央政府が認めず、違法とされている。

4．強制行動をめぐる原則

　憲章第7章下に経済制裁や武力制裁が課された場合には、加盟国は国連の制裁措置に協力する義務が生じる。逆に、制裁の対象国を支援することはしないことになる。国連に加盟していない国々も同様の協力をすることを原則として定めている。

　加盟国の場合、どの程度の協力をするかは、当初は国連と加盟国の間での特別協定で定められることになっていたが、東西冷戦が激化する中で、そのような特別協定を結び、安全保障理事会の指揮の下に行動する状況は生まれなかった。冷戦が終焉し1990年代に入ると、安全保障理事会における大国の協調体制が生まれ、その機運をうけてブトロス・ブトロス＝ガリ事務総長は

1992年に安全保障理事会の要請を受けて「平和への課題」と題した報告書を提出し[7]、その中で、憲章に規定されている特別協定を実現する時に来たとして安全保障理事会に勧告を行ったが、具体的な協定締結の動きには進展しなかった。結局、強制行動の実施は、加盟国の政治的判断と貢献能力に頼ることになる。

　冷戦時代の強制行動の例として、例えば、1950年6月の朝鮮戦争勃発時には、ロシアが中国代表権問題で安全保障理事会をボイコットしていたこともあり、アメリカ主導の下に安全保障理事会は決議を採択し、その中で加盟国に対して北朝鮮の侵略行為に対処するための協力を呼びかけた。6月27日に採択された決議83号（1950）では、北朝鮮の韓国に対する武力攻撃を平和への侵害と規定して、加盟国に対してこの武力攻撃に対処し朝鮮半島における平和と安全の回復のために韓国に対して支援を行うよう勧告した。この場合は「勧告」という表現を使い、必ずしも「強制」をするものではなかったが、7月7日に採択された決議84号（1950）では、アメリカの指揮権下に兵力その他の支援を提供するよう勧告されている。実際この勧告に基づいて兵員その他の支援を提供したのは20か国余りだった。

　冷戦の終焉後は、経済制裁や武力行使容認決議が多くなったが、武力行使の大部分は安全保障理事会の呼びかけによって加盟国が有志連合で多国籍軍を設立して行われている。

5．内政不干渉と主権の壁

　国連の原則7番目に憲章第2条7項で規定されている内政不干渉原則がある。

　「この憲章のいかなる規定も、本質上いずれかの国の国内管轄権内にある事項に干渉する権限を国際連合に与えるものではなく、また、その事項をこの憲章に基く解決に付託することを加盟国に要求するものでもない。但し、この原則は、第7章に基く強制措置の適用を妨げるものでは

ない」。

　この規定は、3つの部分から成る。国連による国内事項への不干渉、国内事項を国連で討議することを要求するものでないこと、そして、強制措置を取る場合の例外措置である。

　当初、この規定は、国連が経済、社会、文化面でより大きな役割を果たしていくことが予想されたため、それらの分野の活動を推進していく中で国連が加盟国の内政に過度に干渉することを防ぐことを目的としていた。国家が他の国家の内政に干渉することを防ぐという表現ではないことが注目される。国際法の下では、紛争の平和的解決に関する各種国際条約の中で国家間の内政不干渉の原則は幅広く受け入れられているが、国連による内政干渉は基本的には受け入れられないという立場である。しかし、何をもって国内管轄事項とするかについては議論の余地があり、国家間関係がより緊密になる状況の中では、一国の政策が他国の内政に何らかの影響を与えることは不可欠なものとなっていることから、この規定でも、「本質上（essentially）」国内管轄権内に入ると判断できる事項という形で、解釈の余地を残している。

　内政干渉になるかならないかの判断は、結局、国連のそれぞれの機関による政治的判断に任されているが、総会や安全保障理事会、経済社会理事会、国際司法裁判所では、以下の4つの分野で内政不干渉の原則が議論されている。

（1）一般国際法
（2）植民地主義
（3）民族自決権
（4）人権

　一般国際法の分野では、主権国家の性格が国際平和と安全にとって脅威となるかどうかといった問題や、紛争の平和的解決における主権との関わり合い、人道問題に対する介入などがある。

　国連創設後間もない1946年には、スペインのフランコ政権が国際平和と安

全にとって脅威になるかどうかが総会や安全保障理事会で協議され、スペインはそのような審議は内政干渉として反対したが、総会は、安全保障理事会に対してスペインの政権交代のために適当な措置を取るよう勧告した[8]。政権の性格についてその変更を求めるのは通常内政干渉と見なされるケースが多いが、国連がそのような問題を取り上げることを必ずしも否定したものでないことは注目される。ただし、これは例外的なケースで、その後は取り上げられていない。

　紛争の平和的解決については、例えば、クリミア半島におけるロシアの介入は、ウクライナから見れば内政干渉となり、一方ロシアから見ればクリミア住民による民族自決権の行使行動となる。これに対しては、ウクライナが安全保障理事会の緊急会合を要請して非公式協議が行われ、包摂的対話への呼びかけがなされたが、内政干渉にあたるかどうかについては公式には触れられなかった。

　国連は紛争の平和的解決にあたっては内政に干渉しないのが普通である。これは国連の第三者としての性格が紛争の調停などにとって不可欠の要素になっていることがある。そのため、紛争の平和的解決の一環として派遣される国連の平和維持活動（PKO）では、内政不干渉の原則が尊重されている。例えば、1956年のスエズ危機の解決の一環としてエジプトのシナイ半島に派遣された国連緊急軍（UNEF）は1967年にエジプト政府による撤退勧告を受け、時のウ・タント国連事務総長は、撤退すれば中東戦争に繋がることは意識していたにも関わらず、ホスト国の同意なくしては活動が継続できないことから、撤退勧告を受け入れざるを得なかった[9]。国連緊急軍の撤退後間もなく第三次中東戦争が始まることになる。

　国連の平和維持活動がどのような場面で内政干渉に当たるか（当たらないか）は政治的に微妙な問題であり、それはすでに1960年代のコンゴ動乱で試されている。当初はコンゴからの外国軍撤退の監視目的で派遣されたが、カタンガ州の分離運動に対して安全保障理事会がコンゴの領土保全を国連PKOに要請したことから、結果的に武力の行使につながっていく。これに対しては内政干渉として国連はソ連から批判され、窮地に立たされることとなったが、ハマーショルド事務総長は、国連PKOはあくまで内政を左右す

るために使われるべきでないことを主張し、武力の行使は自衛のためだったとしている[10]。

　植民地主義との関連では、イギリスやフランスなど旧植民国家が、植民地での独立への動きを弾圧しようとしたケースなどでは、植民地を本国の延長とみて、国連がそのような状況を取り上げるのは国内管轄権の侵害に当たると主張したが、国連憲章にも規定されている民族自決権の行使への支持とより大きな非植民地化の流れの中で、国連の関与を否定していくのはしだいに難しくなっていった。

　内戦への国連による介入については、そのような介入は内政干渉に当たるとして拒否するケースが多い。例えば、ナイジェリアにおけるビアフラ戦争では、国連は民族自決への支援と多くの飢餓死亡者を出した人道危機でこの問題を取り上げ、介入を試みたが、ナイジェリア政府は内政不干渉原則を盾に国際社会の関与を拒んだ。

　人道危機を取り上げ、国連で議論し、国際的支援を勧告すること自体は内政干渉と見なされないが、物理的に国家の意思に反して介入しようとすると、内政干渉として主権の壁に阻まれる。しかし、人道危機に対する国連の介入については議論がさらに深化することとなる。ソマリアで1990－1992年にかけて旱魃と内戦の影響で起きた飢饉に対しては、人道支援団体が身の安全を守れないことから、アメリカの主導の下に安全保障理事会の決議によって多国籍軍（UNITAF）が現地に派遣されたが、この時は、ソマリアでは内戦で全土を統治する機能を持った政府が存在しなかったため、対立していた氏族を説得する形で介入した。憲章第7章下の派遣ではあったが、戦闘を目的とした派遣ではなかった。

　人道的介入論は、1994年のルワンダでの大量虐殺（ジェノサイド）や1995年のボスニア戦争時のスレブレニツァでの大量虐殺を受けて、国際的な関心が高まり、1999年にはコソボ戦争への北大西洋条約機構（NATO）による軍事介入の根拠ともなっていった。このような進展を背景に、国家が国民を守れない、あるいは守らない場合は、国際社会による「保護する責任」論が徐々に台頭してきた。

　この「保護する責任」をめぐる議論に一石を投じたのが、2001年に発表さ

れたカナダの介入と国家責任に関する国際委員会による提言「保護する責任」だった[11]。この中で、国家は単に権利を保有しているだけでなく、市民に対してそれを保護する責任があり、その責任が果たせない場合には、国際社会が介入する義務があると論じた。この議論は、途上国からは内政への軍事干渉を許すものだとして警戒されたが、大規模な人権侵害行為に対しては国際社会がそれ相応の責任を負うべきだとの声はしだいに高まり、国連のコフィ・アナン事務総長の「より大きな自由を求めて」と題した報告書でも支持された[12]。

このような動きを受け、国連総会は2005年のワールド・サミットで採択した「成果文書」で[13]、国際社会の保護する責任を4つの分野で支持した。この4つは、「戦争犯罪」、「人道的罪」、「ジェノサイド」と「民族浄化」である。そして、この概念が2011年に起きたリビアでの危機で初めて適用されることになる。しかし、国際社会の介入が結果的にリビア政府の体制変化に繋がり、国内の政治の不安定化と内戦の継続、テロ組織の台頭に繋がったため、その後、「保護する責任」が適用される状況が極めて困難になっている。

国連が内政干渉に当たる行為を行っているかいないかは、人権分野でより顕著な議論を醸し出している。人権の尊重と促進は国連の目的の1つであり、1948年に国連総会で採択された世界人権宣言でも基本的人権は普遍的価値としてみなされている。このような人権の尊重と促進を国連が加盟国に勧告すること自体は内政干渉とはならず、国連の人権関連の機関では加盟国の人権状況が調査され、勧告がなされている。2006年に経済社会理事会下の人権委員会（Commission on Human Rights）に取って代わった人権理事会は、普遍的定期的レビュー（UPR）を採用し、全加盟国の人権状況の審査を定期的に行っている。

しかし、人権と内政との間には常に緊張関係がある。南アフリカがアパルトヘイトという人種差別政策を採用した時は、当初、南アフリカに住むインド系住民への差別問題を国連総会がアジェンダとして取り上げ審議する権限があるかどうかに関し議論の対立があった。南アフリカは、これは内政干渉に当たるとしたが、総会はその立場を受け入れず議題として取り上げることにした[14]。アパルトヘイトは、単に白人と黒人の居住区や施設を別々にする

といったものだけではなく、黒人（アフリカの原住民）の間でも、部族によってさらに居住区を分けていくといった徹底した人種分離政策だった。これが少数白人による多数の黒人支配と絡まって国際社会の強い批判の対象となり、国連の総会や安全保障理事会の決議で各種の反アパルトヘイト政策が取られた。この人種差別政策が変わるのは1994年のことで、国連監視下に行われた初の民主選挙で黒人政権が誕生し、アパルトヘイト政策が解消されたのであった。

憲章第2条7項の但し書きには、内政不干渉原則は、憲章第7章下の強制措置が取られている時には適用されないとしているが、これは、国際平和と安全分野における安全保障理事会の権限が主権によって制約されないことを意味している。強制措置は国家の行動や政策を変更させるものであり、場合によっては政権の交代に繋がることもあることから、主権への直接的干渉になる。

冷戦後は、安全保障理事会の活性化とともに強制措置を取るケースが多くなっており、経済制裁や武力の行使を含む強制措置が、国家間紛争だけでなく国内紛争にも頻繁に適用されている。強制措置は主権という壁を乗り越えて内政に干渉するものであるが、経済制裁を課す場合でも武力行使を含む場合でも、どの程度の干渉をするかは、その時の国際政治や国内政治のダイナミクスによる。

注
1）主権国家は、領土を持ち、そこに住む人たちを統治する権限を持つ政治形態が存在し、政治的に独立している。これらの条件は必要条件だが、絶対条件ではない。これらの要件を満たしていても、他の主権国家から承認されなければ、主権国家として見られない。
2）国連総会決議396（V）、1950年12月14日採択。
3）Goodrich, p.40.
4）安保理決議479（1980）、1980年9月28日採択参照。
5）Goodrich, p.41.
6）*Ibid.*, p.63.
7）Boutros Boutros-Ghali, *An Agenda for Peace*, A/47/277.
8）Goodrich, p.59.
9）U Thant, *A View from the United Nations*, New York: Doubleday, Co. Inc., 1978, pp.

90–93.

10) Goodrich, pp.71–72.

11) International Commission on Intervention and State Sovereignty, *The Responsibility to Protect*, Ottawa: International Development Research Center, 2001.

12) Kofi Annan, *In Larger Freedom*, A/59/2005. 日本語訳は http://www.unic.or.jp/texts_audiovisual/resolutions_reports/ga/reports2/3387

13) United Natiosn General Assembly, "2005 World Summit Outcome," A/RES/60/1. 日本語訳は www.mofa.go.jp/mofaj/gaiko/unsokai/pdfs/050916_seika.pdf

14) Goodrich, p. 70; Bruce Simma, et al., eds., *The Charter of the United Nations, A Commentary*, Oxford: Oxford University Press, 1994, (First edition) pp.146–149 (以下 Simma, First edition).

第3章　加盟国の地位

1．原加盟国と新加盟国

　国連の加盟国は、基本的には２つのカテゴリーで構成されている。１つは原加盟国で51か国。もう１つは、国連創設後に国連憲章を受け入れて加盟が認められた国である。2017年の時点で加盟国は193か国に上るが、そのうち142か国が署名、批准し、安全保障理事会の勧告により総会で新規加盟を認められた国々ということになる。

　原加盟国にも３つのカテゴリーがある。１つ目は1942年１月１日の連合国宣言に署名した原署名国26か国、２つ目はその後に署名した21か国である。３つ目は国連を創設した1945年のサンフランシスコ会議に初めて参加した４か国であるが、６月26日に国連憲章に署名したのは計50か国だった。ポーランドについては、連合国憲章に署名していたが、戦後誰が政府を代表するかについて意見の一致を見なかったため参加できず、署名が10月15日まで遅れた。しかし、原加盟国として受け入れることが合意されていた[1]。従って、原加盟国は51か国となる。国連憲章が批准され効力を発揮したのは10月24日である。この日が国連創設の日、「国連デー」である。

　ここで注意すべき点は、加盟は「国家」ということである。原加盟国の中には、ソ連の共和国であるウクライナと白ロシア（現ベラルーシ）が入っている。ソ連は正式には「ソヴィエト社会主義連邦共和国」で、15の独立共和国から構成されていたが、連邦政府がソ連を代表していた。実際には共産党

が支配したが、戦時中唯一の社会主義国家だったソ連は、国連で孤立するの
を恐れ、ソ連邦と15共和国全部の国連加盟を主張した。しかし、これは米英
には受け入れられず、交渉の末、2共和国が「独立国家」として加盟を許さ
れたことは前述した。

　フィリピンとインドに関しては、サンフランシスコ会議の時点では完全な
独立国家ではなかった。フィリピンが独立したのは1946年7月、インドが独
立したのが1947年8月だが、自治政府が存在し連合国憲章に署名していたこ
ともあり、さらに、近い将来の独立が予想されたため、原加盟国となった。
レバノンとシリアは1941年に独立宣言をしたが、両国におけるフランス人の
権利に関するフランスとの条約を待って正式に独立することになっていた。
そのような条約はまだ未締結だったが、フランスはすでに1944年に統治権を
放棄していたこともあり、実質的に独立国家とみなされた[2]。

　加盟国を「国家」とするか「ネーション」という「民族」の意味も込めた
用語を使うか、サンフランシスコ会議では議論されたが、憲章の規定には
「国家」とされた。しかし、国家の厳格な規定は原加盟国には適用されない
こととなった[3]。国連創設後は、国連の規定に基づいた「国家」のみが加盟
の条件となる。

　加盟手続きについては、憲章第4条2項に規定されているように、安全保
障理事会の勧告に基づき、総会で3分の2の多数により承認される。

2．冷戦と国連加盟問題

　国連創設後間もなく、新規の加盟国に関して、アメリカとソ連の間での対
立が起きる。そしてこの対立が「冷戦」の進化とともにきわめて政治的な要
素を兼ねてくる。

　アメリカは、1946年8月に、8か国をまとめて国連加盟させようと提案し
たが、これに対してソ連は、1か国ずつの加盟申請と投票を主張した。翌年
ポーランドがイタリアとフィンランド、東欧のブルガリア、ハンガリー、ル
ーマニアの一括加盟を提案した時には、逆に、アメリカは1か国ずつの審議

を求めた。アメリカの主張は、これらの東欧諸国は真の独立国ではない、つまり、ソ連の支配下にあるということだった。

　日本は、サンフランシスコ平和条約で独立を回復させた1951年の翌年国連に加盟申請を行ったが、この米ソ対立の中で、ソ連に拒否権を行使され、即時の加盟は実現しなかった。日本の国連加盟は、日ソ国交回復交渉が妥結した後の1956年12月18日となった。

　結局、加盟国を巡る米ソ対立のために、1946年から1955年までそれぞれの陣営が支援する国家の国連加盟は実現しなかった。その間に加盟申請をした31か国のうち、加盟を許されたのはわずか9か国だけであった[4]。この対立は、1955年に米ソの間で「一括取引」が合意されることによって解決した。この年、16か国が一気に加盟した。朝鮮半島やベトナムのように国家が南北に分断しているケースの加盟を他のケースから切り離すことによって、このような取引が可能となった。ベトナムは南北統一後の1977年に国連に加盟し、北朝鮮と韓国は冷戦後の1991年に同時に加盟した[5]。

3．国家承認と国連加盟

　国家の基本的要件にはまず3つの基本的要素がある。領土があり、そこに住んでいる人の社会があり、さらに、この領土と人の社会を統治する政府が存在することである。さらに第三国による「承認」が、絶対条件ではないが、必要条件となる。例えば中国の場合、中国大陸には中華人民共和国が存在し、台湾には中華民国が存在する。2つとも国家としても3つの要素を備えている。しかし、双方とも中国を代表するのは自国との主張をしている。中華人民共和国は1949年10月1日に樹立されたが、内戦に敗北した中華民国は台湾に逃れ、存続した。当時、国連では中華民国が中国を代表しており、その後、どちらが中国を代表するかの議論が国連総会で争われた[6]。

　代表権に関しては国連憲章に規定がないため、全加盟国が参加する総会で審議されるべきものであるとの主張と、それぞれの主要機関が決めることができるとの主張があったが、1950年12月の総会決議で、総会によって審議さ

れることが決まった。そして、総会での決定は、他の主要機関や国連の専門機関などでも考慮されるべきであるとした[7]。

　中華人民共和国を中国の代表として承認し、国連での代表権交代を訴えたのはソ連だった。総会で少数派のソ連は、中華人民共和国の代表権が認められないことに抗議し、安全保障理事会をボイコットした。これが、翌年1950年6月に勃発した朝鮮戦争の時に大きな痛手となることは後述する。

　当初、中華人民共和国を中国の代表として承認する国は少なかったが、1950年代末から1960年代初めにかけて非植民地のプロセスが進み、新興独立国家が誕生し、次々に国連に加盟することにより、総会での中華人民共和国と中華民国の支持バランスが崩れてきた。新興独立国の多くは、植民地主義に強く反対していた中華人民共和国を支持する傾向が強かったからだ。国連総会で中華民国の代表権支持減少を恐れたアメリカは、1961年の国連総会で、中国の代表権問題を総会で3分の2を必要とする「重要事項」に格上げした。しかし、非植民地化の流れはその後も続き、1971年にはついに中華人民共和国の代表権支持が3分の2に達し、代表権が交代した。この時、アメリカは中華民国を国連の加盟国として残そうとしたが、総会での支持は得られなかった。

　独立宣言をしたものの、他国の承認が得られずに国連に加盟していない国家も幾つかある。キプロスは、1960年の独立後、1964年にギリシャ系キプロス人とトルコ系キプロス人の間で内戦となり、1974年のトルコの軍事介入を経て現在に至っている。北キプロスは1983年に独立宣言をしたが、これを承認したのはトルコだけで、他国からは独立国として認められておらず、国連にも加盟していない。

　コソボは、旧ユーゴスラビアが冷戦後の1990年代初頭に分裂した後、新ユーゴスラビア、その後セルビアの一部となっていたが、1990年代末にセルビアからの独立を目指したコソボ解放戦線とセルビアとの間の戦争に発展した。この戦争で、多くのアルバニア系コソボ人が弾圧され、近隣諸国に難民化したのを受け、北大西洋条約機構（NATO）は人道的理由を根拠に軍事介入した。コソボは国連やNATO、EUなどの支援を受け、自治化し、2008年独立宣言した。110を超える国々がコソボを承認したが、セルビアを

支持するロシアはコソボを独立国家として承認していないため、国連に加盟することはできていない。

4．国家統合と分離

　シリアとエジプトはともに原加盟国だが、汎アラブ主義の拡大のために1958年統合し、統一アラブ共和国となった。原加盟国同士の統合なので、新たな加盟申請は必要なかった。この統合は数年で破綻した。シリアがエジプト主導の政治運営に反発した結果だったが、1962年の再分裂時には、原加盟国に戻った形となり、これも新たな加盟申請を必要としなかった。1964年タンガニーカとザンジバールが統一し、タンザニアとなった時にも、独立国同士の統合のため、新たな加盟申請はなかった。同様のことが、1990年に民主イェメンとイェメン・アラブ共和国（加盟国）が統一し、イェメン共和国が誕生した時にも見られた。

　1991-2年にはユーゴスラビアが分裂の危機に晒された。ユーゴスラビアは連邦制国家で、実質的には社会主義政党が連邦を統一していたが、各共和国のナショナリズムの高揚に伴い、独立のためのレファレンダムが行われ、まず1991年6月にスロベニアとクロアチアが独立宣言を行い、9月にはマケドニア、翌1992年3月にはボスニア・ヘルツェゴビナが独立宣言した。このうち、クロアチアとボスニア・ヘルツェゴビナでは戦争が勃発した。スロベニア、クロアチア、ボスニア・ヘルツェゴビナは1992年5月に国連に加盟が認められ、マケドニアは翌年4月に「マケドニア旧ユーゴスラビア共和国（FYROM）」として国連に加盟を認められた。国連でこのような変則な国家名となったのは、隣国ギリシャが「マケドニア」という同国北部地域の名称と同じ国家名を付けられることに異議を唱えたからであった。セルビアとモンテネグロは1992年4月にユーゴスラビア連邦共和国（新ユーゴスラビア）を形成した。

　このユーゴスラビアの解体を受け、1992年9月、安全保障理事会は、新ユーゴスラビアは社会主義ユーゴスラビア連邦共和国（旧ユーゴスラビア）を

自動的に継承することは承認されていないとの見解を表明し、新ユーゴスラビアに対する新たな加盟申請を総会に勧告した。これを受け、総会は同月決議を採択して、新ユーゴスラビアに対して新たな加盟申請を要求した[8]。しかし、新ユーゴスラビア側はこれに反発した。自らが旧ユーゴスラビアの継承者であり、新たな加盟申請の必要はないというのが、その主張だった。そのため、新ユーゴスラビアは「ユーゴスラビア」と書かれた席に座り続けた。これに対しては、国連側も強制的に排除しようとはしなかった。結局、この問題は、新ユーゴスラビア側が2000年11月に新たな加盟申請をして受け入れられたことにより解決した。その後、2003年に名称をセルビア・モンテネグロに変更し、2006年にはモンテネグロの独立に伴い、セルビアがその継承者になった。

　1991年12月、ソ連邦は平和裏に15の独立共和国に分離した。元々ソ連邦憲章では、各共和国は独立しており、いつでも連邦から離れることもできることが明記されていた。冷戦後のナショナリズムの高揚やユーゴスラビア分裂が戦争に至った経緯などもあり、平和的分裂とロシアがソ連を国家として継承することが合意された。ロシアが安全保障理事会の常任理事国の地位をも継承したが、これについては、冷戦後ロシアとの関係を重視したアメリカがロシアの常任理事国の地位の継承を望み、他の国がこれに挑戦する機会を与えずに、継承を既成事実化したという経緯がある。

　チェコスロバキアが1992年にチェコ連邦共和国とスロバキア連邦共和国に分離した時には、両共和国ともチェコスロバキアを分割して継承したこともあり、それぞれ新たな国連加盟を申請して認められた。

5. パレスチナと台湾の加盟申請

　パレスチナは、2011年に国連加盟申請をした。パレスチナは、1947年の国連総会で採択されたイスラエルとパレスチナ二国家分割案に基づき独立国家としての道が期待された。1948年5月に統治国イギリスの撤退とともにパレスチナの地のユダヤ人がイスラエルの国家独立を宣言し、これに反発したア

ラブ諸国がイスラエルを武力攻撃し、第一次中東戦争が起きた。それ以来、3度の戦争を経験し、1993年のオスロ合意などの和平プロセスで二国家の共存を目指した解決策を模索してきたが、現在に至るまで独立を果たしていない[9]。

そのパレスチナは、2011年9月に加盟申請をした。加盟申請書は国連事務総長に送られ、事務総長はその申請書を安全保障理事会に提出した。パレスチナは1988年に独立宣言を行い、国連総会によってこれが支持されたが、1967年の第三次中東戦争でそれまでのヨルダンによる統治からイスラエルの占領下に入って以来、その占領状態は今日まで続いている。そのため、欧米諸国の多くはパレスチナを独立国としては認めていない。中東和平の行き詰まりを打開する策として、パレスチナは国連への加盟申請に踏み切った。この申請を受け、安全保障理事会は下部機関の新規加盟委員会にその審査を行わせた。この委員会は安全保障理事会全理事国で構成されている。しかし、アメリカなどの反対に合い、新規加盟委員会はパレスチナを加盟させるかどうかに関し合意が出来ず、理事会に対してその旨報告した。理事会は結局この問題の審議を進めることなく、この加盟申請は迷宮入りした。その後、パレスチナは国連総会や国連教育科学文化機関（ユネスコ）などを通じて、自らの国家としての格上げを目指すことになる。

中華民国は、1971年の中国代表権争いで敗れ国連から追放された後、1993年に至り、国連加盟のためのキャンペーンを開始した。この場合は、1つの中国を争うのではなく、「台湾」として別個の加盟国の地位を確保するというものだった。2000年に誕生した陳水扁政権は、それを正当化する論理として、台湾は国家としての要件を備えていること、国連の普遍性と自決権へのサポート、台湾は中国の国内問題ではなく国際問題であること、そして、1952年のサンフランシスコ平和条約で台湾は日本の施政下から離れ、その地位は国連憲章に基づいて決められるべきものとしたことなどを挙げている[10]。

安全保障理事会では中国（中華人民共和国）が拒否権を持っていることから、台湾の加盟問題を審議するのは総会で行うのが適当と判断し、総会の議題として取り上げるよう要請した。この要請は、総会の議題を審議し、総会

の全体会合や6つの主要委員会に議題を振り分ける役割を果たす一般委員会で取り上げられた。しかし、これには中国が反対し、議題として取り上げることすら成功しなかった。

6. 加盟の資格

　国連加盟の資格には4つある。憲章第4条1項に規定されているように、まず、「国家」であることと「平和愛好国家」であること、そして、憲章下の義務を果たす能力があり、さらに、そのような義務を実行する意欲があることである[11]。

　「国家」については前述した。「平和愛好国家」であることについては歴史的な背景と国家の性格に関する議論がまとまらなかったことによる。「平和愛好国家」という表現は、1943年のモスクワ宣言に初めて使用されたが、この時は、枢軸国を平和の破壊国家としていたため、これに対抗する概念として使われた。また、サンフランシスコ会議では、加盟申請国の政治体制を民主国家といったように定義してしまうことは内政干渉に繋がる可能性があるため、「平和愛好国」として認定されれば良いことになった。実際、加盟申請をする際には、自らを平和愛好国であると申請書に書くことが通例となっている。

　憲章下の義務を果たす能力があるかどうかであるが、憲章には様々な義務が規定されている。そのような義務を果たすことが条約としての憲章から生じる当然の行為となるが、果たして本当にすべての義務を果たす能力があるかについては詳細を問わないのが慣例となっている。冷戦初期時代に加盟問題が膠着した理由は、アメリカとソ連の政治的駆け引きであったし、1950年代から1960年代にかけて起きた非植民地化が急速に進行する中で、小国でも国連に加盟することが国際的な独立の承認にも繋がったため、国家の国際義務履行能力やその意欲については疑問が呈されなかった。また、例えば、中立を表明するオーストリアが憲章第7章下の強制行動を取る能力があるかについても加盟時に特に問われることはなかった。常任理事国を中心とした集

団安全保障体制の中で、中小国の義務遂行能力や意欲は国連の強制力の中核にはなっていなかったといえる。むしろ、問題は国家側にあった。

スイスは永世中立を国家の基本に据えていた。その中立性はナポレオン戦争後、1815年のパリ条約でヨーロッパ列強によって認められた。それ以来、スイスは2つの大戦にも参加せず、国連にも長年加盟しなかった。国連は、憲章第7章下で平和の破壊国などに対して武力を含む強制行動が取れ、加盟国にはこれを履行する義務が生じるため、国連に加盟するとその中立性が損なわれるというのがその理由だった。しかし、冷戦後国連の役割が急速に拡大していく中、中立を保つことが必ずしも国益にならないと考える国民が多くなり、数度の国民投票を経て、スイスは2002年に国連に加盟した。

義務の遂行意欲に関しては、国連総会は、紛争の平和的解決や友好関係の維持など、強制行動以外の分野での義務遂行意欲に重点を置いたが、意欲は主体的なものであり、加盟国がそのような義務を遂行するかどうかは各国の政治的判断に任されていた。

例えば、国連の平和維持活動（PKO）には多くの加盟国が参画しているが、すべての加盟国が参画しているわけではない。常任理事国の中国（中華人民共和国）は、朝鮮戦争でいわゆる「国連軍」と戦った経緯もあり、長年国連PKOには参加しなかったが、冷戦後、1990年に初めて中東の国連休戦監視機構（UNTSO）に軍事オブザーバーを派遣した。そして、1991年末には、初めて施設部隊をカンボジアの国連PKOに派遣した。日本が国連PKOに参加したのは、同じカンボジアの国連カンボジア暫定統治機構（UNTAC）で、1992年のことだった。

7. 権利の停止と追放

国連は、予防行動や強制行動が取られている加盟国に対しては加盟国の権利や特権を停止させることができる（憲章第5条）。その場合、安全保障理事会の勧告の下に総会が停止できるが、停止された権利を回復する時には、安全保障理事会の承認だけで良い。これは安全保障理事会が即時に行動が取

れるためである。国連は、さらに、加盟国を追放することもできる（憲章第6条）。追放も安全保障理事会の勧告により総会が決定する。停止や追放は総会では重要事項のため（憲章第18条）、決議には参加し投票する加盟国の3分の2の支持が必要である。脱退に関しては、国連憲章にはその規定はない。この権利停止条項および脱退の規定欠如は、前身の国際連盟規約と大きく異なる点である。特に脱退の規定欠如は、国家間のさまざまな緊張や対立にも関わらず国連がその普遍性を保ってきている1つの大きな理由ともなっている。

　加盟国の権利や特権の停止は、予防行動や強制行動が課されている国に対してのみ適用されることになっているため、極めて限定的な措置である。強制行動は、憲章第7章、特に武力を含まない制裁措置を規定した第41条や武力の行使権限を与えられる第42条の下での措置との解釈ができるが、予防行動については明確な定義がない。加盟国の権利や特権を全面的に停止するのか部分的に停止するのかについては、やはり明確な規定がないため、結局は安全保障理事会や総会、そして総会の下部機関などの判断によって決まることになる。

　具体的な停止措置については、国を代表して会議に参加することを停止したり、投票の権利を停止したりということになるが、加盟国の国連に対する義務、例えば、分担金を支払うといった義務を停止するものではない。また、停止を受けている国が自国に関する問題を安全保障理事会が討議する時それに参加できないというものでもないし、国連憲章の一部を構成している国際司法裁判所に提訴することができないというものでもない[12]。

　実際に、予防行動や強制行動を課された加盟国が停止処分を受けたことはこれまでにはない。ただ、1960年代に、南アフリカのアパルトヘイト政策に反対する国々が主導して、総会や経済社会理事会で南アフリカの代表団の信任状を拒否したり、総会における討議や投票への参加を拒んだりしたケースがあったが、これは必ずしも憲章の規定に沿ったものではないとされている[13]。

　追放は、憲章第6条で、国連の原則を「執拗に違反した」場合と限定されており、それをどう判断するかは、勧告権限を持つ安全保障理事会の政治的

判断になる。また、総会では出席し投票する3分の2の支持が必要である。追放はあくまで最後の手段として見られており、追放されても原則を順守する政治的決定がなされた場合には再度加入が認められる余地を残している。国連憲章下では加盟国が追放された例はなく、1961年から1962年にかけて、アフリカ諸国が南アフリカのアパルトヘイト人種差別政策に反対して南アフリカを追放すべく総会に働きかけたが、3分の2の支持を得るまでにはいかなかった。追放するよりも国連に残しておくことにより、より大きな政治的圧力をかけられるとの判断だった。国際連盟時代には、ソ連がフィンランドに軍事侵攻し、それが国際義務の違反だとして1939年に追放されたのが唯一の例である。

8. 脱退規定の欠如

国連憲章には脱退の規定がない。国連教育科学文化機関（ユネスコ）や国際労働機関（ILO）などの国連専門機関の憲章には脱退規定があるということと比べても、国連憲章に脱退の規定がないのは、国連のユニークな側面である。この脱退規定の欠如は、国際連盟が日本やドイツ、イタリアなどの国々の脱退で機能低下と停止に追い込まれたことから、国連創設時に脱退規定を設けないことにしたものだ。

問題は、本当に脱退できないのかである。国連創設のためのサンフランシスコ会議では、連盟規約のように脱退を認めるべきだとの意見と、国連の普遍性を守るために脱退規定は設けるべきでないとの意見が対立した。憲章起草委員会は、国際平和と安全の維持のために国連との協力をすることが加盟国の最大の責務であるとしながらも、脱退すべき例外的な状況が出てきた場合には加盟の継続を強制するものではない、との宣言に達した。例外的な状況とは、国連がもはやその機能を果たせなくなった時とか、憲章の修正によって加盟国が同意しない権利や義務が課された場合、修正が多数で採択されても必要な批准がなされなかった場合などが考えられた。従って、脱退規定が国連憲章にないことは、加盟国は脱退する権利を留保していることと考え

42

られている[14]。

　実際に脱退を試みた例は、これまでの国連の歴史で1例あるだけである。1964年12月31日、インドネシアが国連に対し、マレーシアが1965年1月1日に安全保障理事会の非常任理事国に就任した場合には脱退する旨の通知をした。これは、インドネシアがまだマレーシアを国家承認していない上に、ボルネオのサラワクとサバハの帰属を巡る国境問題でも係争があったためである。マレーシアはすでに1965年から1年間非常任理事国として安全保障理事会入りすることになっていた[15]。インドネシアの正式な脱退書簡は1965年1月20日にウ・タント国連事務総長宛に届いたため、事務総長はこの通知を安全保障理事会と国連総会の全加盟国に提出したが、憲章に脱退規定がないことから、両機関とも議題に取り上げなかった。

　インドネシアの要請で、同国の国連代表部は3月1日まで外交的地位を継続できた。その後、インドネシアの不在は暫く続いたが、スハルト将軍率いる新政府誕生後マレーシアとの関係改善の動きが始まり、8月にマレーシアとの関係を樹立した後、9月には事務総長への書簡で、国連との協力を再開し国連総会へ参加する決定を伝えてきた。この問題は、安全保障理事会ではなく総会によって扱われ、総会議長により総会の同意の下にインドネシアの総会への復帰が認められた。インドネシアの「脱退」問題は、結局一時的な不参加であり、国連への回帰は「復帰」と見なされることによって、新規の加盟手続きを経ずに済むことになった。国連憲章に脱退規定がないことにより、この件は政治的に処理され、脱退がどのように扱われるかの明確な答えにはならなかった。しかし、加盟国が一方的に脱退を宣言し、国連に参加しないことがありうるとの可能性も残したものだった。

　脱退宣言には至らなくても「脱退」が公言された例はいくつかある。米国の下院で、共和党議員が1997年から何度も国連への不参加を宣言する法案を提出している。2017年には再度同様の法案が提案された。「アメリカ主権回復法」というもので、1945年の国連への加盟決議を取り消すという内容のものである[16]。しかし、このような法案への支持は多くない。安全保障理事会で拒否権を持つ常任理事国の地位を自ら捨てることは、米国の国益にならないとの判断である。

第3章　加盟国の地位　43

　フィリピンのロドリゴ・デュテルテ大統領も2016年に、麻薬撲滅活動に自ら参加し一般市民を殺害したとの批判を国連人権高等弁務官より受け、国連を脱退する旨発言したが、これはフィリピン外務省により訂正され、具体的な脱退の動きは見えてきていない。

　国連憲章に脱退規定がないことにより、自国が国連に批判され、制裁を受けても直ぐに脱退に向けた行動が取られていない。一方、国連機関の場合は、脱退規定を設けているところが多い。そのため、これまで政治的な理由で国連機関を脱退した例が幾つもある。例えば、南アフリカは、他のアフリカ諸国による国連機関での自国のアパルトヘイト人種差別政策非難キャンペーンを受けて、1956年にユネスコから、1964年には国際労働機関（ILO）から脱退した。アメリカやイギリス、シンガポールも、ユネスコの組織運営を批判し、1984年から1985年にかけて脱退した。ユネスコの指導者交代と組織改革を経て、イギリスは1997年に、シンガポールは2007年に復帰した。アメリカは2003年に復帰したものの、2011年パレスチナのユネスコ加盟に反対して分担金の支払いを拒否し、2017年ユネスコのヘブロン旧市街の世界遺産指定後、再度脱退宣言した。2018年末に正式な脱退となる。

　国際機関は多国間条約で設立されるため、通常は脱退規定を設けている。その点、国連は例外的な国際機関といえる。脱退規定が明文化されていないことで、脱退の意思を削ぐ作用も働いている。これまでに脱退した国がないことにより、国連の普遍性が保たれ、それが国連の強靭性に繋がっている一因ともいえる。

　国連憲章は国際法上の原点ともなっており、その意味では憲法的な性格も持ち合わせているが、国家行動を規定する拘束力はない。しかし、加盟国を法的に拘束できる強制行動を取れるなど単なる多国間条約で規定できない側面も持ち合わせているのも、国連の特徴である[17]。

注
1 ）詳細は Simma, First edition, pp.157-158.
2 ）*Ibid.*, pp.156-157.
3 ）*Ibid.*, p.157.
4 ）これらの 9 か国は、アフガニスタン、アイルランド、スウェーデン、タイ、パキスタ

ン、イェメン、ビルマ（現ミャンマー）、イスラエル、インドネシアである。*Ibid*, p.161.

5 ）加盟国の推移については、国際連合広報局『国際連合の基礎知識 2014』関西学院大学出版会、2015 年、394 – 397頁を参照。

6 ）Goodrich, pp.77-78.

7 ）*Ibid*, p.78.

8 ）安全保障理事会決議 S/RES/777（1992）、総会決議 A/RES/47/ 1 。新規加盟要請に加えて、総会には参加しないというもので、安全保障理事会の決議は総会に対する「勧告」である。新ユーゴスラビアの国家自体を否定するものではない。

9 ）国連におけるパレスチナ問題の経緯については、United Nations, *The Question of Palestine and the United Nations*, DPI/2499, 2008, and DPI/2499/Rev.1 2009 参照。

10）United Nations General Assembly, "Request for the Inclusion of a Supplementary Item in the Agenda of the Sixty-third Session: Need to Examine the Fundamental Rights of the 23 Million People of the Republic of China（Taiwan）to Participate Meaningfully in the Activities of the United Nations Specialized Agencies, A/63/194," August 22, 2008. See Sigrid Winkler, "Taiwan's UN Bid: To Be or Not to Be" in Brookings Series, https://www. brookings. edu/opinions/taiwans-un-dilemma-to-be-or-not-to-be, June 20, 2012. *New Taiwan Ilha Formosa: The Website for Taiwan's History, Present and Future*, http://www.taiwandc.org/un-2001.htmne 参照。

11）Simma, First edition, pp.162-165.

12）Goodrich, p.97.

13）Simma, First edition, p.185.

14）Goodrich, p. 75.

15）*Ibid.*, p.76. インドネシアは、同時に、ユネスコ、ユニセフ、国連食糧農業機関（FAO）からの脱退も宣言している。1961 年の合意で、1964 – 65年の非常任理事国の 1 議席を1964年はチェコスロバキアが、1965年はマレーシアが占めることになっていた。Johan B.P. Maramis, "Glimpse of My Diplomatic Careeer" in www.tumoutou.net/j_maramis/3_withdraw_un.htm.

16）この法案では、国連の他に国連機関からの脱退も含んでいる。https://www.congress.gov/bill/115th-congress/house-bill/193 参照。

17）Michael Doyle, "The UN Charter: A Global Institution?" in Ian Chapiro and Joseph Lampert, eds., *Charter of the United Nations*, New Haven & London: Yale University Press, Chapter 1.

第4章　国連の主要機関

1．主要機関の設立と権限の相互関係

　国連には6つの主要機関がある。総会、安全保障理事会、経済社会理事会、信託統治理事会、国際司法裁判所、事務局である。しかし、国連創設の議論の中で、最初から6つの機関が計画されていた訳ではない。経済社会理事会と信託統治理事会は、サンフランシスコ会議の中で付け加えられたものだった。これから分かるように、国連は当時の大国だけが創設したものではなかった。

　国際連盟では、総会と理事会、事務局が組織上の三本柱だった。国連創設については、全加盟国が参加する総会と大国を中心とした理事会、それに総会や理事会を支える事務局体制に関しては、当初から大国間で合意があったが、これは総会と理事会における大国の協調体制という連盟の組織のあり方を踏襲したものだった。

　1944年夏にダンバートン・オークスで開催された米英ソ会議では、アメリカとイギリスが主張していた経済社会面での協力促進の必要性に関し、それまで反対していたソ連が譲歩したことにより、サンフランシスコ会議では、途上国の要求もあって、経済社会理事会の権限が拡大され、主要機関の1つとして格上げされた。また、信託統治理事会については、まだ海外に植民地を多く持つイギリスと、民族の自治権を主張するアメリカとの間に考えの違いがあり、主要機関としての位置づけはサンフランシスコ会議でイギリスが

46

譲歩する形で決着した[1]。

　国際司法裁判所を主要機関と規定し、国連憲章の一部としたことは、連盟時代の常設国際仲裁裁判所とは異なる特徴だった。常設国際仲裁裁判所は第一次世界大戦後のベルサイユ条約の一部として国際連盟や国際労働機関（ILO）とともに設立されたため、連盟規約の一部ではなかったが、事実上、連盟の一角を占める存在だった。国際司法裁判所を国連憲章の一部とすることによって、国連加盟国は全て国際司法裁判所に自動的に加盟することになり、国家間の係争を処理する法的機関として法の支配を強めることが期待された。

　問題は、主要機関同士の間の権限の調整だった。大国は、自ら安全保障理事会の常任理事国となり、拒否権を持つことによって安全保障理事会の権限を最大限化しようとしたが、中小国は、総会の権限をできるだけ強めるべくこれに抵抗した。その結果、国際平和と安全の維持における安全保障理事会の権限と責任は尊重されたが、総会もそのような分野で一般的な討議ができることになった。

　また、総会は全加盟国が参加できる唯一の主要機関として、特別な地位を与えられた。総会は、他の主要機関から報告を受け、それらの機関の権限や機能に関して勧告する権利が与えられ、さらに、他の機関の構成を決める権限や、予算や行政の決定権、経済社会理事会や信託統治理事会は総会の権威の下に行動することが認められた。総会と安全保障理事会の関係では、安全保障理事会から報告を受けても、総会が安全保障理事会の権限を侵食するような行動を取ることができる訳ではない。それは、国際の平和と安全の維持で安全保障理事会が「第一義的な責任」を与えられているからである。

2．下部機関

　憲章第7条2項で、国連の主要機関はそれぞれの機能達成のために下部機関を設立できることになっている。その場合、「下部機関」に関する定義はなされていないため、各機関の判断で下部機関が設立できるようになってい

る。そして、下部機関の構成や任務、性格、終了などについても各主要機関の判断に任されている。

下部機関には幾つものタイプがある[2]。

1）主要機関を直接補佐する機関

総会の場合には、150を超える議題を処理するために、毎年行われる総会の会期に6つの主要委員会を設立している。安全保障理事会には、加盟審査委員会や軍事参謀委員会などがある。一連の制裁委員会やテロ対策委員会（CTC）、決議1540委員会なども安全保障理事会の補佐機関である。これらの補佐機関は、さらに専門家グループや事務局などによって活動を補佐されている。

2）常設委員会

計画調整委員会（CPC）や非政府組織（NGO）委員会などは経済社会理事会によって設立されたが、計画調整委員会の場合には、総会と経済社会理事会の両方に報告する。

3）諮問を目的とした専門家委員会

例えば、行財政諮問委員会（ACABQ）は総会によって設立され、専門家委員会として国連予算の詳細な審議を行う場として不可欠な役割を果たしている。ACABQ は、専門機関の予算なども審議する役割を与えられている。

4）特定の問題の研究や主要委員会による決定のための委員会

アドホックなものとしては、総会が設立した侵略定義委員会や海底の平和的利用委員会といったものがあったが、このような委員会は特定の問題について報告書を提出して解散している。また、より恒久的なものとしては、総会の下に拠出金委員会（Committee on Contributions）や軍縮委員会（Disarmament Commission）、国際法委員会、宇宙空間委員会、非植民地化委員会、情報委員会などがある。経済社会理事会下の人権委員会（Commission on Human Rights）は、2006年に人権理事会に引き継がれ、総会の下部機関

となっている。

5）地域協力を目指す機関

経済社会理事会の地域委員会がこれに相当する。アジア・太平洋、西アジア、ヨーロッパ、アフリカ、ラテンアメリカとカリブ海地方を扱う5つの地域委員会がある。

6）国際紛争や内戦における国連平和維持活動（PKO）

中東に展開している国連休戦監視機構（UNTSO）やインドとパキスタンが争っているカシミールに展開している国連インド・パキスタン監視団（UNMOGIP）、キプロスや南レバノン、ゴラン高原、南スーダン、コンゴ民主共和国などに展開している国連平和維持活動（PKO）は、現在、安全保障理事会の下部機関との位置づけである。

7）紛争調停を目的とした機関

第一次中東戦争を収束させるためのパレスチナ調停委員会などは総会によって設立された。1988年に安全保障理事会によって設立されたアフガニスタン・パキスタン仲介派遣団（UNGOMAP）などに加え、国連の政治派遣団なども安全保障理事会の下部機関となる。

8）非植民地化の過程で設立された政府的機能を持つ機関

ナミビア（南西アフリカ）の独立を促進するために創設されたナミビア理事会などが代表的な例である。総会の決議で設立され、独立などの非植民地化を遂げた後、解散している。

9）専門機関化している機関

総会が設立した「基金とプログラム」と呼ばれている下部機関は、特定の分野での目標を達成するための「実働機関」で、すでに独自の執行理事会を設けて、専門機関化している。加盟国の自発的拠出金によって財政が賄われている。これには、国連児童基金（UNICEF）や国連開発計画（UNDP）、

国連人口基金（UNFPA）、国連人間居住計画（UN-HABITAT）、世界食糧機関（WFP）などが入る。また、国連難民高等弁務官事務所（UNHCR）や国連パレスチナ難民救済事業機関（UNRWA）、国連ウィメン（UN Women）などもこの部類に入る。これらの機関は総会決議によって創設されているため、総会決議によって拘束される。行財政については国連の事務総長に報告する義務がある。

10）自治化している機関

国連貿易開発会議（UNCTAD）のように総会によって設立されているが、経済社会理事会を通じて総会に活動報告する機関である。予算は、国連予算によって賄われている。国連工業開発機関（UNIDO）も当初同じような扱いを受けたが、後に国連専門機関として独立している。

11）司法機能を持つ機関

総会によって設立されたものには、国連行政裁判所などがある。安全保障理事会は、湾岸戦争後にイラクに賠償を払わせるために国連賠償委員会を設立し、ユーゴスラビアやルワンダでの戦争犯罪などを裁くための国際刑事裁判所を設立している。

12）訓練や研究のための機関

国連大学や国連訓練調査研究所（UNITAR）などは総会によって設立されている。

注
1）明石康、『国際連合』岩波新書、1996年版、34-35頁。
2）下部機関のより包括的なリストは、国際連合広報局『国際連合の基礎知識2014』関西学院大学出版会、432-446頁を参照。3）から12）までは、PKOを除き、Simmaの分類を使っている（Simma, pp.198-200）。Goodrichはほぼ恒常的な機関、専門機関化した機関、アドホックな機関に大別している。国連は主に機関別に分けている。

第5章　総会

1．任務と権限

　総会は、国連の主たる審議機関で、全加盟国が参加している唯一の主要機関である。2017年の時点で193か国が加盟しており、世界のほとんどの主権国家が加盟しており、国連の普遍性を示している。

　国連創設のためのサンフランシスコ会議で中小国が大国の安全保障理事会での特権に対抗するために、総会の権限強化のために尽力したこともあり、総会の任務と権限は、かなり広範囲な分野に渡っている。安全保障理事会が扱っている議題を除けば、憲章の範囲内にある問題や主要機関の権限及び任務に関する問題を討議し、加盟国や安全保障理事会などに勧告をすることができる。端的に整理すると次のようになる。

（1）国際の平和と安全を維持するための協力に関する原則の審議、勧告（軍縮と軍備規制に関する原則も含む）
（2）安全保障理事会が扱っている問題以外の国際平和と安全に関する問題の討議と勧告（勧告は紛争当事国や安全保障理事会に対して行う）
（3）国際の平和及び安全保障を危うくする事態について、安全保障理事会の注意を促す
（4）憲章の範囲内にある問題や主要機関の権限及び任務に関する問題の討議と勧告

（5）政治分野での国際協力促進のための研究の発議や勧告

（6）国家間の友好関係を害するような事態に対し、その平和的解決のための勧告

（7）国際法の漸次的発展とその法典化の奨励

（8）経済、社会、文化、教育、保健の各分野での国際協力を推進し、人権と基本的自由を実現するために、研究を発議し勧告

（9）国際信託統治制度に関する任務の遂行（国際信託統治制度に関する任務を遂行する役割もあり、アメリカに統治権限が与えられた前日本統治地域で「戦略地区」として指定された南太平洋諸島を除く他の地域に関する信託統治協定を承認する権限を含む）

（10）国連予算を審議し、承認することと、加盟国への分担金を割り当てる権限

（11）安全保障理事会の非常任理事国や経済社会理事会の理事国、国際司法裁判所の裁判官の選出（信託統治理事会はすでにその作業を終了）

（12）事務総長の任命

　国際平和と安全保障問題で総会が審議、勧告できるのは、これらの問題に関する「一般原則」という一般的な議論ということになる。安全保障理事会が扱っている議題には総会は審議・勧告ができない。これは、安全保障理事会が国際の平和と安全保障で「第一義的な責任」を与えられているからである。

　だが、これに対しては例外がある。それは、1950年11月に総会決議で採択された「平和のための結集」決議だ。この決議の下、国際平和への脅威、平和の破壊や侵略行為にも関わらず、安全保障理事会が常任理事国の全会一致の合意が得られない、つまり拒否権行使のために行動が取れない場合には、総会が緊急特別総会を招集してその問題を討議し勧告できるというものである。緊急総会は、安全保障理事会の手続き採決に必要な票の賛成か、加盟国の半数の要請で24時間以内に招集できる。当初安全保障理事会が11か国だった時は7票の賛成が必要だったが、1965年の憲章改正で理事国が15か国になった時以降は9票の賛成が必要である。手続きに関する投票のため、拒否権

は行使できない。

　一般原則に関する討議と勧告で軍備縮小（軍縮）と軍備規制が言及されているが、軍縮と軍備規制は同じ概念ではない。軍縮は英語では"disarmament"という表現が使われており、これは本来は武装解除を意味するが、ここでは軍備縮小という意味で捉えられている。国連の集団安全保障体制では、大国の軍事力によって平和を守る思想のため、軍備の撤廃は想定していない。軍備規制とは、国家の軍事力の規模や武器などに関しある程度の規制をかけた、国家の安全保障を一方的に脅かさないための協力を意味している。そのため、規制することが即軍備の縮小につながる訳ではなく、場合によっては軍備を拡大させることによって均衡を保とうという作用も働く。

　国際連盟の場合には軍縮が１つの大きな目標であり、連盟規約にもそのことが明記されていたが、国連の目的には軍縮は入っていない。軍縮に関する一般原則に関する討議が言及されているのは、国家の軍事力を必要最小限に保つことが望ましいことへの認識があり、それをどのように実現するかの一般原則を討議、勧告すること自体は妨げることではないというものである。国連は、あくまでも大国の軍事力をベースに国際平和と安全を維持し、それが脅威を受け、あるいは侵略行為があった場合には、力づくで対処するという現実主義の立場に立っている。ただし、東西冷戦が深刻化し、両陣営の間で核兵器や通常兵器の強化に伴う軍備拡張競争が起きる中で、国連は軍縮を大きな目標として掲げるようになった。軍縮特別総会が1978年、1982年、1988年の３回に渡り開催された背景には、そのような東西軍拡競争の世界的脅威とヨーロッパでの中距離核ミサイル配備に伴う核戦争への懸念があった。

　総会と安全保障理事会の間には、常に権限争いのような関係があり、途上国が多数を握る総会では、総会を安全保障理事会より上位に置こうという動きが頻繁にある。安全保障理事会は総会に対して報告義務があるため、その報告に対してなんらかの勧告をしようという動きである。これに対し、安全保障理事会は、国際の平和と安全を可能な範囲で拡大解釈して自らの権限を拡大しつつある。

　冷戦時代には、アメリカを主軸とする西側とソ連を主軸とする東側の政治

的対立のために、安全保障理事会は国連創設時に期待された集団安全保障体制の履行が阻害され、米ソが直接利害関係のない地域や紛争に対して一定の協調がなされたが、1980年末の冷戦の終焉によってアメリカとソ連そして1991年12月よりソ連を継承したロシアとの協調が進むようになった。1990年8月に起きたイラクのクウェート侵攻とその後の併合に端を発して、安全保障理事会を中心とした安全保障体制が機能しはじめ、1993年まで拒否権が行使されない協調体制が続いた。この協調体制とともに、それまで安全保障理事会で取り上げられなかった問題が、国際平和と安全の維持の拡大解釈の下に次々と持ち込まれるようになった。難民問題やエイズや感染症といった保健衛生問題、女性と政治参加問題、人権、法の支配、平和構築など、それまでどちらかというと総会や経済社会理事会で取り上げるべき問題が、紛争解決、特に国内紛争解決のための国連の活動との関連で安全保障理事会の議題となっている。

2. 通常総会

　総会には、通常総会と特別総会、緊急特別総会がある。通常総会は年次会合で、毎年9月の第3週の火曜日に始まる。当初は12月には終わり、必要に応じて短期間の再開総会を開催する程度だった。しかし、冷戦が終焉する1989-1990年の第44回総会から、1年を通して会期が継続する形となった。1988年以降国連平和維持活動（PKO）が拡大化するにつれて、その予算も膨れ上がり、現在は通常予算の3倍程度にまでになっている。国連PKOは基本的には安全保障理事会によって設立されるが、その予算権限は総会にある。通常予算はカレンダー年で2年ごとに採択されるため、年度末までには審議、採択されなければならない。膨大化したPKO予算の審議、採択には時間がかかるため、PKO予算の周期を7月から翌年の6月までとし、予算審議は各年の前半期となった。総会は次期通常総会の開始前日に閉会するといった慣行ができている。9月から12月までを「総会の主要部分」あるいは「主要総会」と呼び、1月から9月の閉会までを「再開総会」と呼ぶ。

1）一般討論

通常総会が開幕し、アジェンダなどの手続き問題が処理された後、総会第2週目から「一般討論」と呼ばれる各国首脳による演説会が始まる。「討論」なので本当は演説に関して討論をしてもよいことになっているが、実際には一方的な演説で終わることが多い。ただし、反論が行われる場合は、その日の演説の最後か一般討論の終了時、あるいは各国から事務総長への書簡で行われる。

事務総長が年次報告書を紹介するため一般討論の開始前に演説をした後、一般討論がオープンし、最初のスピーカーはブラジルとなる。これは1955年の第10回総会からの慣習である。次のスピーカーはアメリカで、これは国連本部を地元に抱えるホスト国の特権だ。その後は申込順だが、外交上国家元首が優先され、その後に首相、副首相、外相他となる。立憲君主制を取るイギリスや日本などは首相や外相が演説することになるため、優先度が下がる。加盟国以外で一般討論に参加できるのは、バチカン（国連での名称はHoly See）とパレスチナ、ヨーロッパ連合（EU）だけである[1]。

2）議題とその配分

総会の議題は160から170くらいまでに上っている。アジェンダは、2年ごとに改定される「国連のプライオリティー」に沿って、次の8つに分類される。

（1）持続的経済成長と持続可能な開発の促進
（2）国際平和と安全の維持
（3）アフリカの開発
（4）人権の促進
（5）人道支援の効果的調整
（6）正義と国際法の促進
（7）軍縮
（8）麻薬統制、犯罪防止と国際テロとの闘い

多くの議題を審議するために、総会は6つの主要委員会を分野別に設置し、どの分野にも属さない議題は本会議で審議する体制を整えている。

第1委員会（軍縮と国際安全保障）：核軍縮や核不拡散、核フリーゾーン、通常兵器、地域レベルの軍縮、軍備の透明性、軍縮関連条約のレビューなど

第2委員会（経済と金融）：貧困撲滅、持続可能な開発、工業開発協力、農業開発や食の安全と栄養、最貧国や内陸国の発展、エネルギー、環境、砂漠化、気候変動、防災など

第3委員会（社会、人道と文化）：犯罪防止や麻薬問題、汚職、各種人権問題、宗教や思想の自由、開発の権利、死刑、自決権、人種差別、子供の権利や少数民族の権利、難民や移民、家庭内暴力など

第4委員会（特別政治問題と非植民地化）：宇宙の平和的利用、パレスチナに関する各種の問題、特別政治派遣団の包括的レビュー、非自治地域に関する諸問題、広報など

第5委員会（行政と予算）：2年ごとの通常予算、国際刑事裁判所予算、年金制度、人事運営、財政や監査報告書、会議のパターンなど

第6委員会（法律）：法の支配、外交的保護、国際法委員会や国連憲章特別委員会の報告書、オブザーバーの地位、国際テロ廃絶措置など

本会議：平和のための協力や宗教的、文化的対話の促進、特定の問題に関する国際会議、各種国連デーの設立、性的搾取や虐待といった問題の国連の行動計画、防災などの専門家会合報告書、海洋や海洋法、国連と地域機関の協力など。各主要委員会の決議案はすべて本会議で採決、採択される。その意味では、本会議が総会の中心的位置を占める。

3）地域グループ

国連では各機関の理事国や議長選出の場合に、地域グループをベースにすることが多い。これは、一地域が議席を独占することを防ぎ、地域間でバランスの取れた代表制にすることが望ましいとの認識から生まれたものである。

地域グループは5つあり、ラテンアメリカ・カリブ海グループ（33か国）、

アフリカグループ（54か国）、西ヨーロッパ他グループ（28か国）、アジア・太平洋グループ（53か国）、東ヨーロッパグループ（23か国）である。

　この地域分けで幾つかの例外がある。アメリカはどのグループにも属さないが、地域ごとの討議の場合は西ヨーロッパ他グループに参加する。トルコは地理的にはアジアになるが、選挙では西ヨーロッパグループに所属する。イスラエルは当初どこにも所属しなかったが、2000年に西ヨーロッパ他グループに参加することが認められた。オーストラリアとニュージーランドは地理的にはアジア・太平洋地域にあるが、政治的には西ヨーロッパ他グループに所属する。キリバス（Kiribati）はどのグループにも属さない。

4）議長、副議長

　総会の場合、議長は地域間の輪番制で1年の任期で任命される。アフリカ、アジア、東ヨーロッパ、西ヨーロッパ他、ラテンアメリカ・カリブ海の順である。通常地域グループは1人を指名するので、単なる挙手での選出となるが、1人以上の候補が出た場合には単純過半数での投票となる。議長は加盟国から選ばれるが、選ばれた議長は1年間個人の資格で行動し、加盟国全部を代表する。これは、総会議長のユニークな側面で、総会議長は事務総長と並び国連を代表する顔ともなっている。総会の活性化のために、総会議長は議長としての通常の任務に加え、テーマに沿った討論会を開催したり、9月に開催される一般討論（General Debate）のテーマを設定したり、次の議長へのアドバイスの取りまとめ、事務総長や安全保障理事会議長、経済社会理事会議長との定期会合、総会と総会議長の地位の向上のための努力などの役割も与えられている。その他にも、総会決議で要請される任務を遂行することもあり、例えば、安全保障理事会の改革のための作業の取りまとめなども総会議長が行っている[2]。

　総会の副議長は21人おり、安全保障理事会の5常任理事国は必ず副議長に選出される。その他の16名は各地域から選ばれる。常任理事国はすでに安全保障理事会で特権的地位を与えられているので、総会の議長や主要委員会の議長には就けないことになっている。副議長は、議長不在の時の代行が任務である。ただし、常任理事国の副議長は通常代行することはなく、他の業務

にのみ参加することになっている。他の業務とは、例えば、総会のアジェンダなどを扱う一般委員会での業務を意味する。

3．下部機関の役割

総会には幾つかの下部機関がある。代表的なのは、一般委員会、信任状委員会、さらに、常設委員会と規定されている行財政諮問委員会（ACABQ）と分担金委員会である。

1）一般委員会

一般委員会は総会議長と21人の副議長、6つの主要委員会委員長から成り、総会の審議を助けるために、アジェンダとして扱われる議題の本会議や主要委員会への割り振りや、新たに議題が提案された場合にその議題を追加するかどうかなどを審議する。すべての提案が自動的に受理されるわけではなく、反対意見が出た場合には追加されない。全会一致で決めることになっているからである。例えば、中国の代表権を失った中華民国が、国連の専門機関の活動に参加する権利に関する新たな議題を2008年に提案した時には、中国はあくまで1つとする中華人民共和国によって反対され、議題には取り上げられなかった。

2）信任状委員会

信任状委員会は、各国の代表者が正当に信任され、自国のために発言できるかどうかを確認することを目的としている。信任状は国家元首、首相あるいは外務大臣によって署名され、事務総長に提出される。発言できるのは国家や政府の指導者から、国を代表する大使やその他の外交官、政治指導者などである。委員会は9名の委員で構成されるが、その選出は国連事務局の法務局が加盟国と協議して総会議長に提示され、総会議長が任命する。常任理事国のうち、アメリカとロシア、中国からは常時委員が選出されている。信任状は通常総会の主要部分が終わる12月に提出され承認されるが、これは、

提出が遅れた場合を考慮してのことである。

　実際、誰が自国を代表できるかはその国の政治的な状況に影響を受けることがある。例えば、タイのタクシン・シナワトラ首相が2006年9月19日にクーデターで失職した時、シナワトラ首相は国連総会の一般討論に参加すべくニューヨークの国連本部を訪問している最中だったが、クーデターを起こした軍政府によって国家の信任を失ったとの報告があり、国連側は首相を門前払いしたことがある。2001年9月11日に起きたアメリカでの同時多発テロ事件の時、アフガニスタンを代表していたのはタリバン政府だったが、首謀者のアルカーイダ・テロ組織を庇護していたタリバン政府に対するアメリカの軍事行動が始まり、タリバン政府が北部同盟によって首都カブールから追放され崩壊した時はまだ主要総会期間中だった。その時点で国連におけるタリバン政府代表団は国連を去り、その後、新政府の代表団が新たに任命された。

　一般的に、加盟国の代表者の信任が争われた時には、新たな代表者に関する信任状が国連側に提出されるまでは、既存の代表者が加盟国を代表しつづけることになる。

3）行財政諮問委員会

　行財政諮問委員会（ACABQ）には、4つの基本的な任務がある。（1）事務総長によって提出される国連予算申請を審査し総会に報告すること、（2）総会から要請される行財政問題に関し諮問を行うこと、（3）専門機関の予算や専門機関との財政関係に関する提案を審議すること、（4）国連や専門機関の会計監査の報告書を検討し総会に報告すること、である。総会によって個人の資格で3年の任期で任命される16人の委員から成る。そのうち3人は金融の専門家でなければならない。財政や監査を扱うため、必ず金融に関する専門的知識を持つ人が必要だからである。この要件は、1961年に採択され、3人が同時に任期を終えることがないようにしてある。委員は再選可能である。個人の資格ではあるが、各国の政府の専門家が委員となるケースが多い。

4）分担金委員会

　国連の予算は加盟国の分担金によって賄われているため、加盟国の分担率を決める必要がある。分担金委員会は、毎年6月頃に会合を開き、総会の決議で決められた各種基準をベースにして分担率を決めていく。分担率の基礎となる基準は加盟国の支払い能力である。この能力を決める要素として、国民総所得（国内の所得と国内在住の国民が外国から得る収入と外国人が国内で得る収入の合計）が基本となるが、これに、為替やベースとして使われる期間（3年と6年の組み合わせ、2016-18年の場合は、2011-13年と2008-13年がベースとして使われた）、さらに、救済措置として債務と1人当たり国民総所得が低い場合、上限下限などを考慮する[3]。分担金委員会は、また、憲章第19条で規定されている加盟国の滞納に関する審査も行い総会に諮問する。委員会は18人で構成され、個人の資格で任命される。任期3年で再選も可能である。

4．特別総会と緊急特別総会

　特別総会は、特定の国際問題を集中的に討議するために開催される。安全保障理事会（手続き事項のため9票の支持でよい）か総会の加盟国の半数で、事務総長により招集される。下記の通り、1947年から2016年までに30回の特別総会が開催されている。当初はパレスチナ問題やチュニジア独立問題、コンゴ動乱に伴う国連の財政問題、南西アフリカ／ナミビアといった政治問題あるいは政治に関連した問題が多かったが、しだいに開発問題や南北問題といった国際経済問題も多く取り上げられるようになった。1990年代になると、環境問題や女性の地位問題、居住や社会開発、HIV/AIDS といった感染症、人口、麻薬、子供といったより社会的な問題が多くなっている。

　　1-2：パレスチナ（1947-48）、3：チュニジア（1961）、4：国連の財政（1963）、5：南西アフリカ（ナミビア）（1967）、6：天然資源と開発（1974）、7：開発と国際経済協力（1975）、8：UNIFIL 財政（1978）、9：

ナミビア（1978）、10：軍縮（1978）、11：新国際経済秩序（1980）、12：軍縮（1982）、13：アフリカ（1986）、14：ナミビア（1986）、15：軍縮（1988）、16：アパルトヘイト（1989）、17：麻薬（1990）、18：国際経済協力（1990）、19：地球環境会議＋5（1997）、20：世界麻薬問題（1998）、21：人口と開発（1999）、22：小島嶼国（1999）、23：女性（2000）、24：社会開発（2000）、25：HABITAT II 国連会議成果の履行（2001）、26：HIV/AIDS（2001）、27：世界子供サミット（2002）、28：ナチの強制収容所解放60周年危険（2005）、29：人口と開発国際会議行動計画のフォローアップ（2014）、30：世界麻薬問題（2016）

　緊急特別総会は、1956年のスエズ危機の時に、エジプトに軍事侵攻したイスラエル、イギリス、フランスの軍を撤退させるために、イギリスとフランスが安全保障理事会で拒否権を行使した後、「平和のための結集」決議に基づき招集されたもので、カナダのレスター・ピアソン外相と国連のダグ・ハマーショルド事務総長が総会の要請で国連初めての平和維持軍の創設に貢献したものである。その後、ハンガリー動乱やレバノン危機、コンゴ動乱などでも招集されたが、1980年代以降は、アフガニスタンとナミビアを除くと、パレスチナに関連した緊急特別総会に集中しており、イスラエルとパレスチナの中東和平問題が未解決のまま推移していることが起因となっている（下記参照）。第10回緊急特別総会は1997年に東エルサレムにおけるイスラエルの居住区拡大を国際法違反として、カタールがパレスチナ自治区やアラブ諸国を代表して招集を要請したものだが、この時は緊急特別総会を閉会させずに休会とすることにより、いつでも再開させることにしたものだ。その後何度も招集されている。

　1：中東（スエズ危機、1956）、2：ハンガリー（ハンガリー動乱、1956）、3：中東（レバノン危機、1958）、4：コンゴ問題（コンゴ動乱、1960）、5：中東（第三次中東戦争、1967）、6：アフガニスタン（1980）、7：パレスチナ問題（1980-1982）、8：ナミビア問題（1981）、9：占領アラブ地域状況（1982）、10：占領東エルサレムと他の占領パレスチナ領土に

おけるイスラエルの不法行動（1997-［休会］）

5．表決

　総会の決議は勧告であり、安全保障理事会の決議のように法的拘束力はないが、全加盟国が1国1票の投票権を持つ唯一の主要機関であるため、その決議には国際世論のような重みがある。その重みがどのような具体的な行動と結果を引き出すかは、問題の性格とその時の政治状況による。

　唯一の例外は、予算に関する決議である。国連の通常予算は加盟国の分担金で支払われることから（憲章第17条）、これは加盟国の義務となり、総会での分担率の決定は加盟国を拘束する。

　総会の決議採択は、問題が「重要」かそうでないかで採決の仕方が変わる。「重要事項」は総会の出席かつ投票する国の3分の2の多数を必要とする。それ以外の問題や手続き事項は単純過半数で採決される。賛成と反対が同票の場合には、2回目の投票が行われ、それでも同票の場合には否決される。主要委員会では、第1回投票で同票の場合否決と見なされる。問題が重要かそうでないかを決める場合には、単純過半数でよい。この場合の単純過半数も、出席し投票に参加する国の過半数である[4]。

　何が重要事項かは、憲章第18条に規定されている。

（1）国際平和と安全の維持に関する勧告
（2）安全保障理事会の非常任理事国選挙
（3）経済社会理事会の理事国選挙
（4）信託統治理事会の理事国選挙（施政権を持つ国の数と持たない国の数を同等にするために必要な3年任期で選出される施政権を持たない理事国のみ）
（5）新規加盟国の承認
（6）加盟国の権利と特権の停止
（7）予算の承認

第5章　総会　63

　このうち、（4）の信託統治理事会の理事国選挙に関しては、信託統治地域が全て1994年までに自決権を行使して信託統治地域ではなくなったため、もはや重要問題としては扱われなくなっている。

　国連における加盟国の代表権は重要事項の指定に入っていない。加盟国の代表権に関しては1950年の総会決議で、総会で審議されることとなったが、代表権に関して大きな争点となったのが中国の代表権問題であることは前述した。それまで中国を代表してきた中華民国への支持が間もなく過半数に達しない可能性が出てきた1961年に、アメリカは、この問題を総会の過半数の支持を得て重要事項にしたのである。

　総会における表決で他と異なるのが、国際司法裁判所の裁判官の選挙である。裁判官は、国際司法裁判所規定の第10条で、総会と安全保障理事会によって「絶対多数」を得た候補者が選出される、と明示されている。「絶対多数」とは、加盟国あるいは全理事国の過半数という意味である。従って、投票に出席し参加しているかどうかは関係がない。この場合、総会と安全保障理事会は別々に選挙を行い、双方で過半数を獲得した候補者が選ばれる。この選挙は同時に行われ、投票結果は、総会議長と安全保障理事会議長との間で確認される。安全保障理事会でも、絶対多数を要する決議はこの選挙だけである。

6．予算

　総会の重要な機能の1つが予算の承認である（第17条1項）。そして、国連の予算は加盟国によって支払われ、その配分は総会によって決められることになっている（第17条2項）。また、加盟国に割り当てられる分担金と加盟国が任意に拠出する任意拠出金で賄われている。分担金の支払いは加盟国の義務となる。

　国連の予算には、3つの種類がある。通常予算、平和維持活動（PKO）予算と、安全保障理事会が設立した国際刑事裁判所予算である。国際刑事裁判所には旧ユーゴスラビアに対するものとルワンダに対するものの2つがあ

64

ったが、ルワンダ国際刑事裁判所は2015年にその任務を終えた。その後は、2010年に設立された国際刑事裁判所残留メカニズムによって継承されている。

　通常予算は2年の会計年度で計上される。会計年度は1月から12月である。PKO予算は1年の会計年度で、年度は7月から翌年の6月までとなっている。

　通常予算のプロセスについては、まず、事務総長が2年の予算案を総会に提出する。国連の予算は4年の戦略的枠組の中で組み立てられるため、その枠組に基づいて事務局側が立案する。予算案はまず専門家から成る行政諮問委員会（ACABQ）に提出され、そこで詳細な審査が行われる。国連事務局で予算を担当する管理局や現局の担当官が必要に応じて呼び出され、予算原案に関する説明を行い、必要に応じて修正され、承認された後プログラム調整委員会（CPC）に提出される。

　プログラム調整委員会は、経済社会理事会によって1962年に設立されたものだが、国連の事業計画や実施、調整を政治レベルで行うため、総会と経済社会理事会双方の下部機関となっている。1987年の総会決議（42/450）で、1988年から34か国の代表で構成されることになり、代表は地域グループからの選出となり、アフリカグループが9か国、アジア・太平洋グループが7か国、ラテンアメリカ・カリブ海グループが7か国、西ヨーロッパ他のグループが7か国、そして東ヨーロッパグループが4か国選ばれている。この中には、必ず安全保障理事会常任理事国や日本などの大口拠出国がメンバーとして入っている。国連の予算は2年分なので、予算審議の年は予算の審議を行い、審議をしない年は戦略的枠組に関するレビューや討議を行う。国連総会決議が5年を経過した時の決議の有効性を審議したり、国連活動を予算面からモニターしてその成果や調整を評価したり、事務局に活動の在り方などについてガイダンスを与えたりする。

　1990年代に国連がアメリカの拠出金滞納問題で窮地に立たされた時、国連予算の審議はプログラム調整委員会で、コンセンサス（全会一致）方式で行われることになり、この事態を打開した。その後、このコンセンサス・ルールは暫く尊重されたが、2010年代に入り、総会で多数を握る途上国の主張を

通すため多数決で予算を決めることも起きるようになった。

　プログラム調整委員会を通過した予算案は、次に総会の第5委員会に提出される。第5委員会は全加盟国の代表が参加するため、ここでさらに政治的討議の対象となる。第5委員会で予算案が採択されると、その決議案は総会本会議に提出され、採択される。予算案は、総会決議で予算を伴うこともあるため、常に最後の案件となる。

　PKO予算は同じようなプロセスを通じて承認されるが、予算年が1年で、7月から翌年の6月までのサイクルとなるため、予算審議は5月から6月にかけて集中的に行われる。旧ユーゴスラビア等の国際刑事裁判所予算は、裁判所の性格から通常予算とは切り離した別予算として扱われている。当初は設立のために短期間の予算編成で行われたが、その後2年毎の予算として計上され、審議、承認されるようになった。ルワンダ国際刑事裁判所は、1995年に活動を開始し、前述したように2015年末で裁判を終了して閉鎖している。旧ユーゴスラビア国際刑事裁判所は2017年末で閉鎖する。この2つの裁判所の残りの裁判を終了し、他の業務を完結させるために、2010年には「国連残留メカニズム」を設立している。

　国連予算は加盟国の分担金によって賄われる。これは国連憲章第17条2項で、「この機構の経費は、総会によって割り当てられるところに従って、加盟国が負担する」と規定されていることに基づく。具体的な分担率は分担金委員会によって査定され、総会に勧告される。

　分担率は、大まかには「支払い能力」によって決められるが、この指標には幾つかある。所得、救済措置、上限と下限、過去3年と6年の実績である[5]。所得は国民総所得（Gross National Income）が使われるが、市場の為替レートで換算される。救済措置には債務や低額個人所得調整があり、上限はアメリカに適用される22パーセント、下限は最貧国に適用され、0.001パーセントとなる。最貧国に認定されている国でも支払い能力が高い国には0.01パーセントの上限がある。0.001パーセントというのは、金額に換算すると2016年の場合24,932米ドルで、300万円を切る額である。2016年には、0.001パーセントの分担率になった最貧国が32か国で、これらの国を含む0.01パーセントの分担率以下の国は91か国となった。これは国連加盟国193

表 5 - 1　2016-2018年の通常予算の分担率

1	アメリカ	22（%）
2	日本	9.68
3	中国	7.921
4	ドイツ	6.389
5	フランス	4.859
6	イギリス	4.463
7	ブラジル	3.823
8	イタリア	3.748
9	ロシア	3.088
10	カナダ	2.921

出典：総会決議 A/RES/70/245

か国の約半分に当たる。過去 3 年の分担率と過去 6 年の分担率の中間を取る
やり方は、急激な分担率の変化を防ぐためである。

　2016-2018年の通常予算の分担率は表 5 - 1 の通りである。

　このうち、アメリカの分担率は2000年までは25パーセントだったが、これ
がアメリカの政治的圧力により翌年から22パーセントに引き下げられた。他
方、日本の場合は、2000年には20パーセントに達する分担率だったが、1990
年代から2000年代にかけて起きたバブル崩壊後の経済の低迷やデフレで、15
年後には10パーセントを切る低さとなった。それでも、2016-2018年の通常
予算では第 2 位の地位を占めている。

　他方、PKO 予算の場合は、常任理事国の責任の重さを反映させて、常任
理事国には加重のパーセントが加わる。最貧国の財政的負担を軽減するた
め、軽減された分が常任理事国に回る仕組みになっている。分担率は10段階
に分かれる。

　もともと PKO 予算の仕組みは、1956年のスエズ危機打開のために国連緊
急軍（UNEF）が設立された時に作られた。その後、安全保障理事会は国際
平和と安全で特別な地位を確保していることから、その責任は重いと判断さ
れ、通常予算の分担率よりも高い率の額を払うことになった。その額は、低
所得国の低い支払い能力を補うことを目的として、それらの国に与えられる
80パーセントから90パーセントの値引きを補うように決められる[6]。

第5章　総会　67

表5-2　2016-2018年のPKO予算の分担率

加盟国	通常予算		実質レート		
	2015年	2016－2018	2016	2017	2018
Level A					
中国	6.6368	7.921	10.2879	10.2502	10.2377
フランス	7.2105	4.859	6.3109	6.2878	6.2801
ロシア	3.1431	3.088	4.0107	3.9960	3.9912
イギリス	6.6768	4.463	5.7966	5.7753	5.7683
アメリカ	28.3626	22.000	28.5738	28.4691	28.4344
Total A	52.0299	42.331	54.9798	54.7785	54.7116

出典：総会文書A/70/331/Add.1

2016-2018年のPKO予算の分担率は表5-2の通りである。

7．オブザーバーと市民社会の参加

国連にはオブザーバーが認められているが、これは総会と経済社会理事会においてである。安全保障理事会そのものにはオブザーバー制度はないが、招待されて見解を述べることはできる。国連憲章そのものにはオブザーバーに関する規定はない。オブザーバーの受け入れは、主要機関の必要に応じて始まったものである。

総会におけるオブザーバーは、スイスが1946年に受け入れられたのが始まりである。スイスは永世中立の立場を保障されていたため、国連に加盟すると強制行動への参加という中立とは相入れない立場となることから、加盟せずにオブザーバーとして迎え入れられた。スイスは国際連盟の本部があったところである。スイスは2002年に正式に国連に加盟する。

オブザーバーの地位は総会決議で付与される。総会の場合、オブザーバーには4つのカテゴリーがある。

（1）主権国家で非加盟国（バチカン）
（2）総会で国家としての参加が認められているが、非加盟国（パレスチナ）

（3）国際政府機関（約70）

（4）国際非政府機関（国際赤十字や列国議会同盟など）

　バチカンとパレスチナは加盟国とほぼ同様の権利を与えられており、総会の討議に参加し、反論し、決議案の共同提案国になることはできるが、投票権はない。非公開の会合にも参加できる。他のオブザーバーは公式会合に参加し発言することはできるが、その他の権利は与えられていない。国際政府機関の中でも EU は特別な権利を与えられており、加盟国と並んで発言できるが、他のオブザーバーは加盟国の発言の後に発言できる。バチカン、パレスチナ、その他の順である。総会の公式会合では、事務総長あるいは副事務総長は発言ができるが、国際機関の長は総会決議などでの招待になる。主要委員会では国連事務局職員や専門機関の代表なども招待で発言できる。

　市民社会の総会参加は、その意義がしだいに認識され拡大してきているが、発言権に関しては、総会決議で許可された場合だけである。主要委員会によっては、市民社会の代表が招待され発言することもあるが、公式会合での発言はあまり多くない。事務総長によるブリーフィングや安全保障理事会の改革に関するような非公式会合には参加できない。総会議長が開催するテーマに沿った公開会合などでは、市民社会の参加が広く認められており、例えば、2016年の事務総長選出のための公開会合では、市民社会から事務総長候補に対する質問が寄せられた。

　市民社会による公聴会は、総会のハイレベル会合や国連主催の国際会議の準備段階で行われることが多く、そのような場合には、総会決議で要請される。2015年に採択された持続可能な開発目標制定の過程では、各地域で市民社会からの公聴会が開催され、そのインプットは最終的な17の開発目標や169にわたるターゲットなどに反映されている。

8．国際法の漸次的発展と法典化

　総会は、これまで多くの多国間条約を決議し、加盟国に対し、署名し批准

するよう働きかけている。下部機関の国際法委員会（35人の専門家委員で構成）がそのような条約を起草することが多いが、国連の専門機関が採択した条約や軍縮問題に関する唯一の多国間交渉の場である軍縮会議（Conference on Disarmament）が採択した条約あるいは条約案を国連総会で支持したり、採択したりすることもある。国連はそのような多国間条約の寄託機関としての役割も果たしていることから、国際法の守護神ともいえる。加盟国がより多くの多国間条約を署名、批准することを促すため、国連は年次総会の一般討論で各国の首脳が集まる機会を利用して、「条約イベント」を開催している。

　総会が採択あるいは支持した多国間条約は、大まかに次のような範疇に分けることができる。

（1）国家間の関係を規定する条約

　国際法委員会により起草された条約は、外交関係に関する条約（1961年）、領事関係に関する条約（1963年）、条約法に関する条約（ウィーン条約、1969年）など多数ある。

（2）国際商取引に関する条約

　国際商取引に関する各種の条約は、国連国際商取引委員会（UNCITRAL）によって起草されたものが多い。動産の国際的売買における制限期間に関する条約（1974年）、国際為替手形および国際約束手形に関する国連条約（1988年）、国際取引における受取勘定の譲渡に関する国連条約（2001年）などが代表的なものである。また、この委員会は各種のモデル法や立法ガイドを作成している。

（3）環境法

　経済発展とともに環境破壊と環境汚染が人体や自然に与える影響が深刻な問題と認識されはじめた1970年代から、多くの環境保全のための多国間条約が締結されるようになった。1972年にスウェーデンのストックホルムで開催された国連人間環境会議が1つの草分けになった。代表的なものに、長距離越境大気汚染に関する条約（酸性雨条約、1979年）やオゾン層の保護に関するウィーン条約、有害廃棄物の国境を超える移動およびその処分の規制に関

するバーゼル条約（1989年）、生物多様性条約（1992年）、気候変動に関する枠組み条約（1992年）と京都議定書（1997年）などがある。

（4）海洋法

総会は各種の海洋に関する多国間条約を採択しているが、1982年に採択した海洋法に関する国際連合条約は、海洋における国家の権利や資源の開発、船舶の航行や生物資源の保存、海洋環境の保護など海洋に関する包括的かつ代表的な多国間条約である。領海や排他的経済水域権、船舶の無害通航権などが規定されている。アメリカなど一部の国が入っていないが、170か国余りが締約国となっており、慣習法化している。

（5）国際人道法

国家間の戦争や内戦で生じる戦闘員の負傷兵や一般市民の保護を目的として、19世紀から1949年にかけて戦争法規に関する4つのジュネーブ条約が生まれている。地上戦における負傷兵などの保護（1864年）、海洋戦における負傷兵などの保護（1906年）、捕虜の保護（1929年）、それに戦火における一般市民の保護（1949年）であるが、これらは国際赤十字委員会主催の下に採択された。最初の3つの条約はさらに内容を充実させ、一般市民の保護条約と合わせて1949年に採択されて、いわゆるジュネーブ4条約となっている。国連は、1948年に集団殺害罪の防止および処罰に関する条約、いわゆるジェノサイド条約を採択した後、総会は戦争犯罪等を処罰することを目的とした国際刑事裁判所の設立に向けた裁判所規程作成のための準備を国際法委員会に要請した。1990年代のルワンダや旧ユーゴスラビアでの大量虐殺や戦争犯罪を受けて安全保障理事会によってアドホックな国際法廷が設立されたが、1998年にはローマで開催された外交官会議で恒久的な国際刑事裁判所（ICC）規程が採択された。

（6）国際テロリズム関連法

テロ行為は歴史的にいくつもの変遷をしてきているが、国連総会が国際テロ行為に対して具体的な対応をしはじめたのは1960年代である。1963年に航空機内において行われた犯罪その他の行為に関する条約が締結されてから、ハイジャックのような民間飛行機乗っ取り事件が相次ぎ、航空機の不法な奪取の防止に関する条約（1970年）や民間航空機の安全に対する不法な行為の

防止に関する条約（1971年）などが締結され、2017年までに19の条約や議定書が採択されている[7]。

（7）軍縮関連法

国連総会は軍縮に関連した多国間条約を幾つも採択している。南極を軍事目的に使用することを禁ずる南極条約（1959年）を始め、部分的核実験禁止条約（1963年）、核不拡散条約（1968年）、生物兵器禁止条約（1972年）、化学兵器禁止条約（1993年）、包括的核実験禁止条約（1996年）、対人地雷禁止条約（1997年）、武器貿易条約（2013年）などが代表的なものである。総会は軍縮問題に関し、3回の軍縮特別総会を開催している。

9．総会の活性化

総会は、国連の全加盟国が参加し、1国1票制度を持つ民主的機関ではあるが、常に国際政治の影響を受けている。創設間もない頃は、アメリカを中心とした西側諸国が多数を握り、「平和のための結集決議」のように、安全保障理事会の拒否権使用による制約を一部乗り越えるような決議が採択されたこともあるが、1950年代末から1960年にかけて起きた急速な非植民地化によって新興独立国が次々に国連に加盟することによって、総会の政治力学も数の上で途上国有利となった。そのため、西側諸国と途上国の対立が表面化し、冷戦後は、アメリカなどは安全保障理事会にその行動の重点を置くようになった。これに対し、途上国側は、総会の力を増強させるための努力を始め、2005年の世界サミット（国連創設60周年記念総会）で、総会の強化を謳い、そのフォローアップとして、総会活性化のためのアドホック作業部会を毎年開催している。

この作業部会では、総会の役割や権限、作業手続き、事務総長や他の機関の事務局長選出と任命に関する問題、総会議長の役割の強化などを審議し勧告してきている。この結果がよく表れた事例は、2016年に行われた事務総長選であった。事務総長は、安全保障理事会の勧告により総会で任命されることから、事務総長選出における総会の役割を高めようとしたのである。2015

年の総会決議（A/RES/69/321）で、総会は、総会議長と安全保障理事会議長の双方に対し、共同で加盟国に候補者を指名するよう、しかも、地理的配分やジェンダーを考慮し、女性候補も推薦するように勧告した。また、候補者とのインフォーマルな対話を行うとして、事実、2016年4月から7月にかけて、候補者との公開対話を総会で行っている。最終的には安全保障理事会で候補者が1人に絞られたが、総会によるインフォーマルな対話が果たした役割は高く評価されている。

注
1 ）The Permanent Mission of Switzerland to the United Nations, *The PGA Handbook: A Practical Guide to the United Nations General Assembly*, Dalton, MA: The Studley Press, 2011, p.79.（以下 PGA Handbook）
2 ）*Ibid.*, pp.16-17.
3 ）Statistics Division, DESA, United Nations, "The methodology used for the preparation of the United Nations scale of assessments for the period 2016-2018," 77th Session of the Committee on Contributions, 5-23 June 2017.
4 ）PGA Handbook, pp.54-56.
5 ）詳細は、2016年の分担金委員会報告を参照。United Nations, General Assembly Official Records, 71st Session, Supplement No. 11, "Report of the 76th Session of the Committee on Contributions"（A/71/11）.
6 ）総会決議 A/70/331。
7 ）詳細は、植木安弘「国際化するテロリズムと国際社会の対応」、東大作編著『人間の安全保障と平和構築』日本評論社、2017年、第5章を参照。

第6章　安全保障理事会

1．任務と権限

　安全保障理事会は、国連の集団安全保障体制の要となる存在である。そして、憲章上、国際平和と安全維持のために「主要な責任」を負わされている[1]。加盟国は、そのような責任を安全保障理事会に託し、その責任から生ずる責務を安全保障理事会が加盟国のために実行することに同意するとしているのである（第24条1項）。さらに、加盟国は、安全保障理事国が憲章に基づいて採択して決定を受け入れ実施することに同意している（第25条）。このことが、安全保障理事会の決定、具体的には「決議」には法的な拘束力があるとの根拠になっている。

　当初は安全保障理事会が国際平和と安全の維持で全面的な役割を果たすことが大国の間の了解だったが、国連創設のためのサンフランシスコ会議で大国主導の国連のあり方に中小国が懸念を示し、交渉の結果、国際の平和と安全に関する問題であっても、安全保障理事会が審議している問題以外は、中小国がすべて加わる総会で取り上げることが可能になった。そのため、安全保障理事会の責任は「主要」なものであり、総会の権限にも幅が持たされることになった。

　安全保障理事会は、国際連合の目的及び原則に従って行動しなければならない。その義務を果たすために安全保障理事会に与えられる特定の権限は、紛争の平和的解決（第6章）、平和に対する脅威、平和の破壊及び侵略行為

74

に関する行動（第7章）、地域的取極（第8章）および国際信託統治制度
（第12章）で定められている。そして、安全保障理事会は総会に年次報告を、
また必要があるときは特別報告を、審議のため提出することになっている。

　安全保障理事会の任務と権限は、これらの各章の他にも、憲章の随所で触
れられており、特に冷戦後、常任理事国の間の協調が進む中で、しだいにそ
の権限を拡張していき、広義の意味での国際平和と安全に関する問題での国
連の実質的政策決定の中心的機関となっている。国連は、安全保障理事会の
基本的任務と権限を次のようにまとめている[2]。

　・国連の原則と目的に従って国際の平和と安全を維持する。
　・軍備規制の方式を確立する計画を作成する。
　・紛争を平和的手段によって解決するよう紛争当事者に要請する。
　・国際的摩擦に導く恐れのあるすべての紛争もしくは事態を調査し、そう
　　した紛争について適当な調整の方法もしくは解決の条件を勧告する。
　・平和に対する脅威もしくは侵略行為の存在を決定し、とるべき行動を勧
　　告する。
　・情勢の悪化を防止するために必要もしくは望ましいと思われる暫定措置
　　を順守するよう関係当事者に要請する。
　・理事会の決定を実施させるために、制裁など、兵力の使用を伴わない措
　　置を採るよう国連加盟国に要請する。
　・国際の平和と安全を維持、もしくは回復するために兵力の使用に訴え、
　　もしくはその使用を承認する。
　・地域的取り決めを通して現地紛争の平和的解決を奨励し、またその権限
　　の下にとられる強制行動のためにそうした地域的取り決めを利用する。
　・国連事務総長の任命を総会に勧告するほか、総会とともに国際司法裁判
　　所の裁判官を選出する。
　・法律的な問題に関して勧告的意見を国際司法裁判所に要請する。
　・新しい国の国連加盟の承認を総会に勧告する。

　この他にも、幾つか重要な機能がある。

第6章 安全保障理事会　75

・加盟国の権利や特権の停止と回復

　安全保障理事会の予防行動または強制行動の対象となった国際連合加盟国に対しては、総会が、安全保障理事会の勧告に基づいて、加盟国としての権利及び特権の行使を停止することができる。これらの権利及び特権の行使は、安全保障理事会が回復することができる。（5条）

・加盟国の除名

　この憲章に掲げる原則に執拗に違反した国際連合加盟国は、総会が、安全保障理事会の勧告に基いて、この機構から除名することができる。（6条）

・非理事国、非加盟国の討議参加

　安全保障理事会の理事国でない国際連合加盟国又は国際連合加盟国でない国は、安全保障理事会の審議中の紛争の当事者であるときは、この紛争に関する討議に投票権なしで参加するように勧誘されなければならない。安全保障理事会は、国際連合加盟国でない国の参加のために公正と認める条件を定める。（32条）

・紛争の平和的解決の奨励

　安全保障理事会は、関係国の発意に基くものであるか安全保障理事会からの付託によるものであるかを問わず、前記の地域的取極又は地域的機関による地方的紛争の平和的解決の発達を奨励しなければならない。（52条3項）

・非加盟国の国際司法裁判所活用

　国際連合加盟国でない国は、安全保障理事会の勧告に基いて総会が各場合に決定する条件で国際司法裁判所規程の当事国となることができる。（93条2項）

・憲章改正

　この憲章の改正は、総会の構成国の3分の2の多数で採択され、且つ、安全保障理事会のすべての常任理事国を含む国際連合加盟国の3分の2によっ

て各自の憲法上の手続に従って批准された時に、すべての国際連合加盟国に対して効力を生ずる。（108条）

2．構成

　安全保障理事会は、設立当初は11か国、憲章改正で1965年に15か国に拡大されたが、5常任理事国と残りの非常任理事国合わせても加盟国全体の1割未満の国々しか選ばれていない背景には、国際平和と安全への脅威や侵略行為などに効果的に対処するためには、基本的には戦勝国による協調をベースにした行動が必要だとの認識の他に、理事国があまり多くなると迅速に行動を取れないとの危惧もあった。

　常任理事国のあり方については、当初からアメリカ、イギリス、ソ連が中心となって交渉が進んだこともあり、戦勝国の協調の下にのみ国際平和と安全が保たれるとの共通認識のうちに自らが常任理事国となっていったが、これにフランスと中国が加わり、5か国体制が確立した。フランスと中国が常任理事国としてその責務を果たせるかどうかについては懐疑的な見方もあったが、イギリスがフランスを、アメリカが中国の常任理事国入りを支持した[3]。フランスは依然海外に多くの植民地を抱えており、中国は日本に代わってアジアの中心的役割を果たすことが期待された。安全保障理事会に非常任理事国を加えることについては当初から大国間で合意があり、6か国を非常任理事国とすることにしたが、これは、決議採択に常任理事国を含む7か国の同意が必要なことから、常任理事国だけでは決議が通らず、非常任理事国の支持も必要になることを意図したものだった。

　5常任理事国のうち、中国はその代表権が1971年に中華民国から中華人民共和国に変わったが、代表権は中国という国家そのものの変更でないことから、その常任理事国の地位には変わりがなかった。ロシアはソ連が1991年12月に崩壊した後ソ連を継承したものだが、この時は、ロシアがソ連を継承することが他の共和国によって承認されたこともその正当性に寄与した。しかし、厳密にいうと1主権国家が15の独立国に分裂したため、ロシアがソ連の

第6章 安全保障理事会 77

表6-1 各地域グループ別の非常任理事国議席数

地域グループ	所属国数	議席数	備考
アジア・太平洋	54	2	毎年1議席が改選
アフリカ	54	3	奇数年に2議席、偶数年に1議席が改選
ラテンアメリカ	33	2	毎年1議席が改選
西欧その他	29	2	偶数年に2議席が改選
東欧	23	1	奇数年に1議席が改選

出典：外務省の「国連外交」http://www.mofa.go.jp/mofaj/gaiko/page22_000716.html

国連での常任理事国の地位を継承することに異議を挟む可能性も否定できなかった。現に、ユーゴスラビアが解体した時には、国連総会は、セルビアを中心とした新ユーゴスラビアに対してその継承権を即時に認めず、新たな加盟申請を要求した経緯があった。ソ連が解体した頃は、冷戦が終わり、5常任理事国の協調が現実のものとなり、拒否権が行使されないまま国連創設時に想定されたような安全保障理事会による集団安全保障体制が徐々に機能しはじめたと思われた時期であった。そのためアメリカは、そのような体制を崩すことを良く思わず、1992年1月アメリカが安全保障理事会議長の月にサミットを開催し、ロシアをソ連の継承者として常任理事国の席に座らせた。そうすることにより、実態面でロシアを常任理事国として迎えたことになった。そのことに異議を挟む国はいなかった。こうして、ロシアは常任理事国の座を占めているのである。

　非常任理事国は、任期2年で継続しては再選されない（第23条2項）。そして、地域代表制の原則の下に、アフリカとアジア・太平洋グループは5議席、東ヨーロッパグループ1議席、ラテンアメリカとカリブ海グループは2議席、西ヨーロッパ他グループは2議席の配分となっている。この配分のあり方は、非常任理事国の議席を6から10に拡大した1963年の総会決議1991（XVIII）Aで決められたものである。アフリカとアジア・太平洋グループの議席配分は、その後アフリカ3、アジア・太平洋2となっている。

　非常任理事国の資格について、国連憲章では「国際の平和及び安全の維持とこの機構のその他の目的とに対する国際連合加盟国の貢献に、更に衡平な地理的分配に特に妥当な考慮を払って」（第23条1項）として「貢献」と

表 6 - 2

非常任理事国選出の頻度数(2017年現在)	
11回	日本
10回	ブラジル
7回	アルゼンチン、コロンビア、インド、パキスタン
6回	カナダ、イタリア、エジプト
5回	オーストラリア、ベルギー、ドイツ、パナマ、ポーランド

出典：New Zealand Foreign Ministry, *Handbook of the United* Nations, 2016-2017を基に筆者作成

「地理的配分」の2つの要素を挙げている。貢献については、常任理事国ではない比較的国力のある国々が集団安全保障体制の維持により貢献できるためにそれなりの地位を確保しようとしたものだが、同時に地域の有力国もそれぞれの地域も代表されるべきとの議論をして、政治的な妥協としてこの2つが憲章に盛り込まれたものだった。しかし、冷戦が深化し安全保障理事会が憲章に沿って機能しない現実の中で、貢献度に対する客観的尺度が不明瞭になり、また、徐々に非植民地化が進み、多くの新しい独立国が国連に加盟する中で途上国の立場が強くなり、地理的配分が非常任理事国選出の基準として主流になっていった[4]。

　非常任理事国の選出は、まず地域グループ内で討議され、立候補国のリストが内々作成される場合が多い。規定数の立候補国が内定すると自動的にその国あるいは国々が総会で選出されることになる。他の地域グループが候補国に異論を挟むことはない。西ヨーロッパ他のグループ（WEOS）の場合には、2議席に対してそれ以上の国々が立候補することが多く、総会での選挙になる。総会で3分の2の投票を獲得した国が当選する。

　非常任理事国に選出された国々を見ると、常任理事国入りを目指す国や地域のライバル国が多く立候補し選出されるケースが多い。常任理事国入りを目指すG-4グループの日本、ブラジル、インド、ドイツは選出の頻度が高い。中でも日本は、2017年現在最多の11回、ブラジルはそれに次ぐ10回の当選をしている。ドイツは東西の統一が遅かったせいもあり5回だが、1970年代からと考えると頻度の多い方である。ライバル国のインドとパキスタンは

7回ずつ、ブラジルのライバル国のアルゼンチンも7回当選している。ドイツのライバル国イタリアは6回当選している。

3. 表決

　安全保障理事会の表決に関しては、各理事国とも1票を与えられているが、常任理事国は拒否権を行使できる。憲章上、手続事項に関する安全保障理事会の決定は9理事国の賛成投票によって行われるとし、その他のすべての事項に関する決定は常任理事国の同意投票を含む9理事国の賛成投票によって行われる（第27条。1965年の憲章改正前は7票）。その他のすべての事項とは、紛争の解決や強制行動など実質的な問題に関することを意味する。

　常任理事国の「同意」については、常任理事国不在の時の採決や棄権の場合には同意と見なされるかどうかが、当初、大きな議論の的となった。朝鮮戦争が勃発し、ソ連が安全保障理事会を中国代表権問題でボイコットしていた時、北朝鮮の韓国への軍事侵攻を米国が主導して侵略と断定、これに対抗するため「統一指令部」を設立し、それを米国の指揮下に置いて各国に対して協力を求めたが、ソ連はそのような決議には「同意」していないとして、決議の無効を訴えた。憲章第27条3項には常任理事国の「同意投票」を含むと記載されていることから、文字通り解釈すると決議の採択には常任理事国の「同意」が必要となる。しかし、アメリカやイギリスなど西側諸国の解釈は、常任理事国たりとも理事会の討議をボイコットすることは自らの権利を放棄したことになり、参加投票した常任理事国はすべて決議採択を支持する投票をしたことから、「同意」したことになるとの見解を表明した[5]。ソ連は1950年8月議長職時に理事会に復帰したが、統一指令部はすでに起動しており、それを覆すには新たな決議が必要となる。その場合には当然アメリカなどの拒否権が行使されることになるため、結局既成事実となり、その後、常任理事国が欠席ないし棄権した場合には拒否権の行使と見なされないという慣行が受け入れられるようになった。ソ連、そしてその継承者のロシアは、以来理事会の投票をボイコットすることはなくなった。

問題が手続き問題なのかそうでないか、明確でない時にはどうするかについては、サンフランシスコ会議で議論になった。審議の結果は、常任理事国の賛成を含む7票（現9票）の投票数で決めることができるというものだった（投票手続きに関するサンフランシスコ声明）。つまり、拒否権が行使できるということになる。しかし、そのこと自体は憲章に記載されなかった。動議や決議案が国際平和と安全に関する実質的、非手続き的なものとして提示されても、これは手続き事項であるとの見解が表明された場合や、手続き事項として提示されても、これは実質的で非手続き事項であるとの見解が表明された場合には、安全保障理事会の手続き規則30によってまず議長が裁定し、この裁定に異論があれば裁定そのものが投票に付される（予備投票）。その後動議や決議案が投票に付される（本投票）。手続き事項であるとする裁定が常任理事国によって支持されなかった場合、動議や決議案そのものは非手続き問題の投票プロセスが適用されるため、常任理事国が支持しない場合には否決される。この場合、2段階で常任理事国によって否決されることから「二重の拒否権」（double veto）と称される[6]。もっとも、決議は必要な9票を獲得しないと採択されないことから、動議を支持する票が9票に達しない場合には常任理事国が動議を支持しなくても採択されず、拒否権の行使とは見なされない。

　国連創設後間もなくは、問題が手続き事項かどうか投票に付されることが多かった。しかし、長年の間に手続き事項かどうかについての理解が増し、現在では投票に付されることはあまりなくなった。決議案が常任理事国の不支持の投票で採択されなかった場合には、問題が手続き事項ではなく実質的なものだったことになる。もし常任理事国の支持なくても採択されれば、問題は手続き事項だったことになる、との理解である。

　実際に問題が手続き事項かどうか投票に付された過去の例を挙げると、1946年8月にアルバニアとモンゴルの国連加盟申請に関する件があった。この時アメリカは、次の加盟申請の討議まで投票を延期するよう動議を提出した。議長は、これは手続き事項だと裁定した。これに対し、中国とソ連が問題は非手続き事項だとの見解を表明した。ソ連はこの問題が手続き事項かどうか投票に付す動議を出した。投票の結果は、賛成5、反対4（全て常任理

事国)、棄権2であった(当時は11か国で構成)。拒否権が行使されたため、議長は、問題は非手続き事項として扱われる旨表明し、その後アメリカの動議が投票に付された。結果は、賛成6、反対3、棄権2で、採決に必要な票に達しなかったため否決された[7]。

　最近の例では、例えば、2016年12月に、アメリカは南スーダンに武器禁輸の制裁措置を提案した。しかし、そのような制裁措置が南スーダンでの和平に向けた努力に悪影響を与えるのではないかとの懸念が広がり、結局アメリカの決議案は7票しか支持が得られなかった。中国とロシアはこの決議案に不支持の票を投じたが、これは拒否権の行使とは見なされていない。あくまでも、拒否権が行使されなければ採択される決議案が常任理事国の反対のために採択されない場合に、拒否権が行使されたと見なされるのである。

　何が手続き事項かについてのリストはないが、現在次のような場合は手続き事項として扱われることが多い。

（1）議題に関する新規項目の追加や順、延期
（2）管轄事項の削除
（3）議長の裁定
（4）会合の一時停止や閉会
（5）非理事国の討議参加
（6）緊急特別総会の招集

　表決で、紛争の平和的解決（第6章及び第52条3項）に基く決定については、紛争当事国は、投票を棄権しなければならないとされているが（第27条3項）、そのような棄権は強制的なものではなく、任意的なものである[8]。

4．議長

　安全保障理事会の議長は国連の他の主要機関の議長と異なり、英語のアルファベット順に毎月変わる（理事会暫定的手続き規則18）[9]。

議長は安保理議長としての役割と自国の代表とを兼ねることになる。そのため、議長でありながら自国の立場から発言する時には、その旨を表明してから発言し、それが終わると議長としての役割に戻ることを表明する。また、議長は他の理事国には委譲できないことから、例えば、議長を務める全権大使が欠席する場合には次席大使あるいはそれに準ずる代表者が議長を務める。ただし、議長が審議されている問題で自国の利害が絡み議長職を遂行することが困難と判断された場合には、その問題に関してのみ次の議長国に議長職を譲ることはできる（理事会暫定的手続き規則20）。各国の国家元首・首相あるいは外相が出席する場合には、特に許可を求めることなく議長を務めることができる。国家元首や首相、外相は全権大使を任命する権限があり、その国の政治指導者であるためである。

議長は公式あるいは非公式会合で単に会合の舵取りを務めるだけでなく、その他に幾つもの機能を担う。議長の大事な仕事に、各国の利害が衝突する決議案や議長声明などの採択に調整役を果たすことがある。決議は法的な拘束力があるため、一番重要な作業だ。決議は常任理事国、特にアメリカやイギリス、フランスが中心になって作成されることが多いが、決議採択には少なくとも4か国の非常任理事国の支持が必要なことから、非常任理事国の要求も反映されなければならない。議長には急を要する案件が出てきた場合に議長声明をまとめたり、プレスへの早急な対応のためにプレス声明や談話をまとめて発表する役割もある。議長はその月の理事会の代表であることから、公式会合や非公式協議などの後で、理事会の行動について理事会のメンバーでない加盟国に説明したり、記者団からの質問に答えたりする役割もある。

議長は、他の理事国との協議の上その月の作業計画を作成するのが1990年代からの慣行となった。これは、安全保障理事会の改革の声が高まる中で、常任理事国側が理事会の透明性を高めることによって改革の声に対抗しようとした努力の一環だった。当初毎月の作業計画は記者会見や非理事国を集めた会合で議長が説明していたが、2010年から理事会のホームページに掲載されるようになり、さらに透明性が拡大した。作業計画をまとめる権限があるため、議長は集中的な討論が必要と思われる項目や自国が特に関心のある項

表6-3

安全保障理事会議長声明、プレス声明(2010-2016)							
	2010	2011	2012	2013	2014	2015	2016
議長声明	30	22	29	22	28	26	19
プレス声明	73	74	78	86	138	128	106

出典：United Nations, Highlights of the Security Council. http://www.un.org/en/sc/documents/highlights.shtml

目を入れてアピールする場合もある。

　安全保障理事会の議長が総会の議長などと異なる点は、議長職がひと月しかないことと、常任理事国の意思に反しては行動が取れないため実質的な役割はきわめて限定的であることである。総会議長は任期が1年あり、全加盟国を代表しているため、特に安全保障理事会との関係で、総会の立場をより強くするために行動することが多い。安全保障理事会改革の討議では、議長独自の案を出すこともあれば、調整役を任命したり、改革案を取りまとめしたりすることもある。国連の主要機関の中では唯一の全加盟国から成る機関であるため、その議長は国連を代表する顔でもある。その点、安全保障理事会議長の影は薄い。

　安全保障理事会の議長声明は、一定の状況に対して決議を採択するまでにいかない、あるいは決議した場合拒否権の行使が予想され採択が難しい時に、安全保障理事会の対応を公に示すために公式会合で採択され発表されるものである。理事国間で見解の相違があっても、また、常任理事国が必ずしも賛同しなくても、決議のような法的拘束性がないため表だって反対しない場合もある。そのような状況を見極め、議長が取りまとめて公式会合にかけ、採択後発表するものである。

　議長声明は、1994年にボスニアでの内戦が激化し、首都サラエボがセルビア人勢力によって包囲爆撃され、一般市民が危険に晒され、さらに、国連による人道支援活動とその保護が困難になった状況の中で発出されたのが始まりである。その後、頻繁に利用されるようになった。2010年から2016年までの間だけでも年平均20から30の議長声明が発出されている。

　プレス声明は、緊急の対応が必要な時や協議内容の紹介、見解の表明など

表6-4

安全保障理事会決議 (2010-2016)							
	2010	2011	2012	2013	2014	2015	2016
決議	59	66	53	47	63	64	77
（全会一致）	(53)	(63)	(50)	(43)	(60)	(56)	(67)
（不一致）	(6)	(3)	(3)	(4)	(3)	(8)	(10)
第7章下	32	43	32	24	32	35	42
拒否権	0	2	2	0	2	2	2
否決（票不足）	0	0	0	1	0	0	2

出典：国連が出している Security Council highlights を基に著者が作成

に使われ、議長が理事会の協議の内容をまとめて発出するもので、2000年頃から書面の形で発表されている。基本的には議長の責任でまとめられることから、比較的頻繁に発出される。それまでも理事会の透明性の拡大の一環として議長が協議の内容をプレスに説明することはあったが、書面で残すことにより、理事会の記録として残るようになった。

5．決議の採択

　安全保障理事会の決議の数は、その時々の紛争の頻度にもよるが、冷戦後は特に内戦型の紛争に多く拘わることが多くなったこともあり、決議の数がかなり多くなっている。1946年から1987年までの42年間に採択された決議は606であるが、1988年から2016年までの29年間に採択された決議の数は1730と3倍近くに増えている。この期間、年平均で66の決議が採択されている。これは2010年から2016年の統計をみても分かる（表6-4参照）。7年間で採択された決議のうち、約9割は全会一致（コンセンサス）で採択され、票が割れたのは約1割に過ぎない。拒否権で否決されたのは多くて年2件である。憲章第7章下で採択された決議が5割から6割を占めていることから、国内紛争に関連した武力の行使、特に文民の保護などを含む武力の行使容認が入っている決議が多いことが分かる。

6．決議の法的拘束性

安全保障理事会の決議は、国連憲章下全加盟国が受け入れる義務がある。ただ、すべての決議に法的拘束力があるということでは必ずしもない。法的拘束力があるかどうかは決議の内容による。決議が「決定」である場合には、憲章第25条に規定されているように、加盟国はこれを受諾し履行する義務が生じるが、「勧告」である場合には、その履行は加盟国の判断によることになる[10]。憲章には「決定」と規定されているが、実際の決定は「決議」となって表現されることから、決議の法的拘束性の解釈が必要になってくる。

安全保障理事会の決議は前文と本文で構成されており、前文は過去の決議や本文に記載されている行動の背景や根拠、状況分析、問題が理事会の所轄事項である国際平和と安全に関するものかどうかや、憲章第7章下の強制行動かどうかなどが表されている。実質的な決議内容は本文に書かれている。

一般的に、憲章第7章の強制行動に関する決議は法的拘束力があるとされているが、本文にはさまざまな行動に関する表現が使われており、その表現によって法的拘束力があるものかどうか判断する必要がある。例えば、「決定する」（decides）の場合は明確な決定行動であり、「要求する」（demands）や「授権する」（authorizes）、「要請する」（requests）などの場合にも法的拘束力が生ずる。「呼びかける」（calles upon、calls for）や「早急に求める」（urges）などもそれに対応する義務が生ずる。他方、「表明する」（expresses）、「歓迎する」（welcomes）、「奨励する」（encourages）などといった表現はどちらかというと態度の表明であり、それ自体が法的拘束力を持つという訳ではない。

憲章第6章下の紛争の平和的解決に関する決議がどの程度の法的拘束力があるかについては議論の余地がある。これは、紛争の平和的解決に際し、紛争当事国は投票を棄権しなければならないという規定が国連憲章にあるが（第27条3項）、常任理事国が紛争当事国である場合、拒否権を行使できないということが考えられるかという問題が生じる[11]。常任理事国が紛争の平和

的解決要求でも自国に不利な決議を通すことは考えられないことから、そのような要求が決議にまで至ることは実際にはない。

問題は、紛争の平和的解決要求が当事国の主権や国内管轄権に関わる場合である。国連は国家の主権を尊重する義務があり、紛争の平和的解決を要求する場合でも、強制行動でない時には内政干渉は基本的にはできないことになっている。この場合の呼びかけ自体は法的強制力があるとは考えにくいが、そのような要求が受け入れられない場合には、それを理由に強制行動に移行することも考えられる。平和的解決の要求を受け入れるかどうか、またどのように受け入れるかは、紛争当事国側の対応による。正面から反対しなくても、履行の段階で決議において要求されている行動を無視あるいは回避することもできる。従って、そのような決議に法的拘束性があるかないかよりも、どのように履行させるかが大きな課題となる。

もう1つの問題は、加盟国は安全保障理事会の決定を履行する義務があるが、国家以外の紛争当事者をも法的に拘束できるのかというものである。国連憲章第25条には加盟国にしか言及がない。国連創設時には紛争は国家間の紛争が想定されていたが、特に冷戦後、国連が国内紛争に関わることが多くなり、また、国際的なテロ組織が紛争の当事者となり、国家や国民に対してテロ行為を行う状況が出てきた。

国内紛争当事者に関しては、国家以外の当事者が安全保障理事会の決議を受け入れることに同意するか否かによる。決議を受け入れれば法的拘束性が生まれ、受け入れなければ自動的な法的拘束性は生まれないとするのが妥当であろう。

例えば、カンボジア紛争の包括的和平協定（パリ協定）が1991年10月に採択された後、安全保障理事会は決議718号でカンボジアのすべての紛争当事者に対し、停戦協定を順守するように呼び掛け、さらに、カンボジアの最高評議会（暫定政府）とすべてのカンボジア人に対して、この包括和平協定履行のために国連と十分に協力するよう呼び掛けている。カンボジアの紛争の当事者はすべてパリ協定に署名していることから、それに基づく安全保障理事会の決議は受け入れていると解釈できる。従って、国家以外の当事者にも停戦を順守し和平協定の履行に協力する義務が生じることになる。当事者の

一派であるクメール・ルージュは、和平プロセスの履行が進むにつれて徐々に協力しない姿勢をみせたが、履行そのものを積極的に妨害することはできなかった。それは、国連派遣団の活動に安全保障理事会決議の下の国際的正当性があり、紛争当事者がパリ協定に署名しそれを履行する義務があったからだともいえる。

国際テロ組織の場合は異なる。アルカーイダや「イスラム国」（IS）といった超国家的テロ組織は、国連そのものを受け入れず、むしろ敵扱いをしていることから、安全保障理事会の決議の法的拘束性などは認めていない。従って、安全保障理事会の決議は、テロ組織をターゲットとし、加盟国に対してテロ行為を防ぎ、起きた場合には犯人を捕らえ処罰する義務を課すことになる。

国家が直接関与していない国際テロを安全保障理事会が取り上げたのは、1998年8月に起きたケニアとタンザニアの米国大使館爆破事件に対応するものだった。安全保障理事会は決議1189号を採択して、そのようなテロ行為を強く非難し、これらの爆破事件が、アルカーイダによるテロ行為と判明すると、アフガニスタンに本拠地を移動したアルカーイダを庇護しているとして、決議1193号と1214号を採択して、アフガニスタンのタリバン政府に対してアルカーイダへの庇護の撤廃と処罰を求めた。しかし、これらの決議が無視されると、翌1999年、決議1267号で、タリバン政府に対し、アルカーイダの指導者オサマ・ビン・ラディンの引き渡しを要求し、同時に、タリバン政府に対して、飛行制限と資産凍結という制裁措置を課した。それに続く決議1269号で、すべてのテロ行為を非難し、テロ行為への対処のための国際協力を促した。

安全保障理事会によるより強力な対応は、2001年9月11日に起きたアルカーイダによるアメリカ同時テロ攻撃（いわゆる9.11テロ事件）後に起きた。理事会は決議1373号で、テロ活動の防止と犯罪化、テロ資金の断絶に向けた国際協調行動を促し、国際テロに本格的に対処するため、テロ対策委員会を設立した。そして、この委員会を補佐する専門機関として、テロ対策執行部（Counter-Terrorism Executive Directorate）を2004年に設立した。それ以降の対応を見ても、テロ組織に対抗する責務や国際協調の対象は国家に向け

られたものであることが分かる。

　安全保障理事会は、決議（resolution）の他に決定（decision）を採択することがある。この場合の決定は議題を取り上げるといったことや理事会議長が事務総長に理事会や制裁委員会のような下部機関の勧告を伝えたといった手続き的内容を含んだものであることに留意する必要がある。

7．公式会合、非公式協議、私的会合

　安全保障理事会の会合には公式会合と非公式協議がある。公式会合は通常は公開で開催されるが、非公開の場合もある。公開会合は、決議の採択や討議、ブリーフィングなどの場合であるが、事務総長選挙や国際司法裁判所所長によるブリーフィングなどは非公開で行われる。国連平和維持活動（PKO）の兵員や文民警察提供国との協議なども非公開で開催される。これらは私的会合と称される。公式会合を公開するか非公開とするかは安全保障理事会が自ら決めることができる。

　非公式協議は、決議案に関する議論や公開会合前に問題の審議が行われる場で、実質的な協議が行われるため、きわめて重要な交渉の場でもある。決議案の最終版が出来上がるとブルーのインクで印刷され、その後24時間以内に投票に付される。決議案が採択されるかどうかは、この非公式協議の結果で判明する。

　公式会合には、理事国でない加盟国や国連事務局、個人あるいは非加盟国が招待され、発言することができる。ただし、投票には参加できない。PKOの兵員や文民警察提供国との会合の手続きや誰が招待されるかなどについては、2001年の決議1353号に詳細が規定されている。2001年には国連のPKO活動に関する包括的レビューが行われ、いわゆるブラヒミ報告書が提出されて諸々の改革案が議論された。国連PKOの継続的な活動には兵員や文民警察提供国との連携や支持が必須との理解が得られ、その一環として安全保障理事会と兵員提供国との協議が頻繁に開催されるようになった。

　私的会合には、アーリア方式と呼ばれる会合とインターアクティブ対話と

表6-5

安全保障理事会会合(2010−2016)							
	2010	2011	2012	2013	2014	2015	2016
公式会合	210	235	199	193	263	245	256
公開	(182)	(213)	(184)	(172)	(228)	(228)	(237)
私的	(28)	(22)	(15)	(21)	(22)	(17)	(19)
非公式協議	213	182	175	162	167	151	169
アリア方式	2	2	9	6	7	17	12
相互対話*	7	5	11	6	7	6	5

＊インターアクティブ対話を指す。
出典：国連の Security Council Highlights を基に著者が作成。

いう会合がある。アーリア方式は、安全保障理事会のメンバーが主催して理事会の外で行われる会合で、インターアクティブ対話はやはり理事会の外で行われる会合だが、議長が主催して行う点がアーリア方式と異なる。両方とも公式な会合ではなく、あくまでも私的な会合となる。

アーリア方式会合

アーリア方式は、ベネズエラのディエゴ・アーリア大使が1992年に安全保障理事会の議長を務めていた時に発案したものだ[12]。ボスニアでの内戦の最中、ボスニアの牧師が内戦における悲惨な人権侵害状況を説明しようとして安全保障理事会のメンバーにアプローチしたが、これを受け入れたのはアーリア大使だけだった。牧師の話を聞いた大使は他の理事会も話を聞くべきだとして国連本部内にある代表団のラウンジに理事国を招待した。このことが有意義な対話だったとの評価を受け、以来個人から事情聴取する時にはこの方式が適用されるようになった。その後、2000年から対象がNGOにも拡大した。さらに、理事国以外の加盟国も理事会の許可を得て参加できるようになった。

インターアクティブ対話

インターアクティブ対話は2000年代に頻繁に開催されるようになった。安

全保障理事会議長が主催するが、ほとんどの場合は一般の会議室か別の場所で開催される。アフリカ連合（AU）といった地域機関や加盟国の閣僚級の人物、国連 PKO や政務派遣団の事務総長特別代表、国連事務局の局長、対立する紛争当事国の代表などからブリーフィングを受けるのに使われることが多い。

8．下部機関の役割

安全保障理事会は、必要に応じて補助機関（下部機関）を設けることができる（第29条）。下部機関には３つの種類がある。常設委員会、アドホックに設立される委員会、その他の一般的委員会である。

常設委員会には、国連新規加盟国委員会、安全保障理事会の本部以外での開催委員会、規則・手続き専門家委員会、「準加盟国創設」に関する専門家委員会がある。このうち、新規加盟と規則・手続き委員会は国連創設時に設立されたが、本部以外での開催委員会は、アフリカでの会合検討のために1972年に設立された。国連本部がニューヨークに設立されてからは、1972年から2017年までに４回ニューヨーク以外で会合が開催されている。

1972年１-２月	アジスアベバ（アフリカに関する問題）
1973年３月	パナマ市（ラテンアメリカにおける国際平和と安全の維持と強化）
1990年５月	ジュネーブ（イスラエルのアラブ占領地）
2004年11月	ナイロビ（スーダン、ソマリア、アフリカ連合との関係）

「準加盟国創設」に関する専門家委員会は、1969年に新興独立国の小国に対して準加盟を創設するかどうかを答申させることを目的として設立されたが、1969年から1970年にかけて開催された会合の結果、特定の勧告をするまでにはいかなかったと報告した。その後、存在はしているが、会合は開催されていない[13]。

第6章 安全保障理事会 91

安全保障理事会は、特定の問題を審議するためにアドホックに下部機関を設立してきている。これらの機関は、問題が解決した時点で解消されている。アフリカでは、ナミビア（独立への移行、1966-1988）、南アフリカ（人種問題、1969-1971）、セイシェル（傭兵による武力攻撃と経済的支援、1981-2003）、ザンビア（南ローデシアによる侵略と経済再興、1975-1980）などに関する問題で、すでに解決している。アジアでは、インドネシア（インドネシアの独立に関するオランダとインドネシアの平和的解決の支援、1946-1951）とラオス問題（北ベトナムによるラオスへの軍事侵攻、1959-1963）、ヨーロッパと中東では1946年から1951年の間に、スペイン問題、ギリシャとイタリアの間のコルフ海峡問題、トリエステ知事任命問題、パレスチナ問題などでアドホック委員会が設けられた[14]。

一般的な問題を扱う委員会としては、例えば、2006年に設置されたマンデート・レビュー・アドホック委員会があり、2005年の世界サミット成果文書で言及された安全保障理事会のマンデートに関するレビューがなされた。2007年には作業を終えて解散している[15]。

安全保障理事会の下部機関には、さらに、軍事参謀委員会や制裁委員会（強制行動に関する章参照）、テロ対策執行部（CTED）、旧ユーゴスラビアやルワンダ国際刑事裁判所とその後継機関などがあり、さらに、国連平和維持活動（PKO）や政治派遣団も下部機関の位置づけとなっている。

テロ対策執行部は、2001年9月にアメリカでの同時多発テロ事件後に設立されたテロ対策委員会（CTC）を補佐する機関として2004年に設立された。各国のテロ対策に関する報告書を評価したり、テロ対策に必要な技術的支援をしたりしている。

2つの国際刑事裁判所はアドホックな機関として設立された。旧ユーゴスラビア国際刑事裁判所は1993年に設立され、1991年から旧ユーゴスラビアにおける戦争中に起きた戦争犯罪や人道的犯罪、ジェノサイドの首謀者を裁くことを目的とした。1991年から2001年にかけて起きた各種犯罪に対し、160人を超える人たちが裁かれている。その中には大統領から首相、内務相などの文民指導者、軍や武装民兵組織の指導者なども含まれている[16]。ルワンダ国際刑事裁判所は、1994年にルワンダで起きたジェノサイドに関与した首謀

者を裁く目的で1995年に設立された。2015年までにその作業を終えたが、その間に93人に上る個人を訴追した[17]。この2つのアドホック裁判所を継承し、残る作業を完了させるために、安全保障理事会は2010年に国際刑事裁判所残留メカニズムを設立している[18]。

9．安全保障理事会改革への動きと行き詰まり

　安全保障理事会の改革への流れは大きく2つの時期に分けられる。最初は1950年代後半から1960年代前半にかけてであった。非植民地化の急速な流れと新興独立国の加盟で、国連の構成は当初の51か国から2倍に増え、その中で、総会やその下部機関だけでなく、安全保障理事会の構成も増加させようとする要求が高まった。実際に非常任理事国の増加が要求されたのは1956年の総会で、ラテンアメリカ諸国によるものだった。ラテンアメリカからは常任理事国は出ておらず、不満が高まっていた[19]。その結果、常任理事国の構成は変えずに、非常任理事国の数を6か国から10か国に増やすことで合意が成立し、1965年の改正となった。

　2つ目の流れは、基本的には冷戦後であった。冷戦中は、東西対立のため、安全保障理事会は国連憲章で想定されたような形で機能しなかったため、その役割は限定的なものであった。しかし、冷戦が終焉し、1988年から国連が活性化し、特に1990年から数年間は拒否権がまったく使われない大国協調の時代が始まり、安全保障理事会がその活動の範囲を徐々に広げ実質的な国連の政策決定機関の役割を果たすようになってから、その政策決定に参画すべく、新たな改革の要求が表面化した。以前より常任理事国入りを狙っていた日本などは、第2の拠出国として、「代表権なくして課税なし」といったアメリカ独立戦争のきっかけとなった標語を用いて改革の動きを促進しようとしていた。

　この第2の流れの中には幾つかの大きな動きがあった。まず、1993年の国連総会決議で、総会に安全保障理事会の改革に関する作業部会が設立され、翌1994年から本格的な作業が始まった。しかし、この作業では、日本やドイ

ツなど常任理事国入りを目指す国々とこれに反対する勢力との対立が顕著化し、さらに、アフリカ諸国が独自に常任理事国入りを目指したため、間もなく行き詰まった。一方、常任理事国側は、安全保障理事会の透明性を拡大することにより、これに対抗した。それまで、安全保障理事会の作業は舞台裏で行われることがほとんどで、何をいつ議論するのかさえ分からないほどだった。日程を公表し、毎月の作業計画や決議草案を加盟国と共有し、さらに、会合後の議長による内容説明なども行われ、国連PKO提供国との会合やアーリア式会合といった非公式会合までセットして、その透明性に努めた[20]。

　1997年には、マレーシアのイスマエル・ラザリ総会議長が改革案を提示した。それは、常任理事国を5か国増やし、同時に非常任理事国も4か国増やして計24か国にするというものであった。しかし、常任理事国の拡大に関しては意見がまとまらなかった。その後、2005年の国連創設60周年記念総会サミットに向けて、日本とドイツ、インド、ブラジルがG-4を結成して望んだが、それぞれのライバル国が「コーヒー・グループ」を結成して反対し、アフリカ諸国は常任理事国を2議席要求したため、G-4の努力は頓挫した。これに先立ち、アナン事務総長もハイレベル・パネルの提案をベースにした準常任理事国の設立を含む24か国拡大案2つを提示したが、突破口にはならなかった。

　その後の大きな進展としては、2008年の総会決議を受けて、2009年に総会非公式本会議において政府間交渉が始まったことである。交渉の内容は、（1）新理事国のカテゴリー（常任・非常任どの議席を拡大するか）、（2）拒否権、（3）地域ごとの代表性、（4）拡大数と安保理の作業方法、（5）安保理と総会の関係の分野、となった。そして、2015年には約120か国が提出した見解をまとめたものが交渉文書として政府間交渉議長によって提出され、総会によって支持されたが、この文書が交渉文書かどうかについても議論が分かれたままになっている。

　安全保障理事会の改革は、現常任理事国の特権を守ろうとする立場とこれに挑戦する勢力、新たな地位の獲得のための勢力間争いという複雑な形態で推移し、行き詰まっている。改革がより機能的な理事会になるのか、むしろ

機能困難に陥るのか、より代表制を拡大する方が良いのか、少数制の方が機能しやすいのか、いずれにしても、安全保障理事会の改革は単に数字的改革ではなく、国際政治の根本に関する問いを投げかけている。

注
1）「主要な責任」は英語では"primary responsibility"と表現されている。「第一義的」という意味である。
2）国際連合広報局『国際連合の基礎知識2014』、関西学院大学総合政策学部、30頁。
3）Goodrich, p.193.
4）非常任理事国の議席配分は、第1回総会で「紳士協定」により合意されたもので、ラテンアメリカから2議席、コモンウェルス、西ヨーロッパ、中東、東ヨーロッパから各1議席であった。その後、非植民地化が進み、アジアやアフリカから新独立国が国連に続々加盟してくる中で、非常任理事国の枠を拡大することが合意され、1965年の憲章改正後現在の配分となった。グッドリッチは1946年から1966年までの非常任理事国の選挙を分析して、地理的配分が主流となっていったことを示している。Goodrich, pp. 197-199.
5）Goodrich, p.231.
6）*Ibid.*, pp.225-227.
7）United Nations, *Repertoire of the Practice of the Security Council*, Case 83. http://www.un.org/en/sc/repertoire/46-51/46-51_04.pdf#page=3
8）Goodrich, pp.229-230.
9）安全保障理事会の会合や議長の役割など手続きに関する詳細は、手続きに関する暫定的規則（Provisional Rules of Procedure）に記載されている。
10）国連創設時のサンフランシスコ会議での議論でも、決定には法的拘束力があり、勧告には法的拘束力はないというのが一般的な理解だった。Simma, Third Edition, Vol.1, p.792.
11）Simma, Third Edition, Vol.1, p.794.
12）アーリア方式については、Informal Non-Paper of 25 October 2002, prepared by the United Nations Secretariat, James Paul, "Arria Formula" in *Global Policy Forum*, October 2003. https://www.globalpolicy.org/component/content/article/185/40088.html を参照。
13）United Nations, *Repertoire of the Practice of the Security Council.* http://www.un.org/en/sc/repertoire/69-71/69-71_05.pdf, pp.62-63
14）United Nations, *Repertoire of the Practice of the Security Council.* https://wwwupdate.un.org/en/sc/repertoire/subsidiary_organs/committees_standing_and_adhoc.shtml
15）United Nations, Repertoire, 1946-53, H. Voting, Cases 190-192.
16）詳細は、http://www.icty.org 参照。
17）詳細は、http://unictr.unmict.org 参照。

18) United Nations, *Basic Facts about the United Nations*, 42nd edition, pp.10.
19) Goodrich, p.195.
20) 1990年代前半の安保理改革論の推移については、植木安弘「冷戦後の安全保障理事会と日本」、佐藤誠三郎、今井隆吉、山内康英共編『岐路に立つ国連と日本外交』三田出版会、1995年、89-102頁。G-4による努力やその後の進展については、大島賢三「国連安保理改革と日本」、東大作編著『人間の安全保障と平和構築』第10章参照。安保理改革論については、植木安弘『国連広報官に学ぶ問題解決力の磨き方』祥伝社新書、2015年、249-258頁参照。

第7章　紛争の平和的解決

　国連憲章では、第6章下、紛争の平和的解決に関する加盟国の義務と安全
保障理事会の役割が規定されている。両方とも一般的な形で書かれており、
詳細な定義や手続きが省かれているため、それをどのように解釈して運用す
るかはその都度の判断に任されることになる。

1．平和的解決の義務

　紛争の解決には、まず当事者同士が平和的な手段で解決を求める責務があ
る。そして、平和的解決の手段として、交渉、審査、仲介、調停、仲裁裁
判、司法的解決、地域的機関または地域的取極の利用、その他当事者が選ぶ
平和的手段を挙げている（憲章第33条1項）。

　憲章では、紛争を「係争（dispute）」としており、何を持って係争と断定
するか、また、どの時点で平和的解決の手段を選ぶかについて明確な規定が
ない。例えば、領土に関する係争の場合、どちらの当事者も当該の領土を自
国の固有の領土と主張している場合には、客観的には係争が存在するが、当
事者はこれを係争と認めないことがある。この主張は、特にその領土を実効
支配している側で用いることが多い。領土を実効支配していない側からみる
と、平和的に解決するためには交渉などの平和的手段を使う他ないが、有効
支配している側がそのような解決方法を受け入れない限り、平和的に解決す

ることが難しくなり、膠着状態に陥ることが多い。日本と韓国の間の竹島（韓国では独島の名称）や日本と中国との間の尖閣列島（中国では魚釣島の名称）に関する係争などはそのよい例である。日本とロシアの間の北方領土問題では、実効支配していない側の日本が固有の領土と主張しているが、その解決のために日本は二国間交渉を行っており、ロシアも日本の主張が存在することについては認めている。

憲章ではまた、係争に関しては、それが継続することによって国際平和と安全の維持が危うくなるような場合としている。その判断をするのは係争当事者ということになるが、他方、憲章は、国際平和と安全への脅威の存在の判断は安全保障理事会が行うことも明記しており（第34条）、当事者の判断と安全保障理事会の判断が必ずしも一致するとは限らない。

加盟国は、国際平和と安全にとって脅威となるいかなる係争や状況についても、安全保障理事会または総会の注意を促すことができるとされている（第35条1項）。また、平和的な手段によって係争を解決することができなかった時は、これを安全保障理事会に付託しなければならないとの義務がある（第37条1項）。

安全保障理事会や総会は政治的な機関であるため、当事者が係争を安全保障理事会や総会に持ち込むと国際化することに繋がる危険があり、それを望まないケースも多々ある。憲章では、係争に加えて「状況（situation）」も加えており、この「状況」がどのような場合であるかについても明確な定義がないため、その判断は加盟国がすることになる。この「状況」あるいは「事態」への言及は、冷戦後、特に多くなった。そこでは国家間の係争ではなく、国内の権力争いから生ずる内戦によって生じた「状況」あるいは「事態」が、国際の平和と安全にとって脅威となるとされている。内戦がしばしば一国内に留まるものではなく、周辺国あるいは利害を持つ国々が関与する、あるいは影響を受ける場合があるからだ。

なお、当事者が合意すれば、係争が必ずしも国際平和と安全への脅威に繋がるものでない場合も安全保障理事会に平和的解決のための勧告を要請することができる（第38条）。

安全保障理事会は国際平和と安全の維持のために第一義的責任を与えられ

ているが、総会は安全保障理事会が扱っている問題以外はいかなる問題でも
取り上げることができるため、総会が勧告できる分野は広いといえる。

2. 安全保障理事会の要請、調査、勧告

紛争の平和的解決において、安全保障理事会は重要な役割を与えられている。これは、安全保障理事会が国際平和と安全の維持で第一義的責任を負っているため、大国を中心とした紛争の解決に重きが置かれていることによる。

憲章下、安全保障理事会は、必要と認めるときは、当事者に対して、その紛争を平和的な手段によって解決するように要請することができる（第33条2項）。また、係争や状況が国際的摩擦や紛争に発展し国際平和と安全維持への脅威となり得る可能性があるかどうか判断するために調査を行うことができる（第34条）。そして、平和的解決のための手続きや方法に関して勧告することができる（第36条1項）。その際、当事者がすでに採用した紛争解決の手続きを考慮に入れ、法律的紛争に関しては原則として国際司法裁判所に付託する義務があることも考慮に入れなければならない（第36条2、3項）。

安全保障理事会が紛争の平和的解決の枠組みを作成した例としては、カンボジア紛争がある。カンボジアは、1975年にクメール・ルージュが政権を握った後、極端な共産主義体制構築のために知識層を弾圧して「キリング・フィールド」と呼ばれる100万人を超える大量虐殺が行われ、国民の4分の1にあたる200万人余りがその犠牲になったといわれている。反対勢力は1979年にベトナムの力を借りてクメール・ルージュ政権を倒したが、その後10年あまり内戦が続いていたところである。

安全保障理事会の常任理事国は、1989年に開催されたパリ国際会議でカンボジアの紛争当事者間で包括的和平に向けた交渉が前進したのを受けて、1990年9月にカンボジア紛争の包括的解決のための枠組みを作成した。安全保障理事会はこの枠組みを決議668号で支持し、さらに、パリ国際会議を主

導したフランスとインドネシアに合意の詳細を詰めるよう要請した。こうして、1991年10月にパリの国際会議で包括的な和平合意が成立した[1]。このパリ協定を基に安全保障理事会は国連カンボジア暫定統治機構（UNTAC）を設立し、国連の暫定統治、監督の下に民主選挙が実施され、1993年に新たな民主政権が発足した。

3. 安全保障理事会の調査団派遣

　安全保障理事会は、和平プロセスの促進や奨励、政治や治安状況の視察、国連 PKO の活動評価やマンデート（任務）更新や変更のために、自ら調査団を送ることが多くなっている。安全保障理事会自らの調査団が初めて派遣されたのは1964年のことで（決議189号）、この時はカンボジアと南ベトナムだった。南ベトナム軍がカンボジアに侵攻したとの抗議を受け、3人の調査団を送り調査させた結果、国境地帯の緊張状態に関する報告があり、安全保障理事会はカンボジアの中立と領土保全を尊重するよう促している。

　アフリカに安全保障理事会の調査団が最初に送られたのは1970年で、この時はポルトガル領のギネア・ビサウからギネアに対して軍事攻撃がなされたとの抗議があった。調査の結果、その事実が報告され、安全保障理事会はポルトガルを強く批判した（決議290号）。その後、しばらく調査団の派遣はなかったが、1999年からは毎年のように派遣されるようになった。実質的政策決定機関である安全保障理事会が自らの政策決定に直接情報収集を行うことが有用との認識が高まったのである。アフリカには毎年派遣されていることからも分かるように、アフリカの紛争に国連は深く関わっている。年平均2回程度であるが、2016年には5回にも上った。ブルンジとエチオピア、西アフリカ（マリ、ギネア・ビサウ、セネガル）、アフリカの角（ソマリア、ケニア、エジプト）、南スーダンとエチオピア、コンゴ民主共和国とアンゴラと、すべてアフリカだった[2]。アフリカ以外では、中東やハイチ、東ティモール、ヨーロッパなどに派遣されている。

　安全保障理事会の調査団が紛争の平和的解決に大きく貢献した例として東

ティモールが挙げられる。東ティモールは1976年以来インドネシアに併合されていたが、国連はこれを違法として認めず、国連が仲介して元植民統治国のポルトガルとインドネシアの間で交渉が行われてきた。1997年に起きたアジアの通貨危機が契機となってインドネシアのスハルト大統領が翌年退陣し、ハビビ大統領が就任してからインドネシアの態度が変わり、1999年5月に合意が成立して、国連が「ポピュラー・コンサルテーション」と呼ばれる住民投票を組織して、インドネシアに併合するかしないか（しない場合は独立の選択となる）を決めることになった[3]。インドネシア軍に後押しされた武装民兵組織による独立支持派への恐喝行為などにも関わらず8月末に住民投票が実施され、78パーセントが併合を拒否する結果となった。これに反発した武装民兵組織が結果発表と同時に全土の焼き討ちという騒乱を起こし、国連派遣団（UNAMET）が撤退を余儀なくされた。25万人が難民となり、領土内でも多くの避難民が出て、深刻な人道状況が起きた。

　インドネシア政府は軍を増強派遣し、事態は沈静しつつあるとしたが、武装民兵組織は軍の後押しで騒乱を起こしていたこともあり、状況は悪化の一途だった。安全保障理事会は5人から成る派遣団を送り、実際に東ティモールの現状を視察した結果、状況の悪化が確認され報告された。これを受け、アナン事務総長やアメリカ、オーストラリアなど関係国がインドネシアを説得した結果、インドネシアは事態鎮静化のために国連が組織する多国籍軍を受け入れることに同意した。1999年9月、安全保障理事会は決議1264号で東ティモール国際軍（INTERFET）の設立を授権した。INTERFETはオーストラリアの指揮権下に組織され、事態の鎮静化に貢献した。その後間もなく、東ティモールを独立に導くために国連暫定統治機構（UNTAET）が設立され、約2年半の暫定統治期間を経て、東ティモールは2002年5月に独立した。

4．平和的解決の手段

　国連憲章第33条1項では、紛争解決の平和的手段として、交渉、審査、仲

介、調停、仲裁裁判、司法的解決、地域的機関または地域的取極の利用その他当事者が選ぶ平和的手段が明記されている。

「交渉」は当事者間の直接的な折衝を指し、政治的な取引で相互に受け入れ可能な形で解決するのが最良の方法である。しかし、紛争当事者は、国内的な理由や政治指導者の思惑などもあり、容易に妥協しないことが多い。その場合には、直接交渉以外の解決手段が必要になる[4]。

「審査」は原文では"enquiry"で、係争に関する事実を中立的な立場から調査し、平和的解決の基礎とするものである。条約などでも解釈運用で相違が生じた時には調査委員会を設立することが多い。国連でも、事務総長が安全保障理事会の要請によって調査委員会を設立することもあれば、理事会のサポートを得て独自の調査に乗り出すこともある。平和的な紛争解決の方法としてその価値が認められている方法である。

「仲介」と「調停」は、第三者に依頼して交渉を行う方法である。仲介は原文では"reconciliation"で、和解という意味だが、紛争当事者が合意して特定の第三者に調査や解決への努力を依頼して和解に導くというものである。調停は"mediation"で、第三者が紛争当事者の間に入り、両者を交渉の場につかせて交渉の進展を促進するものである。事務総長は、常に第三者の立場から交渉を促進させる立場にあるため、"Good Offices"[5]を提供することが多々ある。紛争当事者が直接交渉を嫌うような場合には、事務総長あるいはその代理が両者の間で「シャトル外交」をすることがある。事務総長の"Good Offices"は、仲介や調停と同じように使われることも多く、例えば、キプロス紛争ではアナン事務総長が仲介の役割を果たし、交渉を促進させて調停案を提示した。2004年に提示された最終調停案は「アナン・プラン」と呼ばれ、1964年の内戦以来ギリシャ系キプロス側とトルコ系キプロス側に分かれていたキプロスを連邦化しようとしたものだった。住民投票の結果は、トルコ系は支持したものの、ギリシャ系が不支持となり頓挫した。調停案がトルコの軍事介入の余地を残すなど、トルコ系に有利に見られた結果だった。

「仲裁」は、調停者や仲裁人、あるいは仲裁裁判所に紛争の解決を託し、その決定をあらかじめ受け入れることに合意するものである。紛争解決のル

ールは当事者の「コンプロミ」（compromis）あるいは合意で決められ、紛争解決用の仲裁裁判所を新設する場合もあれば、既存の国際仲裁裁判所を活用する場合もある。常設仲裁裁判所は、1899年の第1回ハーグ平和会議で設立されたもので、2017年時点で121か国が加盟している。

　仲裁の例としては、例えば、2013年にフィリピンが中国に対して国連海洋法に基づき求めたものがある。中国が南シナ海で主張している「九段線」の権益主張の合法性や南シナ海の領海や漁業資源などをめぐり、フィリピンは中国と対立している。この仲裁裁判は領海線の確定を狙ったものではなく、国連海洋法に基づき、南シナ海における排他的経済権益の範囲や中国の係争地域での建設作業や漁業が海洋法で許容される範囲のものであるかどうかが争われた。2016年7月、常設仲裁裁判所の小法廷が、南シナ海における「九段線」に基づく権益主張を否定する裁定を下したことが注目された[6]。

　「司法的解決」とは、国際司法裁判所を通じた解決方法である。加盟国は自動的に国際司法裁判所規程を受け入れており、法律に関する係争については原則国際司法裁判所に託すことが義務付けられている。ただし、これは当事者が別途選択する解決方法を除外するものではなく、また、国際司法裁判所の場合は、当事者の双方が裁判所の管轄権を受け入れなければならないため、一定の制約がある。

　「地域的機関または地域的取極の利用」は、国連創設時に地域機関の役割を主張したラテンアメリカ諸国に配慮したものであるが、その後の特に地域的機関の拡大と発展によって、各地域におけるローカルな紛争の解決に大きな役割を果たすようになる。例えば、ヨーロッパでは欧州連合（EU）が域内の紛争解決に努力し、西欧だけでなくロシアを含む東欧諸国も加入している欧州安全保障協力機構（OSCE）などは紛争予防や事実調査、調停などの各方面で活動している。南北アメリカには米州機構（OAS）があり、アフリカにはアフリカ統一機構（OAU）から発展したアフリカ連合（AU）が地域内の紛争解決に寄与している。

5．総会の役割

　国連総会も紛争の平和的解決ではいくつもの局面で重要な役割を果たしている。その役割には、（1）紛争の平和的解決に関する原則の採択、（2）紛争の平和的解決への提案や呼びかけ、（3）事務総長への仲介・調停要請、（4）平和維持活動への貢献などがある。

　総会は、1991年に国際平和と安全の維持分野での国連の事実調査に関する宣言を採択している（総会決議 A/RES/46/59）。この宣言では、国際平和と安全に脅威をもたらすような係争や状況に関する事実を調査する上での原則が述べられている。宣言は、国連の事実調査での役割の有用性を確認し、そのような事実調査は安全保障理事会や総会、事務総長などによってなされること、強制行動の一環でなければ対象国の同意を得て行うこと、事務総長が国際平和と安全の状況をモニターすること、憲章下の事実調査に関する他の手続きを尊重することなどが含まれている。

　総会は、安全保障理事会が取り上げていない、あるいは総会に持ち込まれる案件、総会の権限に属する問題などに関して平和的解決を提案し、自らの見解を表明して関係国に行動を促すこともある。例えば、パレスチナ問題がある。パレスチナの地はイギリスが国際連盟からの委任統治を受けて統治していたが、パレスチナに移住し「祖国」を求めていたユダヤ人とその地に長年住んでいたアラブのパレスチナ人との間で対立が起きた。イギリスは第一次世界大戦中の1917年「バルフォア宣言」でユダヤ人の国家樹立に向けたシオニズム運動を支持しており、ナチス・ドイツの迫害を受けたユダヤ人の多くがパレスチナの地に移住していた。イギリスは第二次世界大戦で疲弊しており、パレスチナの独立運動と2つのコミュニティーの間の対立に十分に対応出来なかった。そのため、パレスチナの将来を国連に委ねる決断をした。これを受けて、総会は1947年の第1回特別総会でパレスチナ特別委員会（UNSCOP）を設立して、パレスチナの将来を検討させた結果、特別委員会は多数派の提案としてパレスチナ分割案を諮問した。この分割案は、ユダヤ人の国家とパレスチナ人の国家を2つ造り、3つの宗教の聖地エルサレムは

国連の管理下に置くというものだった。そして、この分割案は、1947年の通常総会で支持された（決議181（II））。しかし、イギリスがパレスチナから撤退した1948年5月にユダヤ人コミュニティーがイスラエル建国を宣言したためにアラブ諸国が反発し、第一次中東戦争が勃発した。

民族自決権などに関する事態の時には、総会は関係国に対して民族自決権に反するような行為を非難したり、平和的な解決を呼び掛けたりしている。1975年にインドネシアが東ティモールの内戦に軍事介入した時などは、インドネシアを強く非難して軍の撤退を要求し、さらに、安全保障理事会に対して東ティモールの民族自決権を守るための行動を促し、非植民地化委員会に対して事実調査団を送るように要請した。また、元宗主国のポルトガルと東ティモールの諸派に対しては対話を通じて平和的解決を目指すように要請している（総会決議3485（XXX））。翌1976年にインドネシアが東ティモールを併合した後、1977年にはこの併合を拒否する決議を採択している（A/RES/32/34）。東ティモール問題は暫く膠着状態であったが、総会は、1982年の決議で事務総長に対してすべての当事者と包括的解決の方法を模索するよう要請した（A/RES/37/30）。事務総長はその後ポルトガルとインドネシアの間に立って仲介しつづけたが、この膠着状態が打開されるのは1990年末となる。

平和維持活動における総会の役割は、1956年のスエズ危機の時に1950年に採択された「平和のための結集決議」を運用して国連初の国連平和維持軍となる国連緊急軍（UNEF）を設立したことで知られている。その後、1964-65年の西ニューギニア（西イリアン）でも国連の暫定統治や治安維持部隊の派遣に総会が貢献した。それ以外の国連PKOは安全保障理事会によって設立され、国連PKOは安全保障理事会の下部機関との位置づけをされているが、総会は国連予算権限を持っているため、その面から国連の平和維持活動に貢献している。

6．事務総長の役割

　紛争の平和的解決における事務総長の役割は大きい。紛争の早期警報から予防外交、紛争当事者間での"Good Offices"の提供、和平交渉の推進と調停、停戦監視や和平合意履行のための国連PKOや政治派遣団の指揮、事実調査など活動の範囲は広い。国連憲章第99条で、事務総長は、国際平和と安全への脅威が存在する時には安全保障理事会の注意を喚起できることになっている。これが憲章上での事務総長の政治的役割の法的根拠になっているが、憲章第98条で安全保障理事会や総会などの主要機関から委託される任務を遂行する義務があるため、任務の中に多様な政治的役割が組み込まれることになる。また、事務総長も紛争解決に自ら行動する必要性を感じた時には、安全保障理事会や総会のサポートを得て行動することもある。

　紛争の早期警報や予防に関しては、国連政務局と国連開発計画（UNDP）が中心となり、防止行動調整のための関係機関枠組チーム、いわゆる「フレームワークチーム」が形成されている[7]。このチームは1995年に設立されたが、現在20を超える数の国連事務局の各局や基金、プログラム、専門機関が参加している。紛争予防の第一義的責任はあくまでもそれぞれの国家と国民にあるが、国連の役割は、国家や国民の紛争予防能力を高めることを支援することであるとの考えが基本にある。そのために、各国に展開している国連のカントリーチームの紛争予防行動支援能力の向上や、紛争解決に向けた分析・討議（例えば、不安定な食料供給と武装紛争との関連や人権と紛争防止、天然資源と紛争など）、経験から学んだことの共有などを行っている。

　また各国は、国内での政治的緊張が高まるような事態でも国連の内政干渉を嫌うため、国連政務局とUNDPが共同で「平和開発アドバイザー（PDA）」制度を立ち上げ、国連のPKOや政治派遣団が展開していない国々に派遣し、UNDP事務所をベースに紛争の予防活動を行っている。2017年の時点で41か国に派遣されている。その活動については、例えば、ブルンジでの政治危機に対して危機の原因分析や国連カントリーチームの対応を作成したり、トーゴでは全土でローカルな平和委員会を設立して、紛争を地元の

レベルで解決できるように住民に調停や交渉の技術を訓練したりしている。また、モルジブでは女性の政治参加を助長したり、チュニジアでは暴力的過激主義に対処するためにリスク・アセスメントの方法を開発したりしている[8]。

予防外交では国連の基本的概念を、（１）係争を防止する、（２）係争が紛争に発展しないことを防ぐ、（３）紛争の拡大を防ぐ、といった外交行動に置いている。この定義は、ガリ事務総長の「平和への課題」報告書で整理されたものであるが、係争の防止まで含んでいるため、広義の概念になっている。実際には、全ての係争を未然に防ぐのは不可能なため、国家間の問題が係争という形で表面化し深刻化するのを防ぐ努力のことを意味していると解釈できる[9]。

国連の場合には、特定の危機に対処するために事務総長が特別代表や特使を任命することが多い。特別代表は安全保障理事会によって与えられた任務を遂行する上で事務総長が任命するもので、特使の場合は事務総長の判断で任命できる。国連PKOの場合、中東の国連休戦監視団（UNTSO）やインドとパキスタンの間のカシミールに展開している国連インド・パキスタン軍事監視団（UNMOGIP）のような比較的小さなPKOを除いては事務総長特別代表がPKOの運営だけでなく、紛争の再発や政治危機を防ぐ役割を果たしている。

国連の特別政治派遣団（SPM）は、文民を中心とした派遣団で、紛争の予防から紛争の拡大防止、和平に向けた努力、平和構築まで幅の広い活動を行っている。冷戦後国連の政治的役割が拡大した1990年から政治派遣団の数も飛躍的に伸びた。紛争の平和的解決には特使の任命やフィールドに事務所を置いた派遣団がある（表7-1）。

事務総長が任命する特使やアドバイザーには幾つかのタイプがある。特定の地域の紛争を担当する者、特定の国の和平交渉を担当する者、全般的なテーマを担当する者である。特定の地域には、大湖地域（アフリカのビクトリア湖の周辺国）やサヘル地域（アフリカのサハラ砂漠と熱帯地域との間の地域）、中央アフリカ、西アフリカ、中央アジアがある。これらの地域には幾つもの国があり、紛争が国境を越えて存在しており、地域的なアプローチが

表7-1

国連の政治派遣団リスト(2017年)	
アフガニスタン(UNAMA)	スーダン・南スーダン
アフリカ連合(UNOAU)	西アフリカとサヘル地方(UNOWAS)
カメルーン・ナイジェリア(CNMC)	西サハラ
中央アフリカ(UNOCA)	シリア
中央アジア(UNRCCA)	イェメン
コロンビア	ブルンジ
ギネア・ビサウ(UNIOGBIS)	キプロス
太湖地域	ギリシャー FYROM
イラク(UNAMI)	グヤナ・ベネズエラ
レバノン(UNSCOL)	ジュネーブ国際討議への国連代表(UNRGID)
リビア(UNSMIL)	安保理決議1559(2004年)履行特使
中東(UNSCO)	ジェノサイド防止特使
ソマリア(UNSOM)	

出典:国連のリストを基に筆者が作成 (http://www.un.org/undpa/en/in-the-field/overview)

必要となる。特定の国には、キプロス、シリア、イェメン、レバノン、スーダン・南スーダン、西サハラ、ミヤンマーなどがある。中東和平はイスラエルとパレスチナに特化した問題である。全般的なテーマではジェノサイド（大量虐殺）防止がある。

　事務総長特使が大湖地域での地域紛争を回避するのに貢献した例を紹介する。大湖地域にあるコンゴ民主共和国の東部は1994年の隣国ルワンダでのジェノサイドの影響で、ジェノサイドを実行したフツ族の武装勢力が逃げ込んだ地域である。もともとこの地域は複雑な部族構成や豊かな天然資源のため、独立以来外国が介入していて紛争を複雑化しているところだったが、ルワンダからの武装勢力の影響で、不安定な状態が続いていた。当時、コンゴ民主共和国の大統領はジョセフ・カビラで、2001年に父ローラン・カビラの後を継いでいた。ローラン・カビラはルワンダのポール・カガメ大統領の支援を受け権力の座に就いたが、その後ルワンダのコンゴ東部の反政府武装勢力への支援を受けて両者の間に政治的な対立が起きていた。潘基文事務総長は2008年に元ナイジェリアのオバサンジョ大統領を大湖地域の事務総長特使

第7章　紛争の平和的解決　109

に任命して両国の間の調停を行わせた。国連の調停チームにサポートされ、オバサンジョ特使は12か国から成る地域機関の大湖地域国際会議（ICGLR）と協力して、2009年3月までに、反政府武装勢力の動員解除や軍備撤廃、不満を解消させる合意案を作成した。2009年末にカビラ大統領とカガメ大統領の会談を実現させ、外交関係が再開することによって、両国を巡る地域戦争が回避された。

　フィールドに政治派遣団の事務所を構えるのは、その国や地域に密着して政治状況の発展を把握し、いち早く紛争の危険や拡大を察知して予防外交を行い、政治プロセスや紛争の安定化に寄与する利点があるからである。また、地域機関との連携を強めるために設立された場合や平和構築が任務の場合もある。中東和平プロセスの促進やレバノンの外国軍の撤退と政治の安定化のためには特別コーディネーターが任命されている。紛争が続く中での和平達成支援はアフガニスタン、イラク、ソマリアなどで行われている。平和構築事務所は、中央アフリカ共和国やギネア・ビサウ、シエラレオネ、ブルンジ、リビアなどに設置されている。トルクメニスタンのアシガバードにある国連中央アジア予防外交地域センター（UNRCCA）は、中央アジア諸国内の政治緊張やテロリズムへの対処が主な任務になっている。また、アフリカ連合（AU）との連携強化のために、AU本部があるエチオピアのアジスアベバに国連事務所が設置されている[10]。

7．事務総長などによる事実調査

　事実調査は、安全保障理事会が自ら行う場合は理事会の調査団を派遣して行うが、これはどちらかというと政治的判断をする上で必要と認められる場合だ。より技術的な調査が必要な時には、事務総長や関係機関に安全保障理事会が要請して行うことが多い。また、事務総長が自らの国際法、特に国際人権法や人道法の守護神としての役割から事実調査団を送ることもある。

　例えば、1980年代のイラン・イラク戦争時にイランから、イラクにより化学兵器を使用されたという訴えが国連に寄せられた時のことである。化学兵

器の使用は1925年の化学兵器条約で禁止されており、イラクもこの条約の締約国になっていた。1983年に両国の同意を受けて調査団を送ったが、明確な結論を出すことはできなかった[11]。化学兵器の使用に対する国際的な非難が高まる中、デクエヤル事務総長は、国連憲章の人道的原則や事務総長室の道徳的責任を強く感じて、イランの再度の調査要請に応じることにした。安全保障理事会にその旨通報した後、1984年にイラクの同意を受けて４人から成る２回目の調査団をイランに送った。その結果は、マスタードとタブンを使った化学兵器が使用されたというものであった。さらに、1985年には、デクエヤル事務総長はやはり自らのイニシアチブで医学の専門家に、被害を受けイギリスとドイツで治療を受けていた患者に関する調査を行わせた。結果は先の調査団の結果を実証するものだった[12]。これを受けて、安全保障理事会は、決議582号を採択して、化学兵器の使用を非難した[13]。

　化学兵器の使用に関する調査に関しては、シリア紛争が続いている中でも行われている。2012年シリアは初めて化学兵器を保持していることを認めたため、アメリカのバラック・オバマ大統領はシリアが化学兵器を使用した場合には軍事攻撃も辞さない旨表明した。いわゆる一線を超えてはいけない「レッド・ライン」とされた。2013年に入ってから化学兵器が使用されたという情報が流れるようになり、８月に再度シリアによる化学兵器の使用が伝えられた時、アメリカは軍事攻撃の体制に入ったが、オバマ大統領は、シリアから化学兵器を撤去させるというロシア提案を受け入れ軍事攻撃を取りやめた。シリアはこれによって1992年に採択された化学兵器禁止条約に署名、批准し、自国の化学兵器をすべて廃棄することになったが、潘事務総長は、国連と化学兵器禁止機関（OPCW）、世界保健機関（WHO）から成る調査団をシリアに送った。これに関する事務総長の権限は、1987年に総会が採択した1925年の化学兵器条約の履行に関する決議（A/RES/42/37C）で要請された調査権限と1988年に安全保障理事会がイラン・イラク戦争での化学兵器使用を非難する決議620号で要請された調査権限を基にしている。調査団の報告は、2013年３月と８月に化学兵器が使用されたというものだった[14]。シリアの申告に基づいて国連と化学兵器禁止機関（OPCW）が共同でシリアの化学兵器を国外に撤去し、アメリカやドイツなどの支援を受けて廃棄し

た。しかし、その後も時々シリア紛争で化学兵器の使用が報告されたため、安全保障理事会は2015年に国連・OPCW共同調査メカニズム（JIM）を設立して、さらなる調査を要請した。JIMは2016年安全保障理事会にシリア政府側が化学兵器を使用したことを報告している[15]。

8. 人権理事会による事実調査

　事実調査のための派遣団は人権理事会でも設立されている。例えば、2009年1月のガザでのイスラエル軍とハマスとの間の戦闘で人道法違反が起きたとの訴えに対し、人権理事会は独立した国際調査委員会を設立した。南アフリカで白人少数政権時代の人権侵害に関する事実究明委員会を率いて著名になり、その後旧ユーゴスラビアとルワンダの国際刑事裁判所の首席訴追官になったリチャード・ゴールドストーンが調査団長に選ばれた（ゴールドストーン調査団）。報告書では、イスラエル軍とパレスチナ武装勢力の双方で戦争犯罪と人道的犯罪を起こしたとして、双方に対して調査を要請し、それが実行されない場合には国際刑事裁判所に調査を要請するよう勧告した。

　人権理事会はまた、2010年5月に起きたトルコのNGOが組織したガザへの人道支援船団に対するイスラエルの襲撃事件で調査報告書を発表し、イスラエルの行為を通常のレベルを超えるものとして批判した。この襲撃では船団の乗員でNGO関係者が9人死亡した。潘事務総長もこの事件ではイスラエルとトルコの専門家を含む国連調査団を組織し、報告を提出した（パーマー報告書）。この報告書では、イスラエルの船団阻止行為自体は合法であっても、武力の行使は行き過ぎたものだったことを指摘した。これに対しては、人権理事会も独自の専門家パネルを設立して調査させた結果、イスラエルの阻止行為は集団的処罰にあたり違法との結論を出した。2012年には、西岸におけるイスラエルの植民地区がパレスチナ人の人権に与える影響に関する調査団を送り、そのような植民政策がパレスチナ人の人権を侵害しているとの報告書を提出させた[16]。

9．安全保障理事会下部機関による検証や査察

事実調査で、安全保障理事会は下部機関を設立することが多々ある。例えば、1991年の湾岸戦争の停戦合意の一環として、イラクは大量破壊兵器を破棄することに同意した。安全保障理事会は、大量破壊兵器査察のための特別委員会（UNSCOM）を設立した。UNSCOM の役割は、イラクの大量破壊兵器に関する申告書を基にこの内容を検証することだった。しかし、イラクは実際の３分の２の保有量しか申告しなかったため、UNSCOM による査察が進むにつれてその不足分が明確になっていった。イラクはこれを認める代わりに、国連への通告なしに未申告分を一方的に破壊してしまった。そのため、２年ほどで検証が終わるはずだったものが長期化した。生物兵器については、イラクは当初開発も製造もしていない旨申告したが、1995年にサダム・フセイン大統領の娘婿がヨルダンに亡命したのをきっかけに開発製造を認めたため、さらに検証作業が長引いた。イラク側と UNSCOM の間で大統領宮殿の検証作業を巡る争いが深刻化したため、1998年３月にアナン事務総長が仲介して特別な査察が行われたが、イラクの非協力的態度が続いたため、アメリカは同年末にイラクを空爆し、UNSCOM の作業も中断した[17]。その後４年の空白があったが、2002年11月に UNSCOM を継承した国連モニター検証査察委員会（UNMOVIC）が査察検証作業を再開した[18]。しかし、アメリカは国連の作業完了を待たずに、2003年３月中旬にイラク戦争を開始した。

10．国連平和維持活動（PKO）の貢献

紛争の平和的解決で、国連の平和維持活動（PKO）は多くの紛争の解決に寄与してきている[19]。冷戦時代は主に国家間の戦争を収束させ平和的解決を目指すための一時的停戦監視活動として展開してきた。1948年から1987年までの間に13の国連 PKO が設立されたが、大きく分けて、停戦監視団と部

隊参加を含む平和維持軍と2つの活動があった。唯一の例外は、1964-65年に西イリアン（西ニューギニア）に派遣された国連治安部隊で、これは同地におけるオランダの撤退の後を受けて国連が暫定統治と治安維持のために文民警察部隊を派遣したケースである。停戦監視団は中東やカシミールなどに派遣されたが、平和維持軍を主体としたPKOは1956年のスエズ危機の処理に派遣されたのを始めとして、コンゴやキプロス、中東（シナイ半島、ゴラン高原、レバノン）などに派遣された。

　冷戦が終焉する1980年代後半からは、東西の政治的対立が解消したこともあり、アメリカとソ連・ロシアとの間の協調が高まり、国連PKO活動が飛躍的に伸びた。1988年にはイラン・イラク戦争終結のためのPKO（UN-IIMOG）や、ソ連のアフガニスタンからの撤退を監視し、アフガニスタンの平和への移行を支援することを目的としてPKO（UNGOMAP）が派遣されている。1989年から1990年にかけては、ナミビアの独立移行支援のためのPKO（UNTAG）が規模の大きい文民部門を含む支援を行った。文民部門は、選挙監視から人権の保護、難民の帰還、憲法の制定支援など広範囲にわたる活動だった。これを契機に、広範囲にわたる文民部門を含む第二世代PKO活動が多くなっていく。

　しかし、冷戦後の紛争は国家間の戦争というより内戦が多くなり、国連PKOも内戦処理に派遣されるケースが多くなった。もともと国家間の戦争処理の一環として展開してきたPKOは、中立、軽装備、武力の行使は自衛のためという原則の下に行動してきたが、これでは対応できない状況が出てきた。そのため、PKOに強制力を持たせる第三世代型（平和強制部隊）が出現したが、1993年にソマリアでのPKO（UNOSOM II）で失敗して以来、この概念は暫く適用されなかった。その後、2013年にコンゴ民主共和国東部、2016年に南スーダンでPKOに強制力を持つ部隊が導入されるという新たな形で登場することになる。

　1988年より2017年までの30年間に58の国連PKOが設立されたが、1948年から1987年までの40年間に設立された13の国連PKOと比べてもその約4.5倍となる。58のうち、国家間の紛争処理に活用された国連PKOは僅かに2つである。リビアとチャドの間のアオゾウ地帯の帰属をめぐり両国の間で長

年に渡って領土紛争があったが、1994年に国際司法裁判所の判決でチャドへの帰属が認められたため、同年国連が軍事監視団を派遣してリビア軍の撤退を監視したものである。

もう１つのケースは、エチオピアとエリトリアが国境を巡って1998年から2000年にかけて戦争をした後、その停戦監視に国連 PKO（UNMEE）が派遣されたものである。さらに、2000年のアルジェ協定で常設仲裁裁判所の下に国境画定委員会が設立されて、その裁定を両国とも受け入れることに合意した。この国境画定委員会の作業には国連の専門家も関わり、国連 PKO はその作業を支援した。裁定は紛争の原因になりエチオピアが占拠したバドメ地域はエリトリアに帰属するというものであったため、エチオピアはその裁定を受け入れなかった。これに反発したエリトリアは、国連 PKO にしだいに非協力的になり、その結果、国連は UNMEE を2008年に引き揚げた。

内戦処理のための国連 PKO は、当初停戦監視を目的として派遣されても、内戦そのものが収束しないケースとか、新たな内戦が勃発するとか、隣国が介入あるいは隣国に波及するケースもあり、困難を極めることも多かった。特に、ボスニア・ヘルツェゴビナの内戦は、国内のロシア正教のセルビア人、カトリックのクロアチア人、イスラム教のボスニア人（ボスニアック）という政治と宗教、民族が絡んだ戦争となり、さらに、隣国のセルビア主導の旧ユーゴスラビアとクロアチアがそれぞれの勢力を支援、「民族浄化」が起きるという複雑な状況の中で活動を強いられた。国連保護軍（UNPRO-FOR）が守っていた「安全地帯」の１つであるスレブレニツァでの大量虐殺が起きるに至って、北大西洋条約機構（NATO）が軍事介入することになり、アメリカ主導で和平が達成されることになった。

国連 PKO の展開中に新たな内戦が勃発した例としては、アンゴラや南スーダンが挙げられる。アンゴラはポルトガルの植民地だったが、1974年にポルトガルが統治を放棄して以来、国内の主導権を争う内戦が続いていた。政府側をキューバやソ連が、反政府勢力をアメリカや南アフリカがサポートする東西冷戦型の内戦になっていたが、冷戦終焉時にキューバ兵の撤兵監視に国連のアンゴラでの最初の PKO、国連アンゴラ検証団（UNAVEM I）が設立され、その後1991年に和平合意が成立し、1992年に国連監視の下に民主選

挙が実施されたが、反政府勢力の UNITA の党首ジョナス・サヴィンビが和平合意の履行の最終段階で反旗を翻したため内戦が再発した。この内戦は、2002年に政府側の勝利で幕を閉じる。

南スーダンの場合は、スーダン和平合意の下に2011年に南スーダンが国連の監視の下で行われた住民投票で独立を果たしたが、2013年にサルヴァ・キール大統領とリエク・マシャール副大統領との間の政治的対立で、キール大統領の率いる最大民族のディンカ派とマシャール副大統領のヌエル族との間の民族対立に発展して内戦となった。国連の PKO、国連南スーダン派遣団（UNMISS）は独立当初から南スーダンの国造りのために貢献していたが、内戦が長期化する中、両派間の武力衝突を防ぐことができず、国内避難民や難民への人道的支援や安全を守る任務にその役割が限定されている。

国連 PKO は、内戦型のさまざまな困難に遭遇しながらも紛争の平和的な解決に大きく貢献している例も多い。成功の原因はいくつもあるが、最大の要因は紛争当事者が紛争の平和的解決に強くコミットしていることである。さらに、和平の枠組みが当事者間の協定や関係国の協力でしっかりしていることが必要である。安全保障理事会の継続した確固たるサポート、周辺国のサポート、国連 PKO に任せられた任務が明確かつ限定的であることも重要な要因である。ナミビアやカンボジア、エリトリア、モザンビークなどが典型的な成功例である。

冷戦後の国連 PKO の特徴の１つに、暫定統治型の活動が表れたことがある。きわめて限定的な暫定統治は、1964-65年に西イリアン（西ニューギニア）でも行われたことがあるが、これは６か月の小規模のものだった。冷戦後最初の暫定統治は1992年から93年までカンボジアで行われたことはすでに述べた。さらに、1996年から２年間に渡り、クロアチアとセルビアの間でクロアチア内にある東スラボニアで国連の暫定統治が行われ、東スラボニアのクロアチアへの平和的な編入に貢献した。東スラボニアはセルビア系の住民が多いところで、クロアチアが旧ユーゴスラビアから独立宣言をした時に、クロアチアへの編入を望まないセルビア人が、セルビア人が中心のユーゴスラビア軍の支援を受けて武装蜂起して戦争になったところである。さらに、1999年から2002年にかけて、東ティモールで国連の暫定統治がなされた。カ

ンボジアの場合は主権の象徴たる最高国家評議会（政府）が存在し、国連の役割はその監督と政策決定権だったが、東ティモールの場合は、インドネシアが撤退した後、国連が政府の役割を果たした。しかし、暫定統治は、人的な面でも資金面でも大規模なものであり、国連が政府に代わって統治することにはかなりの困難が伴うため、それ以降、暫定統治のケースはない。

注
1）パリ協定には、カンボジアの当事者であるカンプチア人民共和国政府、FUNCIN-PEC、KNPLF、クメール・ルージュ（NADK）が署名し、さらに、オーストラリア、ブルネイ、カナダ、中国、フランス、インド、インドネシア、日本、ラオス、マレーシア、フィリピン、シンガポール、タイ、ソ連、英国、米国、ベトナム、ユーゴスラヴィアが署名した。国連カンボジア暫定統治機構（UNTAC、1992-93）の主な任務は、国家最高評議会（政府）の監督と指導、停戦監視、武装解除、難民帰還と定住促進、人権の保護、民主選挙の組織、管理、国の復興・再建（インフラ整備等）などだった。
2）United Nations, 2011 Highlights of the Security Council Practice.
3）国連派遣団（UNAMET）の役割については、Ian Martin, *Self-Determination in East Timor: The United Nations, the Ballot, and International Intervention*, International Peace Academy Occasional Papers Series, 2001 参照。
4）平和的手段の定義は Goodrich, pp.261-263参照。
5）"good offices" は、一般的には「計らい」「橋渡し」「周旋」などと訳される。
6）植木安弘、「南シナ海をめぐる仲裁裁判所裁定の詳細」、Japan-In-Depth、2016年7月16日、その1（http://japan-indepth.jp/?p=29037）、その2（http://japan-indepth.jp/?p=29039）。Permanent Court of Arbitation, "The South China Sea Arbitration (The Republic of Philippines v. The People's Republic of China)", https://pca-cpa.org/en/cases/7.
7）United Nations, "The United Nations Interagency Framework Team for Preventive Action," 2 July 2012.
8）Tanja Bernstein, "Operationalizing Conflict Prevention: Peace and Development Advisors in Non-mission Settings," Center for International Peace Operations, July 2017.
9）「早期予防外交」、「後期予防外交」という見方もできる。平井照水「予防外交の概念と意義」、森本敏・横田洋三編著『予防外交』国際書院、1996年、第1章参照。
10）United Nations, "United Nations Political Missions," Report of the Secretary-General, 13-45835.
11）"Mission to inspect civilian areas in Iran and Iraq which have been subject to military attack" Report of the Secretary-General, 安全保障理事会文書 S/15834.
12）第2回目の調査結果は安全保障理事会文書 S/15834、医師の報告書は、安全保障理事会文書 S/17127 and Add.1参照。
13）Matthew J. Ferretti, "The Iran-Iraq War: United Nations Resolution of Armed

Conflict," *Villanova Law Review*, Vol. 35, Issue 1, Article 3, 1990.

14) 総会と安全保障理事会文書 A/68/663–S/2013/73。

15) 安全保障理事会文書 S/2016/738。

16) 人権理事会文書 A/HRC/22/63。

17) 詳細は、Richard Butler, *Saddam Defiant*, Weidenfelt & Nicolson, London: 2000参照。バトラーは1997年から UNSCOM の委員長を務めた。

18) UNMOVIC の査察活動については、Hans Blix, *Disarming Iraq*, London: Bloomsbury, 2004参照。

19) 国連 PKO の活動に関する文献は多いが、代表的なものをいくつか紹介する。

United Nations, *The Blue Helmets: A Review of United Nations Peace-keeping*, Third Edition, 1996.

United Nations, *The United Nations Blue Books Series*, 1994年から1996年にかけて出版されたシリーズ。

国連のホームページの PKO ページにも過去と現在の国連 PKO の概略が掲載されている。

第8章　強制行動

　国連憲章は安全保障理事会に国際平和と安全の維持で第一義的な役割を与えており、国連の集団安全保障体制の中核となっている。憲章第7章下、平和に対する脅威、平和の破壊及び侵略行為に関する行動、つまり一連の強制行動は安全保障理事会に託されている。この強制行動は、憲章第2条7項で規定されている国連の加盟国に対する内政不干渉原則が当てはまらないものとなっている。そのため、安全保障理事会の権限はきわめて強固なものであり、常任理事国には大きな役割が与えられている。大国を中心とした国連の集団安全保障体制の特徴である。

1．国際平和と安全への脅威の存在決定

　安全保障理事会は、平和に対する脅威、平和の破壊または侵略行為の存在を決定し、国際の平和と安全を維持しまたは回復するために勧告し、武力を伴わない措置あるいは武力を伴う措置を決定することができる（憲章第39条）。

　何をもって脅威の存在や平和の破壊、侵略行為と判断するかは、きわめて政治的な判断、特に常任理事国の政治的な判断による。平和に対する脅威に関しては、脅威の存在そのものが即強制行動に繋がるわけではなく、平和的な解決を求める根拠ともなる（憲章第34条）。従って、平和的な解決を呼び

かけるか強制行動を取るかの政治的判断が求められることになる。

　平和の破壊は、国家が他の国家に対して何らかの形で武力が行使された場合となるが、実際にどのようなケースを平和の破壊と断定するかについては、共通の理解があるわけではない。1950年の朝鮮戦争勃発時には、北朝鮮の武力攻撃を安全保障理事会は平和の破壊と断定したが、この時は常任理事国のソ連が中国の代表権問題で抗議のために欠席していた。1990年8月、イラクがクウェートに軍事侵攻した時には、安全保障理事会は、これを国際平和と安全の破壊と断定した[1]。この時は、東西冷戦も終わり、地域大国が隣の小国を正当な理由なしに軍事攻撃したことに対して、国連憲章で守られている国家主権と領土保全の原則を犯したと理解された。しかし、このような平和の破壊への明確な言及は頻繁には起きていない。内戦の場合には、国内の統治体制崩壊であり、これを平和の破壊と規定することはしていない。

　侵略行為についても、それを定義しようとの動きは長年あったが、いまだ明確な定義はない。この侵略行為を国連憲章に挿入することを強く主張したのはソ連だった。1939年にナチス・ドイツとの間に不可侵条約を結んだソ連だったが、1941年にこれがドイツによって一方的に破棄させられた経緯があった。アメリカは当初平和の破壊という表現だけで十分対処できるとの態度だったが、ソ連の主張を受け入れた。ただ、それを定義することについては、すべての侵略行為を包摂するような定義は実用的でなく、勝手に解釈されて悪用される可能性があるとして反対した[2]。

　平和への脅威や破壊、侵略について、安全保障理事会の対応は一貫しているわけではない。特に、常任理事国自体が紛争に関わっている場合は、自国に不利な決議は拒否権で葬ることができるため、適切な対応が取れないことが多い。しかし、常任理事国が常に対立しているわけではなく、冷戦時代でもアメリカとソ連の利害が一致した場合には共同行動を取ることができた。中東戦争やカシミール紛争など、直接東西の利害が直接絡みあわないような事態では停戦監視や紛争当事国の軍の撤退、兵力引き離しなどの監視のために監視団や平和維持軍を派遣したりしている。冷戦後は、内戦の場合でも、これが国際平和と安全への脅威であると断定して強制措置を取るケースが多くなっている。内戦であっても、周辺国の平和と安全に大きな影響を与える

ともあり、また、周辺国や利害を持つ国が干渉する場合もある。内戦に関与する場合には内政不干渉原則を迂回する必要もあることから、内戦であってもこれが国際平和と安全にとって脅威であると断定されれば国連の関与が合法的となる。

憲章第7章下の強制行動を取るための決議を採択する時には、必ず前文に状況あるいは事態が国際平和と安全への脅威と断定する旨が記載される。また、強制行動を取る時には特定の条項に言及することもあるが、一般的には憲章第7章に言及することが多く、その分安全保障理事会は自らの行動の範囲を広げていることになる。また、当初国連と加盟国が特別協定を結んで各国の軍隊を国連の指揮下に置くことを想定していたにも関わらず、それが実現しなかったことにもよる。

2．暫定的措置

安全保障理事会は、強制行動を取る前に、国際平和と安全を維持あるいは回復するために勧告をすることができる。また、憲章第40条の下に、必要に応じて暫定的な措置を関係当事者に要請することができる。例えば、1990年8月に採択された決議660号では、憲章第39条と40条に言及して、イラクのクウェート軍事侵攻を非難するとともに、イラクに対してクウェートからの即時撤退を要求し、イラクとクウェートに対して両国の相違の解決のために即時交渉に入るよう呼び掛けている。

暫定的措置については、もともとは事態が強制行動を必要とするまで悪化するのを防ぐためのものとの意味もあったが、強制措置を取る前には必ず暫定的な措置を取らなければならないというものでもなく、むしろ現実には、安全保障理事会が早急な対応をするため、最初から第7章に言及して強制措置を取ることが多くなっている。

3．武力を伴わない強制措置—経済制裁

　強制行動には、武力を伴わない制裁、いわゆる経済制裁と、武力の行使の2つがある。憲章第41条では、安全保障理事会が武力を伴わない措置を要請、決定することができるとしており、そのような措置として、経済関係および鉄道、航海、航空、郵便、電信、無線通信その他の運輸通信の手段の全部または一部の中断並びに外交関係の断絶などを挙げている。実際には、武力を伴わない制裁の範囲はきわめて広く、対象国の状況によってその内容は異なる。

　経済制裁は、元々国連による武力の行使に至る前に非暴力的手段で紛争を解決させようとするものである。国際連盟では、戦争に訴える加盟国に対しては貿易や金融取引を断絶することを加盟国に義務づけていたが、1935年にイタリアがエチオピアに軍事侵攻した時は、そのような経済制裁を課したものの、列強の1つであるイタリアには有効に機能しなかった。国連の経済制裁は、「武力を伴わない措置」とすることによって、連盟の時よりもより柔軟に適用できるようになっている。

　経済制裁は1966年までは適用されなかったが、何度か提案された。例えば1946年には、1930年代のスペイン内戦に勝ち、ナチス・ドイツに中立の立場を取ったフランシスコ・フランコ政権に対し、ポーランドが外交関係の断絶を提案したが、安全保障理事会によって支持されなかった。1961年には、コンゴ問題でソ連がベルギーに対して経済制裁を提案したが、これも安全保障理事会で支持されなかった[3]。

　経済制裁が初めて課されたのは、1965年にイギリスの植民地の南ローデシア（今のジンバブエ）が一方的に独立宣言をした時のことだった。イギリスの要請で1966年に初めて経済制裁が課された。この時、南ローデシアは国連の加盟国ではなかったため、国連による初めての経済制裁は国連加盟国外の地域に課されることになった。南ローデシアは、少数白人が自治政府を運営していたところで、1964年に同じ地域にあるイギリスの植民地のニャサランドと北ローデシアがマラウィとザンビアとして独立したこともあり、1965年

に選挙でイアン・スミス政権が誕生してから独立宣言をしたものである[4]。イギリスはこれを違法として認めず、独立宣言後、安全保障理事会はスミス政権を非合法政権として認めないよう各国に呼びかけ、さらに、武器や軍事物資の供給停止や経済関係の断絶を勧告したが、この時の決議217号は憲章第41条にふれなかったため、その強制力については疑問が持たれた。翌1966年に安全保障理事会は決議232号を採択し、この時初めて第41条に言及して、経済制裁を課した。この制裁は、南ローデシアからの天然資源や産物の輸入禁止と武器や弾薬、飛行機や自動車、石油と石油製品の輸出禁止などだった。1968年には人道物資を除く輸出入品に制裁が拡大した。南ローデシアはその後多数黒人勢力が武力闘争に入り、1979年のランカスター合意を受けて、1980年にジンバブエとして独立することになる。

　国連の加盟国に対する初めての経済制裁は1977年に南アフリカに対して課された。この時の制裁措置は武器禁輸だった。南アフリカは国連の原加盟国だったが、白人少数政権がアパルトヘイト人種差別政策を採ったため、国連から非難されていた。1960年のシャープビル事件でデモに参加した黒人に多くの犠牲者が出ると、安全保障理事会は人種差別政策を廃止するよう呼びかけ、1963年には南アフリカへの武器等の輸出を停止するよう呼びかけたが、これは自主的なものだった。総会で多数を握り始めた途上国は安全保障理事会に南アフリカへの経済制裁を求めていたが、アメリカは「建設的」アプローチを主張し、これに抵抗していた。しかし、1977年アメリカで人権外交を重んじるジミー・カーターが大統領になってからそのアプローチが変わり、武器禁輸に限った制裁ではあったが、加盟国に対して初めての経済制裁が課された。

　冷戦後は、武力を伴わない制裁措置が多様な形で頻繁に課されるようになった。制裁の規模や種類からみると次のように大別できる。

　（1）包括的経済制裁
　（2）部分的経済制裁（武器、飛行、石油、ダイヤモンド、木材などの分野別）
　（3）外交制裁

（4）渡航制限や資産の凍結

制裁のターゲットから大別すると次のようになる。

（1）国全体
（2）国家の指導者・指導層
（3）特定の個人や企業
（4）テロ組織

4．包括的経済制裁

　国連による本格的な加盟国に対する経済制裁の適用は、1990年8月イラク
のクウェート軍事侵攻と併合から始まった。地域の大国が隣国の小国を一方
的に軍事的に攻撃し併合することは明白な国際法違反と受け止められた。国
連憲章で規定されている国家主権の尊重と領土保全の原則が破られたのであ
る。イラン・イラク戦争でイラクを支援していたアメリカであったが、この
イラクの一方的軍事行動はアメリカも非難することとなり、その他の安全保
障理事会の常任理事国も同様の立場を取った。安全保障理事会は、事態の深
刻さから決議661号でイラクに対して包括的な経済制裁を課した。この制裁
は、イラクに対して大きな圧力をかけると同時に、もし経済制裁が現状を打
破できない時には、憲章に従って、武力の行使に踏み切る根拠にもなった。
　イラクは石油産出国で、国家財政の主要財源が石油の輸出からあがる収益
だった。包括的制裁は石油の輸入禁止に加えて、資金、金融、経済資源の供
給禁止を含んだ。医薬品などの人道物資は制裁の対象から外されたが、金融
取引が禁止されたことにより、人道物資さえも容易には輸出できないように
なった。これらの措置が履行されているかどうかフォローアップするため
に、イラク制裁委員会が安全保障理事会の下部機関として設立された。イラ
クにとって石油収入の財源が断たれるのはきわめて厳しいことだったが、イ
ラクの行動を覆すことはできなかった。イラクは逆にイラクやクウェート在

第8章　強制行動　125

住の外国人を人質に取ったため、国連は当時人事担当のコフィ・アナンをイラクに送り、人質解放の努力を行った。結局、安全保障理事会は1990年12月の決議678号で、「いかなる必要な措置」を取ってでもクウェートの主権と領土を回復するよう加盟国に要請し、翌年1月15日を期限としてイラクに迫った。最終段階で、デクエヤル事務総長が最後の説得にイラクを訪問したが、イラクの態度は変わらず湾岸戦争が勃発した。3月にはイラクがクウェートからの撤退を余儀なくされ、停戦を受け入れた。安全保障理事会は、決議687号で、停戦の条件として、イラクが大量破壊兵器を破壊することなどを受け入れさせたが、イラクが申告をごまかしたために、大量破壊兵器の査察が遅れ、当初2年くらいで経済制裁が解かれるのではないかとの予想に反して長引くことになる。

　次の包括的経済制裁は、ユーゴスラビア解体で起きた戦争に対して、セルビアを中心とした新ユーゴスラビア（ユーゴスラビア連邦共和国：セルビアとモンテネグロで構成）に対して課された[5]。ボスニアでの内戦に直接関与し、安全保障理事会の停戦遵守要求を無視してセルビア人勢力を支援しながら他の民族を強制的に国外に追放している（後の「民族浄化」議論に繋がる）との理由だった。制裁は、貿易、金融、経済、航空、越境輸送、外交団削減、スポーツ参加の禁止などを含んだ。人道的物資は除外された。また、経済制裁をフォローアップするために、制裁委員会が設立された。ユーゴスラビアの場合も、経済的には大きなダメージとなったが、それ自体で紛争の解決には繋がらなかった。

　イラクの場合は経済制裁が長引き、民生に大きな影響を与えるようになったため、国連が批判されるようになった。安全保障理事会は、1995年に人道支援を目的とした「石油と食料交換計画」を策定し、国連とイラクの間で交渉がなされて1996年末に実施に移された。ユーゴスラビアの場合も経済や民生に大きな影響が出たが、経済制裁そのものだけで紛争の解決には繋がらず、最終的にはNATOの軍事介入で和平が達成される。

　このように、包括的経済制裁は、一般の国民をも巻き込む集団的処罰のような形になったため、その後経済制裁の対象を国家の指導者や責任のあるグループに絞った形の「スマート制裁」（第6節参照）が頻繁に適用されるよ

うになった。

5．部分的経済制裁

　特定の分野に絞った加盟国への経済制裁は、1977年の南アフリカに対する武器禁輸が最初だったが、冷戦後は、1992年のリビアに対する制裁から始まる[6]。これは、1988年に起きたイギリスのロッカビー上空でのパンナム機103号爆破事件と1989年に起きたチャド上空でのフランスのUTA機爆破事件で、リビア政府の関与が指摘された国家テロ事件である。リビア政府が容疑者に関する情報や逮捕に非協力的だったため、制裁に踏み切ったものだ。安全保障理事会決議748号では、リビアにおける航空機離発着禁止、武器禁輸、外交団の削減の措置を取った。この制裁措置は、リビア政府側が被害者への補償に応じたため、2003年に解除された。

　1993年には、1990年にハイチで行われた民主選挙で選ばれたジャン＝ベルトラン・アリステード大統領が1991年のクーデターで倒れ、アリステード大統領の地位の回復を拒む軍部政府に対して経済制裁が課された。この制裁では、武器の禁輸と人道目的以外の石油と石油製品の禁輸、軍政権に対する資金の提供禁止がなされた。この制裁措置は、翌年アリステード大統領の地位回復に伴って解除された。

　アンゴラでは、1992年の和平合意に基づく民主選挙の実施後、敗北したアンゴラ全面独立民族同盟（UNITA）が和平合意を履行しなかったため、UNITAに対してのみ経済制裁が課された。制裁の内容は指導層の渡航禁止、資産凍結、諸外国の外交事務所の閉鎖にダイヤモンド禁輸が加わった。UNITAはダイヤモンド鉱山を保有し、その収入で武器を購入していた。この制裁に反発したUNITAは戦闘を再開したが、南アフリカのダイヤモンド企業が取引を停止してからUNITAの戦闘能力が衰え、2002年にUNITAの指導者、ジョナス・サヴィンビが殺害され、政府側が勝利した。この後、制裁措置は解除されている。

　ダイヤモンド制裁はシエラレオネの内戦でも適用された。シエラレオネへ

の制裁は、当初1997年に起きた軍事クーデターに対して、石油や武器の禁輸、軍事指導層への渡航禁止が課されたが、西アフリカ経済共同体（ECOWAS）のPKO部隊（ECOMOG）の介入によって翌1998年文民政権が回復すると解除された。しかし、以前の軍事政権や革命統一戦線（RUF）が反政府軍事行動に入ったため、今度はこれらの反政府勢力に対して同様の制裁措置が取られた。1999年にはロメ和平協定が結ばれいったん状況は沈静化したが、RUFは2000年5月に和平協定を無視して首都のフリータウン制圧に乗り出し、国連PKO（UNAMSIL）要員を拘束する事件も起きた。これに対しては、イギリスが軍事介入して首都と政府を守った。7月には、RUFが資金源としていたダイヤモンドに対して安全保障理事会が制裁を課した（決議1306号）。

　RUFは隣国リベリアのチャールズ・テイラー大統領に支援されていたため、2001年には今度はリベリアに対して経済制裁を課し、RUFからのダイヤモンド原石の輸入を禁止するとともに、資金の凍結や飛行禁止、武器の禁輸、渡航制限などを課した（決議1343号）。さらに、2003年には、リベリア産の原木や材木の輸入禁止を追加した。2002年にはリベリア内戦における戦争犯罪等を裁くための国際特別法廷が国連の支援で設立され、2012年にテイラー大統領は訴追されることになる。リベリアの隣国コートジボワールでも、内戦後の停戦や和平協定促進の一環として2005年にダイヤモンド制裁が課された（決議1643号）。

　武器の禁輸は、冷戦後頻繁に適用された経済制裁の手段である。内戦の激化を防ぎ、停戦そして和平プロセスに紛争当事者を導く1つの手段であるが、内政に干渉することになるため、憲章第7章下の経済制裁措置となる。武器には闇取引市場があり、特に小火器では輸出規制をするのはそう簡単なことではない。そのため、ダイヤモンドのような資源を資金源にできれば、武器を入手するのはそれほど難しいものではない。また、周辺国が政治的あるいは経済的な利害を持つ場合には、周辺国からの武器の禁輸を徹底するのは難しい。しかし、戦争に武器は不可欠なため、その武器の調達を制限しようとする努力は必要なものとなる。安全保障理事会は、1998年に事務総長のアフリカにおける紛争の原因に関する報告書を受けて、武器の違法取引に関

する深刻な懸念を表明し、加盟国に違法取引の取り締まり強化を促している（決議1209号）。

　テロ組織を対象にした経済制裁は、1999年に初めて間接的な形で行われた。1998年8月にケニアのナイロビとタンザニアのダレッサラームにあるアメリカ大使館が爆弾テロに遭い、多くの犠牲者が出た。アメリカはその首謀者をアルカーイダの指導者ウサマ・ビン・ラディンだと断定したため、安全保障理事会はビン・ラディン等をアフガニスタンのタリバン政権が匿っているとして、その引き渡しを要求したが聞き入れられなかったため、1999年にタリバン政権に対して資金や金融資産の凍結や飛行制限を課した。アルカーイダはその後2001年9月11日にアメリカのニューヨークやワシントンなどで民間飛行機を使ったテロ事件（9.11）を起こした。これに対し、アメリカは「テロ戦争」を始め、2001年末までにタリバン政権が倒れることになるが、9月末には安全保障理事会決議1373号を採択して、テロ組織に対する金融制裁を課した。そして、そのフォローアップに制裁委員会を設立した。

　テロ組織が大量破壊兵器を入手するのを防ぐため、安全保障理事会は2004年の決議1540号で、各国に対して必要な国内措置を取るよう要請し、そのフォローアップに制裁委員会を設立した。アルカーイダとウサマ・ビン・ラディン、タリバン等に対しては、2005年に新たな決議で金融制裁や渡航禁止、武器禁輸などの措置を取っている（決議1617号）。

　外交団の削減は、リビアや外国に事務所を構えていたアンゴラの反政府勢力のUNITAに対して課されたが、外交関係を縮小するのは、二国間でもよく行われるケースである。対象国の外交活動を制限する、あるいは対外事務所を閉鎖させることにより、対象国の対外活動に影響を与えるものである。一般的にシンボリックな外交的措置であるが、UNITAの場合にはそれまでサポートを受けていたアメリカなどへの政治的外交的働きかけができなくなる事態となった。

6．制裁委員会

　1966年から2016年まで26の経済制裁が課された。ほとんどの場合、制裁の
フォローアップのために制裁委員会が設けられ、さらに、制裁委員会を補佐
する専門家グループが設置されている。2017年現在、14の制裁と制裁委員会
が存在し、10の専門家グループが補佐している。制裁委員会は、安全保障理
事会のメンバーが全て参加しており、その委員長は常任理事国以外の理事国
が務めている。副委員長は他の非常任理事国2か国が務める。

　制裁委員会の役割は、それぞれの制裁が加盟国によって履行されているか
どうか、加盟国からの報告に戻づいて審査し、安全保障理事会に報告するこ
とである。

　実際、制裁の履行をモニターする能力は常任理事国、その中でも特にアメ
リカやイギリスが持っており、制裁委員会はそのような国家の協力に頼らざ
るを得ない。資産の凍結といった金融面では、大きな金融市場を持つ先進国
が大きな影響力を持つし、武器の取引ではアメリカやロシアなどが大きな役
割を果たしている。情報の収集に関しては、専門家グループの役割が大き
い。専門家グループは個人の資格で採用されるが、それぞれの分野における
専門家である。ただ、情報の収集には各国家の協力が必要である。

　2017年時点での制裁委員会には次のようなものがある。設立された決議と
年に基づいている。

- ソマリア・エリトリア制裁委員会：ソマリア（1992年、武器禁輸。2013
  年に部分的に解除、政府は除外）とエリトリア（2009年、武器禁輸、資
  産凍結、渡航禁止）
- ISIL（アラビア語ではダイシとも呼ばれる）・アルカーイダ制裁委員会、
  アルカーイダと関連組織と個人委員会：決議1267号（1999年）、決議
  1989号（2011年）、決議2253号（2015年）―武器禁輸、資産凍結、渡航
  禁止
- 決議1518制裁委員会（2003年）：イラク（1990年の661制裁委員会を踏

襲）―武器禁輸、資産凍結

- コンゴ民主共和国制裁委員会：決議1533号（2004年）―武器禁輸、渡航禁止、非国家組織や個人の資産凍結
- スーダン制裁委員会：武器禁輸、渡航禁止、資産凍結（ダルフールでの紛争に関連）
- 決議1636号制裁委員会：決議1636号（2005年）―渡航禁止、資産凍結（レバノンにおけるラフィク・ハリリ首相暗殺容疑者が対象）
- 決議1718号（北朝鮮）制裁委員会：決議1718号（2006年）―武器禁輸、大量破壊兵器関連物資禁輸、贅沢品禁輸、臨検、渡航禁止、資産凍結、金融サービス禁止、化学技術協力、石炭の輸入制限、石油の輸入制限、繊維者輸入制限、外国での労働者の労働ビザ更新禁止、他
- リビア制裁委員会：決議1970号（2011年）―武器禁輸、渡航禁止、資産凍結
- 決議1988号制裁委員会：決議1988号（2011年）―武器禁輸、渡航禁止、資産凍結（タリバンに所属する個人や団体が対象で、ISIL・タリバン制裁委員会の対象リストのうちタリバン対象を分割したもの）
- ギネア・ビサウ制裁委員会：2012年のクーデターに関与した者への渡航禁止
- 中央アフリカ共和国制裁委員会：武器禁輸、渡航禁止、資産凍結、2014年（例外有）
- 決議2140号制裁委員会（イェメン）：決議2140号（2014年）―資産凍結、渡航禁止
- 南スーダン委員会：決議2216号（2015年）―渡航制限、資産凍結

　経済制裁の一般的傾向として、紛争の拡大を防ぐために、武器の禁輸措置が取られることが多い。また、紛争当事者や軍事クーデターといった超法規的行動を取った指導者に対して、資産の凍結や渡航禁止措置を取ることが多い。これは、政策を決定する権限を持つ者を対象とした「スマート制裁」であり、近年は、一般市民に大きな影響を与える包括的な経済制裁ではなく、スマート制裁を用いることが多くなっている。

第8章 強制行動 131

制裁者の対象として特定の個人やグループ、企業などがリストに載せられるが、場合によっては、同性同名の別な人がリストに載せられてしまうことがある。そのため、安全保障理事会は、間違ってリストに載せられた人を外すことができるようにした。除外措置（De-listing）と呼ばれるもので、決議1730号（2006年）により、対象リストから制裁対象の個人を除外する担当者（focal point）を任命した。苦情を訴える場合には、その担当者に連絡し、審査を受けてシロと出れば対象リストから外されることになる。

任務を終えた制裁委員会には次のようなものがある（対象国、地域リスト）。

・イラン、決議1737号（2006年）：大量破壊兵器関連物資、通常兵器、渡航禁止、資産凍結、決議2231号（2015年）で2016年1月に終了
・コートジヴォアール：武器禁輸、渡航禁止、資産凍結、ダイヤモンド制裁（例外あり）、決議2283号（2016年）で終了
・シエラレオネ、決議1132号（1997年）で設立、2010年9月29日、決議1940号（2010年）で終了
・ルワンダ、決議918号（1994年）で設立、2008年7月10日、決議1823号（2008年）で終了
・リベリア、決議1343号（2001年）で設立、2003年12月22日、決議1521号（2003年）で終了
・エリトリア・エチオピア、決議1298号（2000年）で設立、2001年5月15日安保理議長声明で終了
・コソボ、決議1160号（1998年）で設立、2001年9月10日決議1367号で終了
・リベリア、決議985号（1995年）で設立、2001年3月7日終了
・アンゴラ、決議864号（1993年）で設立（反政府勢力 UNITA への制裁措置をモニター）、2002年12月9日決議1448号（2002年）で終了
・ハイチ、決議841号（1993年）で設立、1994年9月29日、決議944号（1994年）で終了
・ユーゴスラビア、決議724号（1991年）で設立、1996年10月1日、決議

1074号で終了

・リビア、決議748号（1992年）で設立、2003年9月12日、決議1506号で
終了

・南アフリカ、決議421号（1977年）で設立、1994年5月26日、決議919号
で終了

・南ローデシア、決議253号（1968年）で設立、1979年12月21日、決議460
号で終了

7. 経済制裁の効果

　経済制裁が実際どのような効果があるかは、個々のケースを分析しなければならない。経済制裁は一般的にすぐに効果が見えるものではないため、どの程度の効果があるかは、対象国における影響の大きさ、加盟国の協力の度合い、対象国が制裁を切り抜ける能力がどのくらいあるか、などによる。

　例えば、南アフリカに対する武器禁輸の場合、南アフリカの白人政権は、ダイヤモンドや金の輸出などのために資金が豊富にあり、また、経済発展のレベルも高かったため、武器を輸入から自国での生産に切り替えた。また、イスラエルなどとの貿易を通じて、制裁の効果を薄めた。武器禁輸そのものはあまり効果がなかったが、加盟国への経済制裁措置は政治的にはかなりシンボリックなものだったと言える。

　対象国が外貨収入源を特定の産物の輸出に頼っている場合などは、比較的に効果が出やすい。例えば、リビアの場合などは、石油の輸出が外貨獲得の大きな収入源だったため、要求された民間機爆破事件の容疑者を犠牲にする方が国家の利益になると考えた。また、時間はかかったものの、犠牲者への補償に応じたことが制裁の解除に繋がった。イラクの場合は、制裁が効果を表す前に軍事行動が取られたため、軍事行動前の制裁の効果を図ることは難しいが、経済制裁を課すことが軍事行動を正当化する手段に使われたと言える。これは国連憲章の第7章で想定している段階を踏んだことになる。

　アンゴラの反政府勢力UNITAやシエラレオネの反政府勢力RUFに対し

て取られたダイヤモンド制裁に関しては、相当の効果があったと言える。彼らの軍資金、武器の調達資金が原ダイヤモンド貿易から生ずる収入だったため、その資金源が断たれることにより徐々に勢力を落としていった。また、ダイヤモンド原石の産出先が特定できることや、ダイヤモンド産業や企業、関係国が協力したことが大きかった。この協力は、「キンバリー・プロセス証明計画」と呼ばれ、2000年の国連総会でその創設が支持され、安全保障理事会も2003年の決議1459号で支持している。

　北朝鮮に対する経済制裁は、北朝鮮の核兵器や長距離ミサイルの開発に応じてその対象がしだいに拡大していったが、北朝鮮の開発を止めるまでには行っていない。その理由にはいくつものことが考えられる。まず、北朝鮮自体が、核兵器と長距離ミサイルの開発を自国の安全保障を守る唯一の手段として他のことを犠牲にしても進めたことがある。また、北朝鮮の崩壊を望まない中国が影響の大きい経済制裁を課すことに協力的でなかったことがある。アメリカの圧力もあり、中国も徐々に協力しはじめたが、それは部分的かつ段階的なものであった。その間に、北朝鮮は全力で核とミサイル開発に進んだのであった。また、制裁破りの行動が多々見られたこともある。北朝鮮自体が各種の制裁逃れ行動を取ったことに加えて、他国や他国の企業が制裁を無視して北朝鮮との闇取引をしていたことも制裁の効果を弱めることに繋がった。

8．武力の行使

　国連の集団安全保障体制の中核にあるのが、武力の行使を容認する第7章である。そして、具体的には憲章第42条でそれが明確に規定されている。

> 「第41条に定める措置では不充分であろうと認め、又は不充分なことが
> 判明したと認めるときは、国際の平和及び安全の維持又は回復に必要な
> 空軍、海軍または陸軍の行動をとることができる。この行動は、国際連
> 合加盟国の空軍、海軍又は陸軍による示威、封鎖その他の行動を含むこ

とができる」。

　国連創設当時想定された集団安全保障体制は、憲章第7章に規定されているように、国連と加盟国が特別協定を結び、集団的に安全保障を守る必要が出てきた時に、各国がどのような兵力や支援、あるいは便宜が図れるかを予め明確にしておくというものであった（第43条）。また、軍事参謀委員会を設置して、各常任理事国の参謀総長あるいはその代表を中心に兵力の使用や軍事作戦を用意させ、その勧告に基づいて安全保障理事会が政治的な決定を行う、というのが筋書だった（第47条1項）。しかし、冷戦で東西対立が激化する中、軍事参謀委員会は設立されたものの、国連と各国との特別協定は結ばれず、当初の構想は実現しなかった。そのため、国連の集団安全保障行動は、アドホックな形で進展することになる。つまり、常任理事国がどのような形で協同行動を取れるかによってその形が変わっていったということである。国連が集団安全保障行動を取れるかどうかは、結局のところ、安全保障理事国の政治的判断に任されることになる。

　第42条は、武力の行使という強制行動を取る場合として、経済制裁では不十分であろうと認識した時を挙げているが、これは必ずしも経済制裁を取ってからでないと武力が行使できないというわけではない。しかし、経済制裁が不十分であることが判明した場合というのは、実際にそのような経済制裁が取られた時となる。従って、経済制裁と武力行使の関係には実際にはかなりの曖昧さがあるが、これは安全保障理事会の政治的判断に柔軟性を持たせたものとも言える。そのため、実際に武力の行使を含む行動を取る時には、第42条に言及するよりも、第7章全体に言及することがほとんどである。

　また、第7章下の決議を採択した時には、加盟国は安全保障理事会の決定を履行する義務がある（第25条）にも関わらず、実際に履行するかどうか、履行する場合にはどのように履行するかは加盟国に任されている。例えば、朝鮮戦争の時、アメリカ指揮下の「統一指令部」に戦闘部隊を提供した国の数は、59の加盟国のうち16か国で、5か国が医療チームを派遣した。総計53か国がいろいろな形で協力したが、ソ連やその影響下にある国々は協力しなかった。イスラエルのパレスチナ占領地でのユダヤ人植民地区の設置や入植

第8章　強制行動　135

者の増加などに関しては、安全保障理事会は時々アメリカの支持も得て、そのような措置は国際法違反であるとしてイスラエルに政策の変更を要求することがあるが、イスラエルはそれを無視している。それに対して、安全保障理事会がイスラエルに対して懲罰的な行動、例えば経済制裁とか武力行使を含む強制行動を取るといったことはしていない。そのような行動にはアメリカの支持が得られないからである。

　安全保障理事会が憲章第7章下の強制行動を取った時、それによって経済的に直接的あるいは間接的に影響を受ける国が出てくる場合がある。そのような場合には、影響を被る国は安全保障理事会に対して救済措置を求めることができる（第50条）。

　国連憲章下で武力の行使が認められているのは、第7章下の強制行動と、同じ第7章の第51条に規定されている個別的と集団的自衛の権利である。また、第8章の地域機関や取極めに関する第53条の下でも、旧敵国に対して安全保障理事会の許可なく強制行動が取れることになっている。

9．個別的、集団的自衛の権利

　個別的な自衛権と集団的な自衛権は、国連憲章下の集団安全保障体制と矛盾が生じない形で捉えられている。

> 「この憲章のいかなる規定も、国際連合加盟国に対して武力攻撃が発生した場合には、安全保障理事会が国際の平和及び安全の維持に必要な措置をとるまでの間、個別的又は集団的自衛の固有の権利を害するものではない」。（第51条前半）

　ここで留意すべき点は、安全保障理事会による集団安全保障措置が取られるまでは、他国の攻撃に対して個別の、あるいは集団的な自衛権を発動して対応することができることである。国連創設時の議論で、当初は個別的、集団的自衛権に関する言及はなかったが、ラテンアメリカ諸国が、自らの地域

レベルの自己防衛の権利がなくなり、安全保障理事会の権利だけが強大なものになることに懸念を示したことにより、受け入れられたものである。個別の自衛権については、すでに国際的に受け入れられていた概念が成文化したことになる。集団的自衛権については、一国に対する武力攻撃は他の同盟国への攻撃とみなし、集団でこれに対処するものである。冷戦の影響で安全保障理事会を中心とした国連の集団安全保障体制が想定通り機能しなかったため、地域的軍事機構や二国間の安全保障体制が設立されていく。冷戦が激化した1950年から1955年までの間に、アメリカはフィリピン、日本、オーストラリアとニュージーランド、韓国、中華民国と二国間の安全保障条約を締結しており、地域的な集団的防衛機関としては、米州間相互援助条約（リオ条約）、ブリュッセル条約（イギリス、フランスとベネルックス三国、後にドイツとイタリアが加わる）、北大西洋条約機構（NATO）、アラブ連盟諸国による共同防衛経済協力条約や、東南アジア条約機構（SEATO）、バグダッド条約（トルコ、イラク、イラン、パキスタン、イギリス）、ソ連と東欧諸国から成るワルシャワ条約機構などが結成された。

　憲章の条項の中で、個別的、集団的自衛権は「固有の権利」として規定されているが、個別的な自衛権は主権国家が自らを守る当然の権利であるため、集団の場合はその延長にあると考えられる。ただ、自衛の範囲を巡っては議論の余地がある。軍事攻撃の脅威が存在する場合に、自衛権を発動できるかという問題である。自衛権が行使できる要件として、脅威が実在し、しかもそれが身近に迫った時に正当化できるが、その場合の判断が難しいものとなる。特に核兵器の場合には攻撃を受けてから対応するのでは遅いため、核攻撃の脅威が顕在化した時点で自衛権を行使できるか、つまり、先制攻撃をできるかとの問題がある。1962年のキューバミサイル危機では、キューバにソ連の核ミサイルが配置された場合にはアメリカへの直接の脅威となりうるため、ジョン・F・ケネディー大統領は核戦争も辞さないことを表明した結果、ウ・タント事務総長の仲介もあって、ソ連側が核ミサイルの引き上げに同意した。

　1967年の第三次中東戦争は、エジプトがシナイ半島に展開していた国連緊急軍（UNEF）の撤退を要求し、これをウ・タント事務総長が受け撤退させ

る時点でエジプトがイスラエル攻撃を準備していることが明確になり、イスラエルはエジプト軍に対して先制攻撃をした。これはイスラエルの自衛権の行使として正当化された。

2001年に起きたアメリカでの同時多発テロの後、ジョージ・W・ブッシュ大統領は、テロの首謀者であるアルカーイダとその庇護者であるアフガニスタンのタリバン政権に対して「テロとの戦争」を開始したが、その時アメリカの軍事攻撃の法的根拠にされたのが、アメリカの自衛権であった。アルカーイダの場合、アメリカを敵として定義しており、1998年のナイロビとダレッサラームでのテロ攻撃と2001年のテロ攻撃の対象がアメリカであり、テロ組織がアメリカに対してさらなるテロ攻撃を行う前に、その拠点を先制攻撃するというものである。2001年の場合にはアメリカ本土が攻撃にあったことから、アメリカの軍事行動には国際的な支持があったが、2003年のイラク戦争の時には、イラクのサダム・フセイン政権とアルカーイダとの連携やイラクが大量破壊兵器を保持あるいは開発しているかについて明確な答えが出る前に軍事行動に入ったため、国際社会を二分する論争となった。イラク戦争後、そのような連携や大量破壊兵器の保持はなかったことが判明し、アメリカの先制軍事攻撃に対する批判が高まった。しかし、その後、アルカーイダに加え、ISIS（ISIL、アラビア語ではダーイシュ）が登場し勢力を伸ばしたため、「テロとの戦争」は継続している。

憲章第51条の後半は、「この自衛権の行使に当って加盟国がとった措置は、直ちに安全保障理事会に報告しなければならない。また、この措置は、安全保障理事会が国際の平和および安全の維持または回復のために必要と認める行動をいつでもとるこの憲章に基く権能及び責任に対しては、いかなる影響も及ぼすものではない」としており、安全保障理事会は、理論的には自衛権が正当に使われたかどうか議論することができることになる。さらに、安全保障理事会が集団的安全保障措置を取る場合には国家の自衛権によって制約されないということになる。つまり、安全保障理事会の権限と責任は残ることになる。

10. 多国籍軍の活用

　集団安全保障体制で想定された国連と加盟国との間の特別協定が締結され
なかったことにより、国連はその他の方法でアドホックに平和への危機に対
処せざるを得なかった。武力の行使は、結局のところ加盟国の軍事力に頼ら
ざるを得ず、そのために安全保障理事会が憲章第7章下加盟国に対して武力
の行使を「授権する」形を取るようになった。こうして生まれたのが多国籍
軍である。

　最初の多国籍軍は、朝鮮戦争勃発時に設立された。この時はソ連が安全保
障理事会をボイコットしていたこともあり、アメリカ主導の形で武力行使が
容認されただけではなく、アメリカの指揮権の下に統一指令部を設立し、そ
のもとに各国が軍事その他の支援を行うこととなった。また、統一指令部は
国連旗を使用することが認められたため、統一指令部は国連軍と呼ばれるこ
ともあるが、正確には多国籍軍である。多国籍軍に国連旗の使用が認められ
たのはこれ1回だけである。ソ連が安全保障理事会に復帰してからは、冷戦
中多国籍軍が設立されることはなかった。国連のPKOに対して、自衛のた
めに武力の行使を容認する程度だった。これが大きく変わるのが、冷戦後で
ある。

　1990年8月のイラクのクウェートへの軍事侵攻、併合を受けて、クウェー
トやサウジアラビアなど湾岸諸国は、各々の集団的自衛権の下に、アメリカ
に対して支援を求めた。アメリカはこれに応じて湾岸地域に兵力を増強させ
たが、イラクが国連の要求に応じてクウェートの主権と領土を回復させない
時には武力の行使も辞さない立場を取って準備していた。イラクによる人質
問題がいったん落ち着いてから、安全保障理事会は1990年12月に決議678号
を採択して、イラクに対して翌年1月15日までの期限を与え、それまでに要
求に応じない場合には加盟国に対して「いかなる必要な措置」を取ってでも
クウェートの主権と領土を回復すると決議した。そして、期限前のデクエヤ
ル事務総長の最後の説得が受け入れられなかった後、安全保障理事会の「授
権」をベースにアメリカ主導の連合国による多国籍軍がイラクへの武力行使

を始めた。約2か月後、イラクは停戦を求め、連合軍はイラクの大量破壊兵器廃棄や他の条件の受け入れと交換に停戦に応じた。そして、それは安全保障理事会決議第687号で成文化された。

イラクの次はソマリアであった。ソマリアは1991年初めにシアド・バーレ独裁政権が内戦で倒れた後、氏族（クラン）間で権力闘争が起きていた。ちょうどその頃ソマリアは大旱魃に見舞われ、多くの人が飢餓で死亡する状況が起きた。これを当時唯一の24時間テレビニュース番組のCNNが報道した結果、アメリカ内で人道的支援の声が上がり、1992年末、ジョージ・H・W・ブッシュ大統領（ジョージ・W・ブッシュ大統領の父）は、安全保障理事会の授権を得て多国籍軍、ソマリア統一タスクフォース（UNITAF）を現地に派遣した。この時は、ソマリアの停戦監視のために国連のPKO（UNOSOM）が設立されていたが、有力氏族のモハメッド・ファラー・アイディード将軍の抵抗に会い、その機能が果たせていなかった。アメリカは、多国籍軍の派遣は人道支援組織の保護であることを各派に説得して、武力抵抗なくソマリアに入った。こうして人道危機は回復の方向に進んだが、その後、国連のPKO（UNOSOM II）により強力な強制行動権限が与えられ、アメリカもその支援にレンジャー部隊を派遣したが、アイディード派との武力衝突でレンジャー部隊に大きな犠牲が出ると撤退の決断をした。それは国連PKOの失敗を告げるもので、それ以降アメリカは、クリントン大統領の大統領令25号で国連PKOへの参加をきわめて限定したものにしてしまう。それが、1994年にルワンダで起きた大量虐殺（ジェノサイド）に影響を与えていく。

多国籍軍は、その後もハイチやルワンダなどで結成されるが、国連にとって大きな成果に繋がる多国籍軍の結成は1999年に東ティモールで起きた。国連の政治派遣団（UNAMET）による東ティモールの将来を決める住民投票が行われ、インドネシアとの併合案が拒否された後、インドネシア軍に後押しされた武装民兵組織が騒乱を起こした。この状態を収束させ安定化させるために、安全保障理事会からの授権の下に（決議1264号）、オーストラリアを中心とした多国籍軍となる東ティモール国際軍（INTERFET）が結成された。INTERFETは1999年9月中旬から2000年2月までにその任務を終

え、国連の東ティモール暫定行政機構（UNTAET）に引き継がれた。

国連が地域軍事機関であるNATOに支援を求めたことが何度かある。最初はボスニア・ヘルツェゴヴィナの内戦で起きた。この時は、すでに国連保護軍（UNPROFOR）が停戦監視のために展開していたが、最初それを補うために海上での支援から始まり、1992年末に安全保障理事会が決議782号でボスニア上空に「飛行禁止区域」を設置したため、その監視が目的だった。しかし、ボスニアの内戦が激化するにつれ、UNPROFOR支援をさらに強化するため、「空からのサポート」と「航空攻撃」の権限が与えられた。1995年7月には安全保障理事会が設置した6つの「安全地帯」のうちの1つのスレブレニツァがボスニアのセルビア勢力によって制圧され、7000人から8000人くらいが集団殺害された[7]後、セルビアに対して軍事攻撃を行い、アメリカのデイトンでの和平合意に結び付けた。ボスニア内戦終了後、デイトン和平協定の履行には、NATOが国際軍（IFOR、その後SFOR）として平和維持を行うことになり、国連のPKO（UNMIBH）は、警察業務や文民分野での支援に回ることになる。

NATOは、1999年のコソボ紛争では、ロシアによる抵抗から安全保障理事会からの授権なく、セルビアを中心とした新ユーゴスラビアを軍事攻撃した。その後の和平協定では、平和維持のためにNATOがKFORとしてコソボに展開する。NATOは、さらに、2001年末のタリバン政権崩壊後、初めて域外のアフガニスタンにも展開し、ボンでの合意の下に、安全保障理事会によって授権された多国籍軍、国際治安支援部隊（ISAF）の中核を占めた。そして、一時その指揮権も委譲された。ISAFは2014年にその任務を終えている。また、2011年には「アラブの春」で影響を受けたリビアで、反政府勢力を守るために安全保障理事会が「保護する責任」の下で初めてリビア政府に対する強制行動を呼びかけた[8]。これにはアラブ連盟の要請もあった。具体的にはリビア上空に飛行禁止区域を設け、その実施をNATOが委任するというものである。実際には、NATOの軍事攻撃がリビア政権を倒すことに繋がったため、それ以降は「保護する責任」の下での国連に要請に基づく強制行動は取られていない。

このように見ると、国連から授権を受けた多国籍軍の役割には、次の幾つ

第8章 強制行動 141

表8-1 多国籍軍と国連PKOの違い

多国籍軍	国連PKO
戦う能力のある軍隊	平和維持を目的とした部隊
大規模、高度の装備	必要最小限の装備
交戦規定（ROE）－攻撃できる	武力の行使は自衛目的
指揮権は参加国が持つ	指揮権は事務総長にある
参加国が資金を出す	資金は各国の分担金
展開が早い	展開に時間がかかる

かの役割があることが分かる。

（1）戦闘（朝鮮戦争、ボスニア内戦、コソボ、アフガニスタンの対タリ
　　バンと対アルカーイダ、リビアの保護する責任）
（2）安定化（東ティモール）
（3）平和維持（ハイチ、ボスニア内戦後）
（4）保護（ソマリア、ジェノサイド後のルワンダ）

多国籍軍の特徴で、国連PKOと異なる面は表8-1のようになる。

11. 国連PKOによる強制行動

　国連PKOの本来の目的は平和維持であるが、監視する停戦や和平協定が
紛争当事者によって破られた場合どう対応するかという問題がある。国連
PKOはもともと国連憲章では予測されていなかった活動で、その時々の紛
争処理に応じて発展してきたものである。冷戦中はスエズ危機で設立された
国連緊急軍（UNEF）に適用された中立原則がその行動を規定したが、冷戦
が終わって東西対立が解消され、安全保障理事会が憲章で想定したような常
任理事国の協調によって機能しはじめると、国連PKOにより大きな権限を
持たせようとする動きが出てきた。
　1992年に事務総長となったブトロス・ブトロス＝ガリは、同年1月の安全

保障理事会サミットで要求された冷戦後の国連のあり方に関する提言をまとめ、「平和への課題」報告書を提出した。その中で、ガリ事務総長は、「平和強制部隊」の設立を提案したが、これは停戦や和平協定が破られた場合には、強制的にでもこれを順守させるというものであった。そして、1992年にソマリアの第二次国連ソマリア活動（UNOSOM II）に平和強制の考え方を導入した。しかし、これは、国連の介入を良しとしないアイディード将軍派によって武力抵抗を受け、国連側に犠牲者が出た。さらに、国連 PKO を側面から援護したアメリカの精鋭レンジャー部隊がアイディード将軍派と武力衝突し、多くの犠牲者が出ると撤退した。それによって、国連初の平和強制の考え方は時期尚早として断念された[9]。

その後、国連 PKO による平和強制の考え方はしばらく現れなかったが、2013年３月にコンゴ民主共和国（DRC）東部における武装民兵組織対策に、現地に派遣されていた国連コンゴ民主共和国安定化ミッション（MONUSCO）の一部として、国連「介入部隊」の派遣が安全保障理事会によって決議され（決議2098号）、この介入部隊に戦闘権限が与えられた。これは、前年の11月に、コンゴ東部で勢力をつけていた M-23武装民兵組織が、東部の主要都市ゴマを制圧した時に、現地に展開していた国連 PKO がそれを阻止しなかったことが批判されたことによる。この介入部隊は、タンザニア、マラウィ、南アフリカの部隊によって構成され、M-23に対して攻勢をかけて打倒したため、現地の安定化に寄与した。

コンゴでの成功を受け、2016年には、南スーダンで新たな戦闘部隊が国連 PKO（UNMISS）に派遣されることになった。南スーダンは2011年に独立後、２年後には大統領と副大統領の権力闘争で内戦となったところである。2016年７月に首都ジュバで両派の武力衝突が起きた時、現地に展開していた国連 PKO 部隊がこれを防げず、また、「文民の保護」任務を与えられていたにも関わらず、その任務を遂行しなかったため、より強力な部隊の派遣が叫ばれた。南スーダンの和平再開に貢献していたアフリカ東部にある地域機関の政府間開発機構（IGAD）の決議を受けて、安全保障理事会は、2016年８月に「地域保護軍」を UNMISS の補完としてジュバに派遣する決議を採択した（決議2304号）。そして、この地域保護軍には平和強制の権限が与え

られた。ケニアは当初この保護軍に部隊派遣をする予定であったが、7月の衝突の際に国連PKOの指揮官がケニア人で、その行動が批判されたため、部隊派遣を取りやめてしまった。そのため、部隊編成と派遣が遅れ、ルワンダとエチオピア部隊を中心とした保護隊となった。南スーダンのサルヴァ・キール大統領はこの地域保護隊を受け入れたものの、内政への影響を恐れてあまり協力的ではない。

　国連PKOにおける平和の強制権限はまだ限定的なもので、ホスト国の受け入れ合意の下に派遣されている。コンゴ東部の場合には武装民兵組織が主な対象だったため、ホスト国政府の支持があったが、南スーダンの場合には政府軍と衝突する可能性を含んでいるため、どの程度の強制権限が行使できるかについてはまだ不透明である。

12.　地域的機関や取極めの活用と旧敵国

　国連は、国連創設の過程でのラテンアメリカ諸国の努力もあり地域的機関や取極めの存在を認めており、そのような機関や取極めに対して、それぞれの地域内における紛争については、安全保障理事会まで持ち込まれる前に平和的に解決する努力をするよう促している（第52条）。地域的機関は特定の地域が共通の利益を追求するために設立される国際機関で、地域的取極めは北大西洋条約機構（NATO）のような特定の条約に基づき特定の目的のために設立されるものである。

　国連は、憲章の第53条下、地域的機関や取極めを、強制行動を取る際に必要に応じて活用することもできる。ただし、そのような機関や取極めは安全保障理事会の許可なく強制行動を取ることはできない。唯一の例外は旧敵国に対してであるが、その場合は安全保障理事会が加盟国の要請に基づき強制行動を取るまでである。旧敵国とは、第二次世界大戦で国連憲章署名国の敵だったところで、ドイツやイタリア、日本などを指す。この三国は国際連盟時代常任理事国であったところであり、再度軍事化して脅威となった場合に、拒否権のある安全保障理事会の行動を待たずに、地域機関あるは取極め

が独自の判断でそれらの国に強制行動が取れることを意図したものである。

このいわゆる「敵国条項」は、第53条以外に、第77条と第107条でも言及されている。第77条は、信託統治制度について「第二次世界大戦の結果として敵国から分離される地域」が信託統治地域となることを言明したものである。第107条は、「この憲章のいかなる規定も、第二次世界大戦中にこの憲章の署名国の敵であった国に関する行動でその行動について責任を有する政府がこの戦争の結果としてとりまたは許可したものを無効にし、または排除するものではない。」として、第二次世界大戦の結果を旧敵国が修正することを防ぐ狙いがある。

敵国条項に対しては、旧敵国だったドイツ、イタリア、日本はもはや死文化しているとしてその削除を求めている。この三国だけでも、国連の通常予算の約20パーセントを支払っており、国連の重要なメンバーになっていることはほとんどの国が認めているところである。ただ、憲章を改正しないと削除はできないため、現在でも憲章にその記載が残っている。総会では1995年の決議で、憲章改正時には旧敵国への言及を削除する旨を決議している。これは、1994年に総会が下部機関である国連憲章と国連の役割強化に関する特別委員会に対してこの問題に関して一番適切な行動を求めたもので、特別委員会はその報告書の中で、旧敵国条項はすでに時代遅れになっていると指摘して、将来の総会のできるだけ早い会期に旧敵国に言及している第53条、第77条、第107条を憲章から削除する手続きを始める意図の表明を勧告した。これを受けて、総会は、1995年の総会決議（A/RES/50/52）でこれを支持した。また、2005年の世界サミットの成果文書でも削除への支持が盛り込まれている。

注
1）安全保障理事会文書 S/RES/660。
2）Goodrich, p.298.
3）*Ibid.*, pp.312-313.
4）Andrew Hold, "Southern Rhodesia's Unilateral Declaration of Independence（UDI），" Records and Research. http://blog.nationalarchives.gov.uk, November 2015.
5）新ユーゴスラビアへの経済制裁は、1991年9月に採択された安全保障理事会決議713

号での武器禁輸から始まり、徐々に拡大していった。

6）各経済制裁に関しては、国連の経済制裁 HP を参照。https://www.un.org/sc/sub-org/en/sanctions/information

7）スレブレニツァのジェノサイドについては、長有紀枝『スレブレニツァ——あるジェノサイドをめぐる考察』東信堂、2009年参照。

8）文民の保護の背景と発展経緯については、清水奈名子『冷戦後の国連安全保障体制と文民の保護』日本経済評論社、2011年、第1-2章を参照。

9）Boutros Boutros-Ghali, *Supplement to An Agenda for Peace*, United Nations, 1995. A/50/60-S/1995/1.

第9章　経済社会理事会

1．経済と社会分野での国際協力

　経済の発展とさまざまな社会問題の解決は、生活水準の向上と男女平等な社会、人権の尊重や人間の尊厳に繋がるもので、国連憲章前文でも謳われ国連の活動の主目的の1つとなっている。また、経済社会問題は国際平和と安全とも密接につながっている。国際連盟時代には経済のブロック化や大規模な人権侵害が起こり、第二次世界大戦の引き金の1つともなった。

　国連憲章では第9章で国際経済社会協力を謳っており、国家間の平和と友好関係には安定と国民の福祉が必要であることに言及している（第55条）。そして、国連が促進すべきものとして、次の3つを挙げている。

（1）一層高い生活水準、完全雇用並びに経済的及び社会的の進歩及び発展の条件
（2）経済的、社会的及び保健的国際問題と関係国際問題の解決並びに文化的及び教育的国際協力
（3）人種、性、言語または宗教による差別のないすべての者のための人権及び基本的自由の普遍的な尊重及び遵守

「完全雇用」については、国連創設時、アメリカが完全雇用は現実的でなく、また、国連による内政干渉に繋がる可能性があるとしてそのような字句

の挿入に反対したが、内政干渉を原則禁ずる条項が憲章に入ることによって妥協が成立した。さらに、人権に関する条項については、当初ソ連とイギリスが反対したが、ソ連はその立場を撤回し、「人種、性、言語または宗教による差別」に反対する条項を挿入することを支持した[1]。イギリスは、まだ当時多くの海外植民地を所有していたこともあり、アメリカとは反対に人権にはきわめて消極的だった。

　アメリカの強い押しもあり、経済社会分野における目的達成のために、国連の主要機関の1つとして経済社会理事会が設立されることになった。そして、経済社会理事会は、時代の要請に応じてその活動内容も変遷していくことになる。

2．総会と経済社会理事会の関係

　経済社会理事会は主要機関の1つとして創設されたが、総会は安全保障理事会の専管事項を除き、その他のすべての問題に関し討議する総合的権限があるため、この2つの主要機関の間でそれぞれの役割にはある程度の分担的機能が考慮されている。経済社会理事会は総会の権威の下に与えられた任務を遂行する（憲章第60条）ことから、総会が上位に立つことになる。

　総会は、経済社会理事会に対して経済社会問題に関して研究や分析を促し報告させることができるほか、総会の主要委員会には経済金融問題を扱う第2委員会と、社会人道問題を扱う第3委員会がある。また、第4委員会は特別政務問題を扱うが、非植民地の経済社会問題なども取り上げる。その意味では、経済社会理事会の扱う問題と重複することもあるが、経済社会理事会は、自ら国際経済、社会、文化、教育、保健などの分野で研究や報告を行い、総会や加盟国、国連の専門機関に対して勧告ができる権限が与えられている。この場合、勧告は総会に対してだけでなく、加盟国や国連の専門機関に対してもできることから、経済社会理事会の独自の政治的判断で勧告をすることもできる。その意味では、経済社会理事会も1つの主要機関としての役割を果たすことができるといえる。

　国連とは別に設立された分野別の専門的な国際機関（専門機関）は国連と

協力関係を結ぶことが国連憲章でも謳われているため（憲章第57条）、いわゆる「国連システム」の一部になっているが、専門機関の政策と活動の調整は国連が勧告する役割を与えられており（憲章第58条）、その中心的な役割は総会が行い、総会は全体的な政策の調整、経済社会理事会は活動の調整をすることになる。実際には両者の間の役割分担は明確に区別されているわけではない。また、専門機関は独自の政策決定機関を持っているため、必ずしも国連の調整機能に沿って政策を立案し行動しているわけではない。これは、特に国連とは意思決定のプロセスが異なるブレトンウッズ体制の下に生まれた国際金融機関（いわゆる世界銀行や国際通貨機関［IMF]）などがそうである。国連総会や経済社会理事会は途上国の影響力が大きく、ブレトンウッズ機関はアメリカや西側諸国の影響力が大きいといった相違があることも双方の協力関係に影響を与えている。また、専門機関の他に、国連が総会で設立した「基金とプログラム」と総称される機関がある。国連開発計画（UNDP）や国連児童基金（UNICEF）、国連人口基金（UNFPA）といったものである。これらの機関の政策や活動の調整も総会や経済社会理事会の任務である。

3．権限と機能

経済社会理事会の基本的な任務は、憲章第62条に規定されている。

（1）経済社会理事会は、経済的、社会的、文化的、教育的及び保健的国際事項並びに関係国際事項に関する研究及び報告を行い、または発議し、並びにこれらの事項に関して総会、国際連合加盟国及び関係専門機関に勧告をすることができる。

（2）理事会は、すべての者のための人権及び基本的自由の尊重及び遵守を助長するために、勧告をすることができる。

（3）理事会は、その権限に属する事項について、総会に提出するための条約案を作成することができる。

（4）理事会は、国際連合の定める規則に従って、その権限に属する事項
　　について国際会議を招集することができる。

　研究や報告に関しては、経済社会理事会は政治的機関であるため、下部機
関の地域委員会や機能委員会、その他の専門家グループ、そして、事務総長
に要請する。専門機関に要請する場合もある。地域委員会は世界の5地域に
設立されているが、それぞれの地域に共通した問題に関する研究、分析、報
告を行う。機能委員会は、統計や人口、麻薬、社会開発などそれぞれの分野
に特化した研究や報告を行うことができる。専門家グループはさらに専門化
した分野、例えば、税制の問題や会計の国際水準、地理名などに関する協議
を行い報告する。

　国連事務局には経済社会局があり、経済分析や統計、人口などの収集を行
う能力がある。また、毎年世界経済社会調査報告書を作成し、統計年鑑や人
口年鑑などの貴重なデータベースを提供している。そのようなデータベース
は各国から提供されるデータに基づいているため、各国の協力が不可欠であ
る。そして、各国は国連の活動に協力する義務がある。

　人権や基本的自由の尊重と遵守については、経済社会理事会の機能委員会
の1つ、人権委員会（Commission on Human Rights）[2]が国連創設当初から
人権を促進する活動に従事し、経済社会理事会を通じて総会に提出された。
1948年に総会で採択された世界人権宣言やジェノサイド条約の起草や、その
後の市民的政治的人権規約や経済的社会的文化的人権規約の起草に貢献し
た。その後、人権に関する諸条約が締結されていくことになる。人権委員会
は、一部の人権問題に傾注しているとの批判、特にパレスチナ問題に関しイ
スラエルを非難する決議を多く採択していることや、人権侵害で批判されて
いる国々が多く参画していることなどから批判が高まり、2005年の国連改革
の一環として、翌2006年に新たに人権理事会として発展解消した。

　経済社会理事会は、人権以外の分野でも数多くの国際条約を起草してい
る。総会の要請に基づいて行うことが多いが、人権条約の場合と同じように
下部機関の委員会が起草する場合もあり、アドホックな委員会を設立して起
草させる場合もあれば、事務総長に起草を依頼する場合もある。

第9章　経済社会理事会　151

　国際会議の招集は、経済社会理事会の役割の1つで、条約採択のための会議や特定の経済、社会、環境問題などについて集中的審議を行い、国際社会の行動指針や計画を作成させる機能を持つ。総会の要請で招集することが多く、会議の成果は総会に勧告される。例えば、1959年から5年ごとに開催されている地理名の標準化に関する国連会議などは、経済社会理事会の専門家グループが中心となってフォローアップを行っている。

4．構成、議長、会期、表決

　経済社会理事会は全加盟国で構成されているわけではない。国連創設当初は18か国で構成されていたが、非植民地化が進行し加盟国が増大すると、総会での途上国の影響力が高まり、また、新たな独立国への経済社会開発支援が大きな課題となり、経済社会理事会の拡大が要求されるようになった。その結果、1965年の国連憲章改正時に理事国数が27に増え、さらに、1973年に現在の54か国に拡大した。

　構成には地理的配分に従い、アフリカは18議席、アジアは13議席、東ヨーロッパは8議席、ラテンアメリカとカリブ海は13議席、西ヨーロッパ他は13議席となっている。任期は1期3年で、再選可能である。そのため、常任理事国や日本やドイツ、カナダ、インド、ブラジル、南アフリカなどの主要財政貢献国、地域の主要国はほとんど恒常的に理事会のメンバーとなっている。

　議長は、1年任期で、経済社会理事会の会期の初日に理事会で選出される。議長は5つの地域グループから順番に選出され、議長を出していない4つの地域からは副議長が任命される。順番は、アジア、アフリカ、東ヨーロッパ、西ヨーロッパ他、ラテンアメリカ・カリブ海地域となっている。経済社会理事会の会期は、年次会合が終わった次の日から次の年次会合の最後の日までである。年次会合は通常7月に開催されるので、議長の選出と任命は7月末となる。

　経済社会理事会の表決に関しては、1国1票で、決定は、出席しかつ投票

する理事国の過半数によって行われる。常任理事国や拒否権といったものは
ない。また、総会のように、重要事項の指定もない。

　経済社会理事会は、どちらかというと総会の下部機関的な役割を果たすこ
とが多く、主要機関の1つしての行動が明確でなかったこともあって、その
活性化をはかるために何度か改革がなされた。現在の経済社会理事会のあり
方は、2013年の改革に基づいている[3]。この改革では、経済社会理事会の調
整権限の強化を目指し、年次テーマの設定や年次会合の組織のやり方、部門
別討議を段階的に行うこと、持続的開発委員会を廃止し新たに持続的開発ハ
イレベル政治フォーラムを設立することなどが骨格となっている。また、そ
れまで年次会合はニューヨークとジュネーブで毎年交互に行われていたが、
人道支援部門を除き、毎年ニューヨークで開催することになった。会期の7
月−7月サイクルもこの改革の結果生まれたものである[4]。さらに、関連地域
機関やNGO、市民社会の積極的な参加を促すことや、事務総長や事務局の
経済社会局のより強固なサポートも要請している。

5．アジェンダと年次会合

　アジェンダは会期最初の日に採択される。2017年会期の例を取ると、アジ
ェンダには20の項目があり、議長の選出など手続き的なものを除くと、実質
的なものは次の通りである。

（1）ハイレベル部門（ハイレベル政治フォーラムの閣僚会合、国際金融
　　　貿易機関との対話、テーマ討論）
（2）持続的開発に関するハイレベル政治フォーラム
（3）国際開発協力に関するオペレーション部門：国連の基金やプログラ
　　　ムの活動（含国連開発計画［UNDP］、国連人口基金［UNFPA］、国連
　　　プロジェクトサービス事務所［UNOPS］、国連児童基金［UNICEF］、
　　　国連ウィメン［UN Women］、世界食糧計画［WFP］）
（4）統合部門

（5）特別な経済、人道、災害救援支援

（6）国連の主要な会議やハイレベル部門の閣僚宣言のフォローアップ

（7）調整やプログラム

（8）非植民地化宣言の履行やイスラエル占領のパレスチナの経済社会への影響

（9）地域協力

（10）経済環境人道問題（持続的開発、開発のための科学技術、統計、居住、環境、人口と開発、税に関する国際協力、地勢空間情報、女性と開発、国連森林フォーラム、危険物質の輸送、制裁で悪影響を受けた国への支援）

（11）社会人権問題（女性の向上、社会開発、犯罪防止と刑事司法、麻薬、国連難民高等弁務官、人権、原住民問題に関する恒久フォーラム、HIV/AIDS に関するダーバン宣言と行動計画）

（12）国連の調査訓練機関

　このうち、ハイレベル部門やハイレベル政治フォーラムは7月の年次会合で開催される。人道部門は6月、統合部門は、基金やプログラムの執行理事会会合の後で5月頃、基金やプログラム関係は2月から3月にかけて開催される。ブレトンウッズ体制と呼ばれる世界銀行グループ（5つから成る）や国際通貨基金（IMF）の国際金融機関との対話は4月、世界貿易機関（WTO）や国連貿易開発会議（UNCTAD）などの貿易機関との対話はそれぞれの機関の執行理事会の会合の後になる[5]。

　2017年の例で具体的な活動を紹介する。

1）ハイレベル部門

　ハイレベル会合は、経済社会理事会の1年の活動の総括を兼ねており、理事国も閣僚級の参加をしているところも多い。2017年7月17日から19日まで行われた閣僚級会合では、43か国が自国での持続可能な開発目標（SDGs）の進捗状況に関して、任意の活動レビュー（Voluntary National Review：VNR）を披露した。このレビューは2016年に始まったもので、この年は22

か国が参加した。自国の取り組みをアピールする良い機会であるとともに、途上国にとっては先進国や国際機関などからの支援を要請する良い機会ともなっている。

2017年のテーマは、「あらゆる形と側面の貧困の撲滅——持続的開発を促進し、機会を拡大し、関連した課題に取り組む」（貧困の撲滅）である[6]。貧困の撲滅は、2015年に採択された2016年から2030年までの17の「持続的開発目標（SDGs）」、いわゆる2030年アジェンダの最初の目標である（ゴール1）。そのため、まず初年の取り組みと成果のレビューが行われ、7月に開催されたハイレベル部門でこれまでの総括が行われた。開発目標の多くは相互に関連があることから、貧困の撲滅との関連で、飢餓の撲滅、食料の安全保障や栄養の改善、持続可能な農業（ゴール2）や健康な生活やすべての人口の福利厚生の促進（ゴール3）、強靭なインフラの整備や包摂的で持続可能な工業化、イノベーションの促進（ゴール9）、海洋の保全や持続可能な利用、海洋資源の持続可能な開発（ゴール14）、さらにグローバルなパートナーシップ（ゴール17）などもテーマの一部に入っている。

7月19日に採択された閣僚宣言では、2030年アジェンダを達成するためには履行のペースを早め、パートナーシップを強化することが謳われた。最貧の人たちの割合は世界的に見ると減少しているものの、地域間や国内でも不均衡な状態を見せており、最貧の人達を優先する集団的かつ先進的な努力が必要であることを強調している。

2）人道部門

人道部門は、戦争や統治の混乱、さらに、自然災害等による人道危機に際して、国際社会が当該国への支援をより包括的、効率的、効果的に行うための協調を促進していくことを目的としている。

6月に開催された人道部門のテーマは、「尊厳の回復と一人も後に残さないこと——人道ニーズ、リスク、脆弱性の減少を目指して」で、特に、一部地域での紛争の拡大や長期化、統治能力と市民に対する保護能力の減退、貧困や失業の増大、気候変動の影響などさまざまな要因で難民や避難民、移民が増加している中で、人道支援の必要性が増しているにも関わらず、政策面

での協力や資金面での支援が不足している現状にどう対処していくかが問われた。また、紛争地域や過激派テロリスト集団による人道支援に携わる要員への攻撃や妨害なども頻発しており、もはや活動の中立性が保証されない状況が増えている中で、どのように人道支援を確保していくかも問題提起された。これに対し、経済社会理事会では、各国と国際機関、非政府組織や市民社会による連携の強化や調整能力の向上を要請した。人道危機では当該国の対応能力が不可欠だがそのような能力に欠けていることが多く、そのような能力強化の支援や支援体制の効率化なども強調している[7]。

3）統合部門

統合部門は、加盟国と国連機関、NGO や市民社会、企業などとの対話の機会を提供して、持続可能な開発の3つの柱である経済、社会、環境に関する政策や行動の統合的発展を目指し、活動や教訓を共有したり、政策提言をしたりしていくことを目的としている。

2017年の統合部門の会合は5月8-10日に行われ、「貧困の撲滅をすべての政策の統合的目的にするには何が必要か」をテーマに抱えて、政策の統合性をさらに進める上での教訓や勧告のための対話と意見交換が行われた。

討議のより具体的な結果は、貧困は所得だけで理解されるものではなく、多くの要素を含んでいる。そのために、統計データの収集、処理、分析能力を強化するための「ビッグデータ」のような新たなアプローチの利用、女性のエンパワーメント、地方のコミュニティー支援や若者の活用、多くの関係者の参加や長期的な政治的関与、統合的政策を支援するためのツールの活用、国連システム内での貧困の撲滅のメインストリーム化などが必要である、という政策提言である。そして、国連の多機関から構成されるタスクフォースに政策統合と加盟国支援のためのガイダンスを作成することが要請された。

4）オペレーション部門

オペレーション部門に関する討議は、2月28日から3月2日まで行われた。2017年は4年ごとにレビューが行われる包括的政策レビュー（QCPR）

156

に関する2016年の総会決議履行開始の年に当たるため、政策レビューについての事務総長への具体的なアイデアの提供や、国連の開発機関の統一性や効率の強化方法、異なる加盟国のニーズや優先性に見合った国連システムのサポートなどが討議の目的となった。

その中で指摘された傾向は、1つには、開発部門への資金の提供の仕方が、以前の分担金から使用目的を特定しない自発的拠出金に変わり、さらに使用目的を特定する自発的拠出金に変わってきているということと、国連開発システムをさらに統合させ、調整していく必要性があるということである。UNDP や UNICEF といった国連基金やプログラムの多くは自発的拠出金や募金などによって賄われているため、大型拠出先の政府による自発的拠出金が目減り傾向にあるのに加えて、使用目的が拠出国の政治的配慮によって限定されると、国連機関の開発活動に深刻な影響が出るとの懸念である。

討議から出てきた結論は、2030年アジェンダ達成に向けた国連開発機関の統合性やリーダーシップの強化で、各機関の執行理事会の合同会議なども発案された。国連機関の国レベルでのサポートを強化するためには、各機関の業務や手続きの標準化が必要であるといった提案もあった。

6. 機能委員会と地域委員会の役割

経済社会理事会は創設当初から下部機関として機能委員会と地域委員会を設立している。これは、経済発展と社会問題に関して機能別、地域別に処理する必要性が当初から認識されていたことによる。

機能委員会には現在8つの委員会がある。国連創設当初は9つの機能委員会があったが、そのうち現存しているのは5つである。国連森林フォーラムは2000年に創設されたが、21世紀に向けたリオ宣言などで地球温暖化対策の一環として酸素原の森林を守る必要が認識された結果である。開発のための科学技術委員会は1992年に創設されが、この委員会は1979年にウィーンで開催された開発のための科学技術会議で創設された政府間委員会や諮問委員会を引き継いだものである。犯罪防止と刑事司法委員会は、犯罪防止と刑事司

表9−1

機能委員会の推移（設立年）	
1946	2017
経済と雇用	犯罪防止と刑事司法（1992）
輸送とコミュニケーション	開発のための科学技術（1992）
財政	国連森林フォーラム（2000）
統計	統計
人口	人口と開発（名称変更1966）
社会	社会開発（名称変更1994）
麻薬	麻薬
人権	（人権理事会へ昇格2005）
女性の地位	女性の地位

出典：筆者作成

表9−2

地域委員会の推移（設立年）	
1947−48	2017
ヨーロッパ経済委員会（1947）	ヨーロッパ経済委員会
アジア・極東経済委員会（1947）	アジア・太平洋経済社会委員会
ラテンアメリカ経済委員会（1948）	ラテンアメリカ・カリブ海経済委員会
	アフリカ経済委員会（1958）
	西アジア経済社会委員会（1973）

出典：筆者作成

法に関する国際協調の強化を目指して、1992年に設立された。人権委員会は、人権の審査が一部の加盟国に偏り過ぎている、そして人権を守らない国々が委員会のメンバーとなっているとの批判の拡大を受けて、2005年の改革で人権理事会に昇格した。

　地域委員会は現在五つある。国連創設当初は３つであったが、非植民地化の進展や石油産出国の政治力向上に伴い、アフリカと西アジア地域に地域委員会が設けられた。アジア太平洋と西アジアの場合には経済だけでなく社会開発のための役割も与えられた。

7．専門機関、基金、プログラムとの調整と連携

　国連の「専門機関」と呼ばれている国際機関には、国際労働機関（ILO）のように国際連盟の一環として設立されたものや、世界銀行（IBRD）や国際通貨基金（IMF）のようにほぼ同時期に国連とは別の枠組みで設立されたものもあり、また、その後に創設された国際機関も条約などがベースになっているため、独自の政策決定機関や予算を持っている。しかし、国際機関はみな国家が加盟していることから、国際機関の連携を強化するために、国連と協定を結んで、「国連システム」の一部となっている。あくまで国連とは別個の機関であるため、総会決議によって縛られることはない。その点、国連総会が設立した「基金」や「プログラム」とは異なる面がある。ただ、専門機関も国連との協調を重要視しており、具体的な行動の調整は経済社会理事会を通じて行われることになっている。

　いくつかの専門機関は国連との関係が一部異なっていることから、国連システムの一部ではあるが、「関連機関」とされている。国際原子力機関（IAEA）と化学兵器禁止機関（OPCW）は総会によって採択された核不拡散条約（NPT）や化学兵器禁止条約（CPCW）によって設立されており、その活動報告は国連総会と安全保障理事会になされる。世界貿易機関（WTO）は、1948年にできた貿易と関税に関する一般協定（GATT）が1995年に発展解消した機関で、総会への報告義務はないが、貿易や金融、開発に関する関連部門で総会や経済社会理事会と協力関係にある。国際移住機関（IOM）は、その起源は戦後ヨーロッパにおける移民対策のために1951年に設立された国家間委員会であるが、1989年にグローバルな移民支援を目的として国際機関に成長した。そして、2016 年に国連と協調協定を結び、関連機関の一部となった。

　基金やプログラムは総会への報告義務があることから、それぞれの執行理事会の決定や活動の報告は経済社会理事会を通じて行われる。

　これら多くの国際機関が「国連システム」の一員として協調していくために、国連事務総長が議長を務める国連システム調整行政長理事会（UN Sys-

表 9 - 3　国連に関係する機関とプログラム

●専門機関

国際電気通信連合（ITU）	1865 年
万国郵便連合（UPU）	1874
国際労働機関（ILO）	1919
国連食糧農業機関（FAO）	1943
国際民間航空機関（ICAO）	1944
世界銀行グループ（World Bank Group）	
・国際復興開発銀行（IBRD）	1945
・国際開発協会（IDA）	1960
・国際金融公社（IFC）	1956
［・多数国間投資保証機関（MIGA）	1988］＊
［・国際投資紛争解決センター（ICSID）	1965］＊
国際通貨基金（IMF）	1945
国連教育科学文化機関（UNESCO）	1946
世界保健機関（WHO）	1948
国際海事機関（IMO）	1948
世界気象機関（WMO）	1950
世界知的所有権機関（WIPO）	1967
国連工業開発機関（UNIDO）	1966
世界観光機関（UNWTO）	1975
国際農業開発基金（IFAD）	1977

＊多数国間投資保証機関（MIGA）と国際投資紛争解決センター（ICSID）は
世界銀行グループのメンバーであるが、多国間協定によって設立されたもの
でないため、国連憲章が規定している専門機関の定義には当てはまらない。

●基金とプログラム

国連児童基金（UNICEF）	1946
国連パレスチナ難民救済事業機関（UNRWA）	1949
国連難民高等弁務官事務所（UNHCR）	1950
国連世界食糧計画（WFP）	1961
国連貿易開発会議（UNCTAD）	1964
・国際貿易センター（ITC）	1964
国連開発計画（UNDP）	1965
・国連資本開発基金（UNCDF）	1966
・国連ボランティア計画（UNV）	1971
国連人口基金（UNFPA）	1969
国連人間居住計画（UN-Habitat）	1969
国連環境計画（UNEP）	1972
国連薬物犯罪事務所（UNODC）	1997
ジェンダー平等と女性のエンパワーメント 　のための国連機関（UN Women）	2010

●関連機関

国際移住機関（IOM）	1951
国際原子力機関（IAEA）	1957
国際海洋法裁判所（ITLOS）	1982
国際海底機構（ISA）	1994
世界貿易機関（WTO）	1995
包括的核実験禁止条約機関準備委員会 （CTBTO）	1996
化学兵器禁止機関（OPCW）	1997
国際刑事裁判所（ICC）	1998

出典：United Nations Department of Public Information, "The United Nations" DPI/2470 rev.5—17-00023—march 2017をベースに設立年を加えて著者が作成

tem Chief Executives Board for Coordination：CEB）がある。31の国連機関の事務局長で構成され、これには世界銀行や国際通貨基金、関連機関の世界貿易機関や国際原子力機関などの事務局長も加わっている。年に2回の会合を開催し、国連システム全体の政策の調整などを行っている[8]。

8．人権委員会から人権理事会へ

　人間が生まれながらにして持つ基本的人権は、国連憲章の前文にも書かれているように、国連の大きな目的の1つとなっている。この人権の思想を広め、さらに現実的なものとして促進し尊重されるために、人権委員会が設立され、経済社会理事会の機能委員会としての性格を与えられた。そして、総会の決議を通して、全世界の基本理念としてより体系的な人権制度を確立していくことになる。

　国連を通じた人権の発展には幾つかの段階と特徴がある。

（1）1940年代後半…人権尊重と促進の基盤造り

（2）1960年代………人権法典化の進展

（3）1990年代………人権制度化の広がり（国連人権高等弁務官や国際刑事裁判所の設立）

（4）2000年代………人権のメインストリーム化とユニバーサル化

　人権思想の基盤には、国連憲章の他に、1948年に総会で採択された世界人権宣言がある[9]。この宣言は30条から成り、人間が生まれながらにしてもつ最も基本的な生存権から政治的、市民的、経済的、社会的、文化的権利などその後徐々に拡大し法典化していく基礎となる人権を列挙している。この人権宣言は、人権委員会で起草されたもので、エレノア・ルーズベルト元大統領夫人の貢献が大きかったといわれている。

　1948年には集団殺害罪の防止及び処罰に関する条約、いわゆるジェノサイド条約が締結されているが、これはジェノサイドという言葉を発案したラファエル・レムキンや他の専門家の支援を受けた国連事務局がまず起草し、経済社会理事会によって設立されたアドホックな委員会で審議された後、総会によって採択されたものである。1949年には、国際人道法の基盤となるジュネーブ4条約が国際会議で採択されたが、これは、19世紀以来の戦時における兵士や一般市民の保護を目的として発達してきた条約を集大成したものであり、その後の国際人道法の発展への大きな基盤となった。1951年に採択された難民の地位に関する条約は、国連難民高等弁務官（UNHCR）とその事務所の設立に繋がり、第二次世界大戦後のヨーロッパにおける難民への支援から、徐々にグローバルなレベルでの難民、さらに、国内避難民や無国籍者への支援に繋がっていく。

　人権の法典化に大きく貢献したのは、1966年に採択された経済的社会的文化的権利条約（人権規約A）と市民的政治的権利条約（人権規約B）である。この2つの条約は、経済的社会的文化的権利と市民的政治的権利を国際法的に拘束力のあるものとし、特に、市民的政治的権利条約では、同時に採択された選択議定書により人権委員会（Human Rights Committee：HRC）が設立され、締約国の個人が国内手続きを通じて人権侵害が解消されない時には人権委員会に請願することができるようになった。2つの条約と議定書は10年後の1976年に発効した。経済的社会的文化的条約では2008年に議定書が採択され、個人が人権侵害に関し同じように請願できるようになった。経済的社会的文化的権利委員会が1985年に経済社会理事会によって設立され、

人権委員会（HRC）と同じように条約の履行状況をフォローアップしている。市民的政治的権利条約では、2つ目の選択議定書が1989年に採択されているが、これは死刑廃止に関するものである。

世界人権宣言と2つの権利条約は、合わせて「国際人権章典」と呼ばれている。この2つの条約とフォローアップの体制は、その後の各種人権条約の基礎となっている。

冷戦終焉後には、国連の人権体制がさらに強化された。1993年に開催された国際人権会議で国連人権高等弁務官の設立が提唱され、総会決議によって制度化された。しかし、1990年代前半は、ボスニア戦争における「民族浄化」や1995年に起きたスレブレニツァの大量虐殺（ジェノサイド）、前年のルワンダでのジェノサイドなど、大規模な人権侵害行為に国連が平和維持軍（国連PKO）を展開していたにも関わらず阻止できなかったことなどから批判され、国連の人権促進体制は必ずしも有効に機能していたわけではなった。それでも、旧ユーゴスラビアとルワンダ国際刑事裁判所がアドホックな形であれ安全保障理事会によって設立され、戦争犯罪や人道的犯罪に対する訴追ができる体制が生まれた。

1990年代のもう1つの大きな流れは、1998年にローマ条約で規程され（ローマ規程）設立された国際刑事裁判所（ICC）である[10]。この裁判所には、4つの犯罪に対する管轄権が与えられた。ジェノサイド、人道的犯罪、戦争犯罪と侵略犯罪である。ローマ規程は2002年7月1日に発効したため、それ以降の4つの犯罪については、裁判所の管轄権に入り、締約国を拘束することになる。このローマ規程の特徴の1つは、国連の安全保障理事会が裁判所に訴追を授権することができることである。実際、2005年には、スーダンのダルフール地方における人権状況の調査を要請し、2009年には、スーダンのオマール・アル・バシール大統領の逮捕状まで出されているが、スーダンやアフリカ諸国の反対もあり、逮捕にまでは至っていない。2011年には、リビアの人権侵害状況が要請されているが、2014年のシリアに対する人権侵害状況の要請は、ロシアや中国の反対で否決されている。

国連における人権のメインストリーム化は、2000年代に入ってから本格化した。冷戦後の国連の平和維持活動では、その中に人権の監視の役割が入る

ようになったが、それはまだ国連内の一活動として捉えられていた。しかし、人権が平和や開発と並んで国連の主要な柱と認識され、相互に関連し合うものとして重要視されるようになったのは、コフィ・アナン事務総長が2005年に発表した『より大きな自由を求めて：すべての人のための開発、安全保障および人権』やその年の世界サミットで採択された宣言の頃からだった[11]。「平和なくして開発なし、開発なくして人権なし、人権なくして平和なし」というものだ。平和活動や開発活動にも人権の視点を導入するという考え方である。

　このような動きにも関わらず、経済理事会下の機能委員会である人権委員会（Commission on Human Rights）は次第に批判の的となっていった。というのは、人権委員会が、イスラエルのパレスチナ占領地における人権侵害を重点的に取り扱うようになり、その活動が偏向しているとの批判や、人権を侵害している国が人権委員会のメンバーに選挙されたりしたことが、その中立性への疑問に繋がっていったからである。そのため、国連改革の一角として、コフィ・アナンの2005年の報告書でもその改革が叫ばれ、同年の世界サミット宣言で、正式に人権委員会を廃止し、新たに人権理事会が設立されることになった。

　この人権理事会にはそれまでの人権委員会にはなかったいくつかの特徴がある。

（1）普遍的定期的レビュー（Universal Periodic Review）のメカニズムを設立することにより、全加盟国の人権状況を審査できる。最初のサイクル（2008-2011）で毎年48か国の人権状況がレビューされた。第1のサイクルは2012年3月で終了。第2のサイクルは2012年5月にスタート。サイクルの期間が4年から4年半に修正される。毎年レビューの対象国は42か国になった。第3のサイクルは2017年から2021年までである。実際の審査は理事会議長の下、作業部会で行われ、2週間にわたり毎年3回の審査が行われる。

（2）諮問委員会が設立され、理事会の「シンクタンク」としての役割を果たしている。

（3）苦情手続きメカニズム（complaints procedures）を修正し、個人や組織が人権侵害を理事会に訴えることができる。

（4）通常会期が年に3回開催され、1会期は3週間となり、また、3分の1の理事国の支持があれば特別会期を開催できる。人権委員会は1年に1回の会期だった。

（5）47の理事国という構成になり、総会の絶対多数で選出される。メンバーシップの停止処分も3分の2の絶対多数でできることとなった。任期は3年で、2期務めた後は直ぐに再選できない。人権委員会は53か国で構成され、任期3年で再選可能だった。ちなみに、地理的配分は、アフリカ13か国、アジア・太平洋が13か国、東ヨーロッパが6か国、ラテンアメリカとカリブ海が8か国、そして、西ヨーロッパ他が7か国となっている。

9．NGO と市民社会の貢献

　経済や社会の発展、人権の促進などは、国家だけが責任をもつのではなく、広く民間機関や市民社会と協調して行うことの重要性はすでに国連創設の時に認識されていた。そのため、憲章第71条では、「経済社会理事会は、その権限内にある事項に関係のある民間団体と協議するために、適当な取極を行うことができる。この取極は、国際団体との間に、また、適当な場合には、関係のある国際連合加盟国と協議した後に国内団体との間に行うことができる」としている。

　特に1990年代に国連が女性の地位や人口問題、環境問題、居住の問題など各分野で国際会議を開催するようになってからは、非政府組織（NGO）や市民社会がよりいっそう積極的にそのような会議に参加するようになり、また、国連もそれを促した。そのため、経済社会理事会は1996年に NGO の経済社会理事会での地位を見直し、ガイドラインを作成した。そのガイドラインの下で、NGO は3つの地位に分けらえた[12]。

一般諮問資格（General Consultative Status）

経済社会理事会とその下部機関の活動のほとんどの分野に関係し、実質的また持続的に国連の目的に沿った活動ができ、世界の多くの地域でそれぞれの社会を広く代表している組織。アジェンダを提案することができ、代表が公式会合にオブザーバーとして出席することができる。関連分野に関し書面で意見書を出すことができる。公式にどの議題について発言できるかどうかは、NGO委員会が勧告する。

特別諮問資格（Special Consutative Status）

経済社会理事会とその下部機関の活動に関わる幾つかの分野に関係し、特定の分野で特に専門性のある組織。代表が公式会合にオブザーバーとして出席することができる。関連分野に関し書面で意見書を出すことができる。発言については、関連分野の下部機関がない場合には、NGO委員会が勧告する。

ロスター資格（Roster）

経済社会理事会とその下部機関、あるいは国連の他の機関に対し、特定の分野で時々有益な貢献ができる組織。経済社会理事会やその下部機関の要請に基づいて協議に参加する。公式会合には、関連分野の会合にオブザーバーとして出席できる。

NGOの協議資格は、毎年経済社会理事会の下部機関で常設委員会のNGO委員会が新規のリクエストを審査し、理事会に勧告する。NGO委員会は、19か国で構成され、その地理的配分は、アフリカが5、アジアが4、東ヨーロッパが2、ラテンアメリカ・カリブ海が4、西ヨーロッパ他が4である。NGO委員会は、資格審査の他に、4年ごとに資格の与えられた組織から提出される活動報告書を審査し、資格を継続するか解消するかも勧告する。NGO委員会には中国なども入っており、人権関係の組織が政治的な理由で資格を認められないこともある。

2016年12月の時点で、一般諮問資格が与えられているのは149組織、特別

諮問資格が与えられているのは3389組織、ロスターに載っているのが975組織で、総計で4513組織となる[13]。そして、その数は年々増えている。

注
1）Goodrich, pp.372-373.
2）日本語での「人権委員会」には2つの委員会がある。1つはCommission on Human Rightsで経済社会理事会の機能委員会の1つだったが、2005年の改革で人権理事会に格上げされた。Human Rights Committeeは、市民的政治的権利条約の議定書で創設された委員会で、市民的政治的権利が侵され、国内手続きでも解決しない場合に個人が訴えることのできる条約下の機関である。
3）総会決議A/RES/68/1参照。
4）1992年の改革では、経済社会理事会は、5月から7月の間に実質的な年次会合を開催し、ニューヨークとジュネーブで交互に開催することになった。年次会合は、閣僚級の参加や世銀、IMF、世界貿易機関（WTO）、国連貿易開発会議（UNCTAD）との対話を含むハイレベル部門、調整部門、オペレーション部門、人道部門、一般部門で構成された。2007年からは、ハイレベル部門に年次閣僚レビュー、2008年からは隔年毎に開発協力フォーラムが開催されることになった。国際金融機関や貿易機関との対話は1998年から始まっている。
　　　http://www.un.org/en/ecosoc/docs/pdfs/ecosoc_brochure_en.pdf
　　国際金融機関や貿易機関との対話の具体的成果の一例は、2002年にメキシコのモントレーで開催された開発資金国際会議での合意、いわゆるモントレー・コンセンサスで、国際開発協力のための資金や貿易に関する合意である。詳細は、下記を参照。
　　　http://www.un.org/esa/ffd/monterrey/MonterreyConsensus.pdf
5）世界銀行グループや国際通貨基金の年次会合は4月頃に開催されるが、世界貿易機関（WTO）は2年ごとの会合である。
6）2013年から2019年までのテーマは次のようになっている。
　　2013年：リオ＋20会議から2015年後の開発アジェンダ
　　2014年：ミレニアム開発目標（MDGs）の達成と2015年後の開発アジェンダへの道
　　2015年：2015年後のハイレベル政治フォーラム―統合、履行、評価の強化
　　2016年：1人も残さない
　　2017年：貧困の撲滅
　　2018年：持続可能で強靭な社会
　　2019年：エンパワーメントと包摂性、平等
7）経済社会理事会文書E/2017/L.24参照。
8）詳細は、http://www.unsceb.org 参照。
9）世界人権宣言の全文（日本語）は、下記を参照。
　　http://www.unic.or.jp/activities/humanrights/document/bill_of_rights/universal_declaration
10）詳細はローマ規程を参照。http://www.mofa.go.jp/mofaj/gaiko/treaty/treaty166_1.

html

11)「より大きな自由を求めて」報告書（日本語）は、次を参照。

http://www.unic.or.jp/texts_audiovisual/resolutions_reports/ga/reports2/3387

12）経済社会理事会決議1996/31。

13）詳細は、経済社会理事会文書 E/2016/INF/5参照。NGO の数は毎年増えている。

第10章　国際経済開発社会変動への対応

　国連は、創設以来、時代の変化や国際社会のニーズとともに国際経済や開発、社会分野で変化に見合った対応をしてきた。そのような対応の中で国連のあり方も変わり、新たな専門機関も生まれ、育ってきた。国際機関は国連だけではないものの、国連システムだけでも17の専門機関と16の国連プログラムや基金、8の関連機関を数える。そのほとんどが独自の政策決定機関や予算を持っているため、その活動の調整と協調が大きな課題となっている。

1．戦後の復興と難民対策（1946-1950年代）

　国連創設時は、第二次世界大戦が終わる頃であったため、特に大きな戦場となったヨーロッパをどのように復興させるかが大きな戦後の課題であった。そのために、1944年にはアメリカ、ニューハンプシャー州のブレトンウッズで後に世界銀行（世銀）として知られる国際復興開発銀行（IBRD）と国際通貨基金（IMF）設立協定が合意された。この「ブレトンウッズ体制」は1946年に発効する。

　ブレトンウッズ体制の背景には、特に1929年の世界恐慌に始まる経済のブロック化と経済ナショナリズムの高揚があった。それにより、保護貿易主義と経済的利害の対立が先鋭化し、第二次世界大戦の原因の1つとなった。ブレトンウッズ会議は連合国通貨金融会議と呼ばれ、連合国44か国の通貨担当者が集まった。その主要目的は国際通貨と金融をどのように安定化させ、経

済復興と発展に必要な安定した通貨と金融体制を構築するかだった。

　世銀の当初の任務はヨーロッパ諸国の復興だった。1947年にフランスに大規模なローンを提供してインフラの再建に貢献したのを始め、1940年代末から1950年代にかけて、ヨーロッパ諸国のダムの建設や電気事業、水道や衛生設備、鉄鋼業の再建などに投資し、アメリカのイニシアティブによって1948年から1952年にかけて実施された西ヨーロッパ再興計画、「マーシャル・プラン」の後押しをした。

　国際通貨基金は、金の価値に裏打ちされたアメリカのドルを基軸としてドルと各国の通貨の交換比率（為替相場）を一定に保つ固定為替相場制を守るために、通貨の安定に必要な融資を行うことを目的とした。戦前に起きた自国の通貨を操作し価値を下げることによって自国品を国際貿易で有利にするといった不公平な貿易競争を防ぐ狙いがあった。金１オンスが35ドルと設定され、ドルはいつでも金と交換でき、各国の通貨は定められた平価の上下１パーセント以内で為替相場を維持することが義務づけられた。日本の場合は、１ドル360円が平価となった。この固定為替相場制は1973年まで続くことになる。

　国際貿易体制については、当初国際貿易機関の設立が交渉されたが、自由貿易を柱とする西側諸国と計画経済を柱とする東欧諸国との間での対立が解消しなかったため、設立には至らなかった。その代わりにできたのが、1947年に成立した「関税と貿易に関する一般協定」（GATT）だった。ソ連はブレトンウッズ協定には合意したが、東西冷戦が進む中これを批准することはなく、独自の経済圏を構築することになる。そのため、ブレトンウッズ体制は資本主義経済圏を包括する経済協力体制となった。

　1940年代後半から1950年にかけてのもう１つの大きな課題は避難民・難民の帰還問題であった。第二次世界大戦終了時には数百万人ともいわれる人たちがヨーロッパで避難民・難民となっていた。アメリカのルーベルト大統領のイニシアティブで、1943年11月に連合国救済復帰機関（United Nations Relief Rehabilitation Administration：UNRRA）が設立され、戦争の被害者への救援が始まった。難民の規模の大きさから、救援の仕事は1946年に設立された国連の国際難民機関（International Refugee Organization：IRO）に

第 10 章 国際経済開発社会変動への対応 171

1947年に引き継がれた。IRO は、難民キャンプなどでの世話や帰還、職業訓練、離散家族の引き合わせなどに加えて、難民の法的保護や再定住などへの支援も行った。その任務はヨーロッパだけではなく、アジアやその他の地域まで広がっていったため、1951年には新たな難民条約が締結され、その執行機関として国連難民高等弁務官（UNHCR）が設立された。

難民条約では、難民は以下のように定義されている。

> 「人種、宗教、国籍若しくは特定の社会的集団の構成員であること又は政治的意見を理由に迫害を受けるおそれがあるという十分に理由のある恐怖を有するために、国籍国の外にいる者であって、その国籍国の保護を受けることができないもの又はそのような恐怖を有するためにその国籍国の保護を受けることを望まないもの及びこれらの事件の結果として常居所を有していた国の外にいる無国籍者であって、当該常居所を有していた国に帰ることができないもの又はそのような恐怖を有するために当該常居所を有していた国に帰ることを望まないもの」[1]

もう１つの難民問題は、1948年の第一次中東戦争で発生したパレスチナ難民だった。その数は約75万人といわれ、国連はパレスチナ難民救済のために、国連パレスチナ難民救済事業機関（UNRWA）が設立され、1950年に支援を開始した。パレスチナ問題は今日まで解決されていないため、難民の数は500万人に上っている。その約３分の１の150万人以上のパレスチナ難民が UNRWA に登録されており、ヨルダン、レバノン、シリア、ガザ地区、東エルサレムを含む西岸の58の難民キャンプに住み、支援を受けている[2]。

この他、復興支援や人道支援のために、後の国連食糧農業機関（UNFAO）や国際民間航空機関（ICAO）、国際教育科学文化機関（UNESCO）、国連児童基金（UNICEF、最初は緊急基金）、世界保健機関（WHO）、国際海事機関（IMO）などが設立されている。

2．非植民地化と新興独立国支援（1960年代）

1960年代の国連の大きな課題は、非植民地化の急速な流れの中で起きた植民地の独立と新興独立国への開発支援だった。本来、非植民地化は、統治国が植民地の住民の福利厚生に責任を持ち、政治的には自決権の行使のために時間をかけて制度作りや住民の教育をするはずだったが、急速な非植民地化が進み、十分な政治的、経済的、社会的な基盤が整わないまま独立していったため、独立後の国家運営に大きな障害ができた。

1960年に国連総会で「植民地と人民に独立を付与する宣言」を採択して非植民地化に政治的な支持を与えた後、1961年、国連は1960年代を「開発の10年」と宣言して、加盟国や国連と国連機関に対して途上国の経済成長を助け、1960年代の終わりまでには5パーセントの国民所得増を達成するよう要請した。より具体的には、途上国の一次産品への市場での厚遇措置や資源から生ずる利益のより大きな還元、公的私的援助の増加、民間投資を促す政策などが含まれていた[3]。

国連は1964年、国連貿易開発会議（UNCTAD）を開催して、多くの途上国の経済発展を支援するための新たな開発のための貿易政策に関する原則と政策に関して国際社会にアピールした。開発に必要な貿易が世界的には成長しているものの途上国のシェアが下がっており、先進国と途上国との間の経済格差が広がっていること、途上国の貿易が伸び悩んでいる理由が多々あることが会議の背景にあった。

会議の最終結論は35の原則と57の勧告から成り、途上国の国家主権の尊重、成長に向けた国内や国際経済政策の作成、先進国の途上国支援、途上国の貿易を促進させる貿易政策の促進、一次産品への偏りからより多様化した貿易への移行支援などが主な原則や政策となっている。この会議の原則や勧告のフォローアップとして、UNCTADを総会の下部機関として設立し、3年毎に会議を開催することを勧告し、さらに、55か国から成る貿易開発理事会を恒久的な機関として設立することにした[4]。これが今日のUNCTADの始まりである。国際貿易センター（ITC）もこれと同時に設立されている。

世銀は、途上国への無償援助を促進するために国際開発公社（IDA）を1960年に立ち上げ、民間投資を促進する国際金融公社（IFC）も1956年に設立している。国連は、1966年に国連開発計画（United Nations Development Programme：UNDP）を設立した。これは、1949年に国連の6つの専門機関が開発支援のために設立した技術支援拡大計画（Expanded Programme of Technical Assistance：EPTA）と1959年に設立された開発プロジェクト支援のための国連特別基金（UN Special Fund）を合併させてできたものである。途上国の資源開発支援のために、国連資本開発基金（UNCDF）も同時に設立された。その後に設立された国連ボランティア計画（UNV）はUNDPによって運営されている。また、途上国の緊急食糧支援には世界食糧計画（WFP）が1961年に設立されている。さらに、開発資金を提供する米州開発銀行が1959年に、アフリカ開発銀行が1964年に、そしてアジア開発銀行が1966年に開業している。

3．南北対立と環境問題（1970年代）

1970年代に入ると、国際経済関係に大きな変化が生じた。それは石油資源を持つ途上国の登場だった。それまで、石油資源は「メジャー」あるいは「セブン・シスターズ」と呼ばれる7つの国際石油資本によって独占されていた[5]。

この7つの石油資本は1940年代から1970年代始めにかけて独占的な地位を占め、1950年代にはコンソーシウムを形成している。国際石油資源の約85パーセントを独占していたとされる[6]。これらの資本は、石油産出国との間で自らに有利な利権を獲得してきたが、石油産出国側も徐々に石油収入の拡大に主権を行使するようになった。1960年にはイラン、イラク、クウェート、サウジアラビアとベネズエラの5か国が石油輸出国機構（OPEC）を形成したが、1960年代にはこれにリビアやアルジェリアなど5か国が加わり、1968年には石油政策宣言を採択して、石油資源に対する固有の国家主権を強調した。この動きを背景に、1970年にはリビアやアルジェリアで石油資源の一部国有化が成功し、これが次第に他の石油産出国へと広がっていった。OPEC

は1970年代初頭には石油価格の決定に大きな影響力を行使するようになった。1973年の第4次中東戦争時にはアラブ諸国による石油の禁輸措置が起きて石油価格の高騰を招き、「オイルショック」が世界経済に大きな影響を与えた。1970年代にはさらにナイジェリア、エクラドル、ガボンが加わり、1975年には13か国がメンバーとなっている[7]。

OPECの影響力を背景に、途上国は国連でもその力を発揮しはじめ、1975年には新世界経済秩序形成を要求しはじめた。それまでの「北」の先進国を中心とした経済体制から、「南」の途上国に有利な新たな国際経済秩序を構築しようとするものであった。これが「南北問題」あるいは「南北対立」として1970年代に国連を舞台に繰り広げられることになる。1979年には、イランで起きた「神学革命」で第2のオイルショックが起きる。

1970年代の大きな流れは環境の分野でも起きた。1960年から70年代にかけて、経済の発展に伴う環境の悪化が深刻な問題となっていた。大気汚染は喘息や光化学スモッグなどを誘発し人体に影響を与えていたし、水の汚染は、「水俣病」や「イタイイタイ病」などを引き起こした。スウェーデンのイニシアティブで、1972年ストックホルムで初の国連人間環境会議が開催された。会議では宣言が採択され、その中で、人が作った環境と自然の環境の両方ともが必要であり、環境を保全していくことが人間の権利でもあり、生きる権利でもあることを強調して、環境に関する26の原則と制度枠組が合意された[8]。これをもとに、総会は、国連環境執行理事会とそれを支える事務局を創設した。これが、国連環境計画（UNEP）である。なお、宣言では、環境破壊は経済発展だけではなく、経済の未発展、つまり、貧困によっても引き起こされると謳っている。例えば、アフリカのサハラ南部などでは、木を燃料として使うために伐採し、これが砂漠化を広げることにも繋がっていることがある。

UNEPの誕生を機に、各国に環境省や環境大臣が生まれたり、新たな環境保全の取り組みが出てきたりした。1988年には、世界気象機関（WMO）とUNEPの共同で、気候変動国際パネルが設立された。UNEPは、1987年に採択されたオゾン層破壊物質を規制するモントリオール議定書交渉や1988年に採択された国境を越えて移動し廃棄される危険物質の統制に関するバー

ゼル条約、1992年に採択された国連生物多様性条約の締結などにも貢献した。1992年には、ブラジルのリオデジャネイロで、「地球サミット」と称された国連環境開発会議が開催された。ここで採択された「アジェンダ21」は、開発と環境のバランスの取れた行動を促し、21世紀に向けた任意的ガイドラインを設定した[9]。

1970年前後には、人口急増への懸念を反映して国連人口基金（UNFPA）が設立され、人口の都市への移動によるスラム化の増大など居住環境の悪化の動きの中で国連人間居住計画（UN-HABITAT）が設立されている。途上国の農村や農業開発支援のための国際農業開発基金（IFAD）なども1977年に設立された。

4．途上国債務問題と構造調整（1980年代）

石油価格の高騰と石油資源を持つ国の台頭は、同じような資源を持たない途上国を窮地に追い込む結果にもなった。1970年代の開発ブームは、途上国によるローンと債務を増加させた。経済が順調に伸びている時は良いが、石油価格の高騰や利率の引き上げ、スタグフレーションなどで先進国の経済が鈍化すると、途上国の貿易や投資にも悪影響を与え、その結果途上国の経済にも足枷がかかる。1982年頃から、途上国における債務問題が表面化し、その結果、世銀やIMFは、債務国に対して、経済成長を促すために自国の経済の構造調整を要求するようになった。1982年に、メキシコが債務返済をできなくなったのを皮切りに、1980年代半ばには、多くの途上国で債務問題が出てきた。1987年にはブラジルが債務返済不能になった。この間に、債務国から債権国への資金の逆流入が起きた[10]。

この構造調整は、貿易の自由化、国営資産の民間化、金融の自由化、政府予算の支出抑制、産業や農業の改革などから成っていたが、例えば、通貨の切り下げを行うと自国の製品が国際市場で安くなり、輸出収入が増えるが、切り下がった分だけ債務額が膨らむという逆効果も現れる[11]。このように幾つもの矛盾を含んだ構造調整は、債務国に大きな政治的、経済的、社会的な影響をもたらした。

176

このような中で、国連は、1990年に国際経済協力に関する特別総会を開催した。総会で採択された宣言では、途上国の経済の活性化と成長のための国際協力が叫ばれ、特に、債務国に対しては、より多くの無利子の資金を提供するよう呼び掛けている[12]。

5. 開発へのパラダイムシフトと気候変動への対処の始まり（1990年代）

1990年代に注目されたのが、開発への新たなアプローチだった。冷戦が終わり、国連が活性化していく中で、国連に対する期待感が高まった。と同時に、冷戦の終焉は紛争の終焉を意味せず、むしろ内戦型の紛争が拡大した。その理由には、単に国内での政治権力争いだけではなく、紛争の原因に国内の社会経済的貧困と各種の経済格差が広がっていることがあるとの認識が高まった。そして、それまでの国家中心の経済社会発展から、個人のレベルに焦点を当てた開発への視点が出てくるようになった。1980年代の構造調整による社会や個人への影響も、開発へのパラダイムシフトに貢献した。

この開発へのパラダイムシフトに知的面で貢献したのが、UNDP が1990年に発表を始めた『人間開発報告書』である。そして、1994年の報告書では「人間の安全保障」への考え方が導入された。1990年の人間開発報告書（初版）では、経済社会の発展を理解する上で、国民総生産（GNP）といった総合的指標に頼るのではなく、平均寿命や教育達成度（知識）、所得（生活水準）といったより細かい指標を使い、各指標を合わせて「人間開発指標（HDI）」を算出して人間の総合力を図るという考え方が導入された。人間開発の指標はさらに修正されていったが、1994年の報告書では、人々が感じる安全保障を「安定した雇用や所得、健康、環境、犯罪のない安定性」であるとし、そのための視点として人間の安全保障という概念を提唱している[13]。人々を開発の中心に据え、経済成長を目的ではなく手段として考え、現世代だけでなく将来の世代が生きる条件を保護し、あらゆる生命体が依存しあう自然体系を尊重するといった新しいパラダイムである。

このようなことを背景に、国連は、1990年代にいろいろな分野の国際会議を主催した。1990年には世界子供サミットが開催され、その後、1992年にリ

オデジャネイロで環境と開発に関する地球サミット、1994年にはカイロで人口と開発に関する国際会議、1995年にはコペンハーゲンで社会開発世界サミットと第4回世界女性会議、1996年にはイスタンブールで第2回国連人間居住会議、ローマで世界食糧サミットが開催された。これらの会議やサミットでは宣言と行動計画が採択され、それぞれの分野で、問題解決へ向けた国際協調や国家政策の改善、市民社会参加の必要性などが謳われた。

6．ミレニアム開発目標（2000年代）

1990年代には、各種の国際会議が別々に行動していたこともあり、21世紀に向けてこれをより統合したものにしようという動きが出てきた。総会は、2000年にミレニアム・サミットを開催した。これに先立ち、アナン事務総長は、『われら人民』（We the Peoples）という報告書を提出し、貧困削減に向けたさまざまな達成すべき目標を提示した[14]。サミットでは、21世紀に向けた宣言が採択され、この中で、貧困削減に向けた国際社会の新たな開発アジェンダが表明された。ただ、この宣言は一般的で多くの分野をカバーしていたため、明確な行動指針を含んだものではなかった。そこで、UNDPや国連の関連部署、世銀や経済協力開発機関（OECD）などが集まって中身を整理し、2001年に2000年から2015年までに達成すべき8つの目標（ゴール）と21の統計可能なターゲット（後に60のインディケーターが加わる）にまとめた[15]。これがミレニアム開発目標（MDGs）である。

MDGsの8つの目標と主なターゲットは次の通りである[16]。

ゴール1：極度の貧困と飢餓の撲滅

ターゲット1.A：2015年までに1日1.25ドル未満で生活する人口の割合を1990年の水準の半数に減少させる。

ターゲット1.B：女性、若者を含むすべての人々に、完全かつ生産的な雇用、そしてディーセント・ワークの提供を実現する。

ターゲット1.C：2015年までに飢餓に苦しむ人口の割合を1990年の水準の半数に減少させる。

ゴール 2：初等教育の完全普及の達成

ターゲット2.A：2015年までに、全ての子どもが男女の区別なく初等教育の全課程を修了できるようにする。

ゴール 3：ジェンダー平等推進と女性の地位向上

ターゲット3.A：可能な限り2005年までに、初等・中等教育における男女格差を解消し、2015年までにすべての教育レベルにおける男女格差を解消する。

ゴール 4：乳幼児死亡率の削減

ターゲット4.A：2015年までに5歳未満児の死亡率を1990年の水準の3分の1に削減する。

ゴール 5：妊産婦の健康の改善

ターゲット5.A：2015年までに妊産婦の死亡率を1990年の水準の4分の1に削減する。

ゴール 6：HIV ／エイズ、マラリア、その他の疾病の蔓延の防止

ターゲット6.A：HIV ／エイズの蔓延を2015年までに食い止め、その後減少させる。

ターゲット6.C：マラリア及びその他の主要な疾病の発生を2015年までに食い止め、その後発生率を減少させる。

ゴール 7：環境の持続可能性確保

ターゲット7.A：持続可能な開発の原則を国家政策及びプログラムに反映させ、環境資源の損失を減少させる。

ターゲット7.B：生物多様性の損失を2010年までに確実に減少させ、その後も継続的に減少させ続ける。

ターゲット7.C：2015年までに、安全な飲料水及び衛生施設を継続的に利用できない人々の割合を半減させる。

ターゲット7.D：2020年までに、少なくとも1億人のスラム居住者の生活を改善する。

ゴール 8：開発のためのグローバルなパートナーシップの推進

ターゲット8.A：さらに開放的で、ルールに基づく、予測可能でかつ差別的でない貿易及び金融システムを構築する（良い統

治、開発及び貧困削減を国内的及び国際的に公約する
ことを含む）。

ターゲット8.B：後発開発途上国の特別なニーズに取り組む（後発開発途
上国からの輸入品に対する無税・無枠、重債務貧困国
［HIPC］に対する債務救済及び二国間債務の帳消しのた
めの拡大プログラム、貧困削減にコミットしている国に
対するより寛大なODAの供与を含む）。

ターゲット8.C：内陸開発途上国及び小島嶼開発途上国の特別なニーズに
取り組む（小島嶼開発途上国のための持続可能な開発プ
ログラム及び第22回国連総会特別会合の規定に基づく）。

ターゲット8.D：債務を長期的に持続可能なものとするために、国内及び
国際的措置を通じて開発途上国の債務問題に包括的に取
り組む。

　このMDGsは国家や市民社会が最初からその起草に関与していたわけで
はなかったことから、その概念が広く受け入れられるまでには時間がかかっ
た。総会が、経済社会理事会にMDGsについて「年次閣僚レビュー」を要
請したのは2005年のことであった。しかし、2000年代に入ってから世界各国
の政府開発援助（ODA）が減少しはじめたのに加え、2008年には世界を襲
った金融危機（リーマンショック）で、途上国の経済にも大きな影響が出
た。また、「テロとの戦争」が国際社会の当面の課題となったことも、途上
国支援への関心が薄れた理由の１つでもあった。

　2000年代は、気候変動への関心が高まった時でもあった。2000年のアメリ
カの大統領選で敗れたアル・ゴアが「都合の悪い真実」という映画や本を出
して、気候変動が疑いのない事実であり、主に人間の行動によって地球の温
暖化が進み、海水の上昇によって海面下になる島々や地域が増え、また、こ
れまで以上に強力な自然災害が起きることなどを警告した。2008年には、気
候変動枠組み条約の「京都議定書」が採択され、締約国を拘束する地球温暖
化物質の削減が合意されたが、アメリカのジョージ・W・ブッシュ大統領に
なってからは、そのような物質を大量に出している中国が締約国になってい

ないとして議定書から抜けた。

　女性の地位向上やエンパワーメントは、世界女性会議や MDGs の第 3 の目標達成の努力などを通じてしだいに国際的支持を増やしていったが、いくつもに分かれていた活動を 1 つに統合しようとする動きが強くなり、2010年にはジェンダー平等と女性のエンパワーメントのための国連機関「UN Women」が設立され、2011年 1 月に正式に発足した。

7．持続的開発目標へ（2010年代―）

　MDGs は主に途上国に向けられたものであることから、途上国にはしだいに受け入れられてきたが、その履行は途上国の経済発展の状況によって大きな相違があった。中国やインドは高成長を続け、また、東南アジア諸国の多くも経済発展を遂げつつあった。そのため、絶対貧困（1 日に1.25ドル以下の所得）の割合が激減した。しかし、アフリカでは、産油国や資源国、他の一部の国々を除いては、紛争や国内経済の停滞などで絶対貧困率は高いままであった。

　2015年に出された国連の MDGs 報告書では目標の達成率が示されている（2000年と2015年の比較）[17]。

ゴール 1 ：極度の貧困と飢餓の撲滅
　途上国での極貧率が47％から14％に減少；総数では19億2600万人から 8 億3600万人に減少。
ゴール 2 ：初等教育の完全普及の達成
　83％から91％に上昇；非就学数は 1 億人から5700万人に減少。
ゴール 3 ：ジェンダー平等推進と女性の地位向上
　途上国全体としては、初等、中等教育で男女比がほぼ同様に；女性の国会議員に占める割合がほぼ 2 倍上昇（それでも 5 人に 1 人）
ゴール 4 ：乳幼児死亡率の削減
　1000人当たり、90人から43人に減少。
ゴール 5 ：妊産婦の健康の改善

妊産婦死亡率が45％減少。

ゴール 6 ：HIV ／エイズ、マラリア、その他の疾病の蔓延の防止

HIV 感染率が40％減少（2000年から2013年まで）。

マラリア感染率が37％減少、死亡率が58％減少。

肺結核死亡率が45％減少（2000年から2013年まで）。

ゴール 7 ：環境の持続可能性確保

オゾン破壊化学物資は98％が撤廃。

飲料水へのアクセスが76％から91％に上昇。

21億人がトイレへのアクセス確保。

ゴール 8 ：開発のためのグローバルなパートナーシップの推進

政府開発援助（ODA）が66％上昇。

対外債務が減少。

携帯電話の普及率が世界人口の95％；インターネット普及率が 6 ％から43％に上昇。

　2015年に終了する MDGs の後を受けてその後どうするかについては多くの議論があったが、コロンビアが提唱した「持続可能な開発」概念がしだいに受け入れられていく。これは、持続的な発展のためには単に経済だけでなく、平和の維持や環境の保全も関係しており、そうすると、問題は単に途上国だけでなく、先進国も含むグローバルなものであるとの理解が深まってきたのである。

　このような中で、2007年にブラジルのルーラ・ダ・シルバ大統領が新たな環境開発会議を提唱し、2009年の国連総会で2012年にリオデジャネイロで国連の持続可能な開発会議を開催することが決議された。その背景には、1972年のストックホルムでの最初の国連環境開発会議と1992年の第 2 回国連環境開発会議後、主に環境面では進展があったが、しだいに環境だけでなく、より広範囲な開発の持続性（サステイナビリティー）を保ちながら開発と環境のバランスの取れた発展を目指すことの重要性が指摘されるようになったことがある。

　この開発と環境のバランスから、より広範囲な開発の持続性への新たなパ

ラダイムシフトにおいて、南米のコロンビアが果たした役割は大きかった[18]。途上国の中には、途上国を中心に据えた MDGs からグローバルな SDGs（持続可能な開発目標）に視点が変わることにより、先進国からの支援が後退することを恐れるところも多く、また、途上国の MDGs と先進国を含む SDGs が別々に進むことに懸念を示すところも多かった。コロンビアは、リオ＋20会議への会議準備プロセスで SDGs への移行への支持を増やしていき、流れを作った。「我々が望む将来（The Future We Want）」をスローガンにした2012年のリオ＋20会議では、2015年以降の新たな開発のアジェンダに関する「公開作業部会」の開催が決まった。作業を円滑に進めるために、この作業部会は「公開」ではあるものの、参加国は30か国とした。そして、MDGs 作成の過程で国家や市民社会が参画していなかったことの反省もあり、より広い層を巻き込み、約３年に渡る国家間交渉と世界各地での市民社会との対話、公聴会などを通じて、2015年９月の国連総会のサミットで持続可能な開発目標（SDGs）が正式に採択された。この SDGs は17の目標と169のターゲット、約230の指標を含む[19]。

　持続可能な開発目標は次の通りである（17の目標と主なターゲットのみ記載）。

　目標１　あらゆる場所のあらゆる形態の貧困を終わらせる。
　目標２　飢餓を終わらせ、食料安全保障及び栄養改善を実現し、持続可能な農業を促進する。
　目標３　あらゆる年齢のすべての人々の健康的な生活を確保し、福祉を促進する。
　目標４　すべての人に包摂的かつ公正な質の高い教育を確保し、生涯学習の機会を促進する。
　目標５　ジェンダー平等を達成し、すべての女性及び女児の能力強化を行う。
　目標６　すべての人々の水と衛生の利用可能性と持続可能な管理を確保する。
　目標７　すべての人々の、安価かつ信頼できる持続可能な近代的エネルギ

第 10 章　国際経済開発社会変動への対応　183

一へのアクセスを確保する。

目標 8　包摂的かつ持続可能な経済成長及びすべての人々の完全かつ生産的な雇用と働きがいのある人間らしい雇用（ディーセント・ワーク）を促進する。

目標 9　強靱（レジリエント）なインフラ構築、包摂的かつ持続可能な産業化の促進及びイノベーションの推進を図る。

目標10　各国内及び各国間の不平等を是正する。

目標11　包摂的で安全かつ強靱（レジリエント）で持続可能な都市及び人間居住を実現する。

目標12　持続可能な生産消費形態を確保する。

目標13　気候変動及びその影響を軽減するための緊急対策を講じる。

目標14　持続可能な開発のために海洋・海洋資源を保全し、持続可能な形で利用する。

目標15　陸域生態系の保護、回復、持続可能な利用の推進、持続可能な森林の経営、砂漠化への対処、ならびに土地の劣化の阻止・回復及び生物多様性の損失を阻止する。

目標16　持続可能な開発のための平和で包摂的な社会を促進し、すべての人々に司法へのアクセスを提供し、あらゆるレベルにおいて効果的で説明責任のある包摂的な制度を構築する。

目標17　持続可能な開発のための実施手段を強化し、グローバル・パートナーシップを活性化する。

8．開発における国連の優位性

　経済や社会開発は、第一義的には国家とその国民の責任であるが、相互依存が高まる国際社会の中で、自国だけでそのような開発、発展を遂げることはできなくなっている。国家間の調整を行い、国際的な公益性を守り、なお各国の経済社会の開発、発展に寄与する上で、国連は大きな貢献をしてきている。

　国連の優位性はいくつもある。まず、その普遍性である。国際経済、社

会、環境など、グローバルな政策形成で、全加盟国が参画権限を持っている。国連は、そのような政策形成のフォーラムを提供し、国際会議の招集力を持っており、グローバルなレベルでの開発を巡るプライオリティーに関するコンセンサス作りを推進してきている。そして、そのようなコンセンサスは政治的正当性を持つことになる。さらに、国連は世界各国に事務所を持ち、グローバルなプレゼンスを保つとともに、開発に関する蓄積した専門的知識やノウハウも持ち合わせ、途上国の中長期的開発プログラム作成などにも寄与できる。

　経済社会開発や環境、人権などに関与している国際機関は国連以外にも多くあり、それぞれの役割を果たしているが、国連はそのような多種多彩なアクター、ステークホルダーとの連携、調整を行い、アジェンダ21やMDGsやSDGs（アジェンダ2030）など国際的なコンセンサス作りに貢献してきているといえる。

注
1）法務省「難民条約とは」。http://www.moj.go.jp/nyuukokukanri/kouhou/press_040227-1_040227-1-11.html
2）詳細はhttps://www.unrwa.org/palestine-refugees 参照。
3）総会決議1710（XVI）。
4）E/CONF.46/141, Vol. I。
5）Anthony Sampson, *The Seven Sisters: The Great Oil Companies and the World They Shaped*, New York: Viking Press, 1975. 7つ国際石油資本とは、アングロ・ペルシャ石油会社（今日のブリティッシュ・ペトロリウム：BP）、ガルフ・オイル（後にBPとシェヴロンに分かれる）、カルフォルニア・スタンダード・オイル（今日のシェヴロン）、テキサコ（後にシェヴロンと合併）、ロイヤル・ダッチ・シェル、ニュージャージー・スタンダード・オイル（エッソからエクソンになる）、ニューヨーク・スタンダード・オイル会社（モービルからエクソンと合併してエクソン・モービルとなる）であり、今日残っているのは、BP、シェヴェロン、ロイヤル・ダッチ・シェルとエクソン・モービルの4つである。
6）Herold's Financial Dictionary. https://www.financial-dictionary.info/terms/seven-sisters-oil-companies
7）2017年時点では14か国がメンバー。http://www.opec.org/opec_web/en/about_us/24.htm
8）詳細はA/CONF.48/14/Rev.1参照。
9）全文はhttps://sustainabledevelopment.un.org/content/documents/Agenda21.pdf 参

照。

10) Horst Tomann, "The Debt Crisis and Structural Adjustment in Developing Countries," *Intereconomics*, September 1988, Volume 23, Issue 5, pp 203-207.

11) John Pastor Ansah, "Causal Analyses of Debt and Structural Adjustment Program," 2014. https://www.researchgate.net

12) United Nations General Assembly Official Records: Eighteenth Special Session, Supplement No.2 (A/S-18/15).

13) UNDP, Human Development Report 1994, pp.3-4. その後の人間の安全保障に関する議論の進展については、東大作・峯陽一「人間の安全保障の理論的なフレームワークと平和構築」、東大作編著『人間の安全保障と平和構築』(日本評論社、2017年) 第1章参照。

14) Kofi Annan, "We the Peoples： The Role of the United Nations in the 21st Century," United Nations, 2000.

15) Felix Dodds, David Donoghue, Jimena Leiva Roesch, *Negotiating Sustainable Development Goals: A transformational agenda for an insecure world*, New York and London: Routledge, 2017, p.6.

16) 外務省、「ミレニアム開発目標 (MDGs) とは」。
http://www.mofa.go.jp/mofaj/gaiko/oda/doukou/mdgs/about.html#mdgs_list

17) United Nations, *The Millennium Development Goals Report 2015*, pp.4-9概観。

18) Felix Dodds, et al., *Negotiating the Sustainable Development Goals*, pp.17-19参照。

19) United Nations, "Transforming the World: The 2030 agenda for sustainable development," A/RES/71/1.

第11章　信託統治理事会と非植民地化

非植民地化は、国連が達成した1つの大きな成果である。第二次世界大戦後の世界では、約7億5千万人といわれる人たちが植民地に暮らしていた。当時の世界の人口の約3分の1といわれる。そのほとんどが非植民地化を成し遂げ、今日では非自治地域と呼ばれる他の独立国の統治下にある地域はごく少数となった。

1．民族自決権と連盟の委任統治制度

非植民地化の根本にある考え方は、民族自決権である。それぞれの民族は、自らの統治のあり方を自ら決めることができるというものである。この民族自決権の考え方が国際政治の舞台で公の政策として打ち出されたのは、第一次世界大戦終了時、1918年1月に発出されたアメリカのウッドロー・ウィルソン大統領の14か条宣言だった。この第10条で、オーストリア・ハンガリー帝国の住民は自決権を付与されるべきだと述べ、第11条では、バルカン諸国は自決権と独立を認められるべきだと主張した。第一次世界大戦が、民族主義の高揚するバルカン半島、具体的にはオーストリア・ハンガリー帝国の支配下にあったサラエボでのオーストリア皇太子の暗殺事件に端を発したことが、ウィルソン大統領の主張の根底にあった。

この民族自決権は、国際連盟規約では独自の地位を与えられなかったが、植民地であっても完全な自治権が与えられていた地域は、連盟総会の3分の

２の多数で連盟への加入が認められ、また、敗戦したドイツやトルコの海外の植民地は、委任統治制度を設けて、その住民の福利と発達は加盟国に委任されることになった。連盟の役割は、統治国からの報告を受けて、この制度を監督することだった。

委任統治制度の背景には、さらに、敗戦国の領土の一部を割譲した場合に、敗戦国にはこの領土を取り返そうとの意思が働き、新たな紛争や戦争の火種になるとの認識もあった。第一次世界大戦までは、領土の割譲は戦後処理の１つの手段として見られてきたが、第一次世界大戦はそれまでの戦争と違って全面戦争となったこともあり、集団安全保障体制の中で新たな戦争の火種を未然に防ごうとの認識の表れでもあった。

この委任統治制度（Mandates System）は、植民地の政治や経済の発達の度合いによって３つに区別された[1]。

A クラス（独立国としての仮承認を得ているか自立できるほど発達している地域）：

イラクとパレスチナ（イギリス）、シリアとレバノン（フランス）［イラクは1932年、シリアは1946年、レバノンは1943年に独立］

B クラス（自治がかなり進んでいる地域）：

タンガニーカ、トーゴランドとカメルーンの一部（イギリス）、ルアンダ＝ウルンディ（ベルギー）、トーゴランドとカメルーンの一部（フランス）

C クラス（発達が遅れているため、施政国の一部として統治できる地域）：

南西アフリカ（南アフリカ）、ドイツ領サモア（ニュージーランド）、ニューギニアとナウル（オーストラリア）、赤道以南の太平洋諸島（日本）

２．国連の信託統治制度

国連は、「自決の原則の尊重」をその目的の１つとして掲げて、連盟時代の委任統治制度を「信託統治制度」という新たな形で継承することになった。

この制度のあり方に大きな影響を与えたのはアメリカだった。アメリカは

自己の歴史から植民地主義を嫌い、ウィルソン大統領以来、民族の自決権を支持してきた。国連創設にあたっては、当初より広範囲な信託統治制度を考えていたが、多くの植民地を持つイギリスとの間で協議が行われ、オーストラリアの参加も得て、憲章第12章と第13章に規定されたような形のものとなった[2]。

国連の信託統治制度の特徴は、まず、国連に信託統治地域の統治と監督に関してより大きな権限が与えられたことである。そして、信託統治地域が連盟の委任統治地域より拡大したことである。信託統治国は、国連との協定で信託統治地域の統治権限を付与され、国連に対してその責任を全うすることになる。

信託統治制度の目的は、単に監督するだけではなく、国連の全体の目的と合致する形で考えられた。その内容は、端的に示すと次のようなものである（憲章第76条）。

（1）国際平和および安全の増進
（2）信託統治地域の住民の政治的、経済的、社会的および教育的進歩の促進と、自治または独立に向っての住民の漸進的発達の促進
（3）人権および基本的自由の尊重
（4）社会的、経済的および商業的平等の待遇と司法上で平等の待遇の確保

ここで特に注目されるのが、「自治」と「独立」が信託統治制度の目的とされていることである。そして、この目的は、地域の状況やその住民の願望、信託統治協定の条項を考慮して達成されるべきものとしていることである。さらに、自治や独立に向かっての動きは漸進的なものとして想定されている。自治や独立を達成した後、住民が自立していくためには十分な準備が必要との認識である。信託統治協定には自由な政治制度の発展のための施政国の責任が規定されており、住民の漸進的な政治参加の促進が要請された。ただし、ほとんどの協定には自治や独立、あるいはそのタイムテーブルは明記されなかった。施政国側からみると、そのような明記は困難との立場だっ

た。施政国に対する努力の要請は、結局総会と信託統治理事会によってなされることになる。施政国は国連に対して信託統治に関する報告書を提出する義務があり、総会や信託統治理事会は、施政国に対して様々な情報提供を要請することができたのである。

信託統治制度に組み込まれたのは、次の3つの地域である。

（1）連盟の委任統治の下にあった地域
（2）第二次世界大戦の結果として敵国から分離された地域
（3）施政国によって自発的に制度下に置かれた地域

連盟の委任統治制度のうち、Aクラスに指定されたイラクはすでに完全独立し、シリアとレバノンも国連の原加盟国として迎え入れられた。残ったのはパレスチナだけだったが、ユダヤ人とパレスチナ人の対立によって、イギリスはこの地域の問題の解決を国連に委ねることになる。Bクラスはすべて国連の信託統治制度に組み込まれたが、Cクラスに関しては、南西アフリカ（後のナミビア）は施政国の南アフリカが国連の信託統治制度下に置くことを拒否したが、残りはやはり信託統治制度に組み込まれた。南西アフリカは、その後国連と南アフリカとの間の大きな争点となり、その解決は冷戦終焉時まで持ち越されることになる。

ほとんどの場合、施政国は変わらなかったが、変わったのは日本が施政していた太平洋諸島だった。日本はアメリカの占領下に入ったため、太平洋諸島もアメリカの支配下に入ったが、この地域はアメリカにとって軍事戦略的な重要性があったため、国連憲章起草の段階で、この地域を「戦略的地域」として規定し、その監督責任は総会ではなく、安全保障理事会に与えられることになった（憲章第82条と第83条）。

敗戦国から分離された他の地域のうち、朝鮮半島についてはすでに38度線を境に北はソ連が、南はアメリカが占領していたが、当初朝鮮半島を国連の信託統治制度に組み入れる案が議論され、1945年10月の米英中ソの4か国外相会談でそのための準備委員会が設置された。4か国による5年間に渡る信託統治案が議論されたが、合意に至らなかった[3]。1948年までにはすでに南

北朝鮮の間に政治的対立が起きており、冷戦が悪化する中で、そのような合意は現実的なものではなくなっていた。

アフリカにおけるイタリアの植民地であるエリトリア、イタリアソマリランド、リビアについては、信託統治化の議論が総会でなされたが、合意されたのは1949年のイタリアソマリランドだけで、これはイタリアに10年間に限定した施政権が委託された。エリトリアは後にエチオピアの一部となり、リビアは1951年に独立した。

最終的に7施政国による11の信託統治地域が国連の信託統治制度下に入った。

トーゴランド（イギリスの統治）
　イギリスの非自治領のゴールド・コーストと連合し、ガーナとなる（1957）。

ソマリランド（イタリアの統治）
　イギリス領ソマリランドと連合し、ソマリアとなる（1960）。

トーゴランド（フランスの統治）
　トーゴとして独立（1960）。

カメルーン（フランスの統治）
　カメルーンとして独立（1960）。

カメルーン（イギリスの統治）
　北はナイジェリアに編入、南はカメルーンに編入（1961）。

タンガニーカ（イギリスの統治）
　1961年に独立（1964年にタンガニーカと1963年に独立した旧イギリス領のザンジバールが統合し、タンザニア統一共和国として誕生する）。

ルアンダ＝ウルンディ（ベルギーの統治）
　1962年ルワンダとブルンジに分かれ独立（1962）。

西サモア（ニュージーランドの統治）
　サモアとして独立（1962）。

ナウル（オーストラリアがオーストラリア、ニュージーランド、イギリスを代表して統治）

1968年に独立。

ニューギニア（オーストラリアが統治）

非自治地域のパプアと統合してパプアニューギニアとして1975年に独立。

太平洋諸島信託統治（アメリカが統治）[4]

a. ミクロネシア連邦：1990年にアメリカと自由連合、1991年独立、国連加盟。

b. マーシャル群島：1990年にアメリカと自由連合、1991年独立、国連加盟。

c. 北マリアナ諸島：1990年に自治獲得、アメリカのコモンウェルス（自治連邦区）の一部になる。

d. パラオ：1993年にアメリカと自由連合承認、1994年独立、国連加盟。防衛・安全保障でアメリカが統轄、経済支援。

信託統治による自決権の行使には、基本的に3つの選択肢がある。

（1）独立
（2）施政国もしくは他の独立国への統合
（3）自由連合やコモンウェルスといった施政国もしくは他の独立国との特別な関係の樹立

　この3つの選択肢は、1960年の総会決議1541（XV）で、自治権の行使の手段として認められたものだった。ミクロネシアとマーシャル群島、パラオのアメリカとの自由連合は、国内政治に関しては完全な自治体制となるが、防衛と安全保障に関してはアメリカの庇護を受けるというものである。北マリアナ諸島はアメリカのコモンウェルス（自由連邦区）となり、プエルトリコと同じような扱いとなり、アメリカの大統領が国家元首であるが、自らの自治政府と議会を持ち、アメリカの下院に議員を1名選出できる。アメリカの国籍が取得できる。

3．信託統治理事会

　信託統治制度を監督するために、信託統治理事会が国連の主要機関として設立された。当初は３つのカテゴリーで構成された（憲章第86条）。

（1）信託統治地域の施政を行う加盟国
（2）第23条（安全保障理事会常任理事国）に名を掲げる加盟国で信託統治地域の施政を行っていない加盟国
（3）総会によって３年の任期で選挙されるその他の加盟国。その数は、信託統治理事会の理事国の総数を、信託統治地域の施政を行う加盟国とこれを行っていないものとの間で均分するのに必要な数とする。

　信託統治地域は、国連と施政国との間の協定で信託統治制度下に置かれることになったため、信託統治理事会が正式に発足したのは1947年のことだった。1946年に当初８つの地域が信託統治地域として総会で承認されたが、その直後に最初の理事国選挙が行われた。施政国は当初オーストラリア、ベルギー、フランス、ニュージーランドとイギリスの５か国だった。施政国でないメキシコとイラクが選出され、さらに、常任理事国の中国、ソ連とアメリカが加わった。1947年に太平洋諸島に関する信託統治協定が締結されたため、アメリカはその時点で施政国に加わった。施政国と非施政国との数を均等にするため、1948年から1955年まではさらに２か国の非施政国が選出された。ソマリランドに関する協定は1950年に締結され、イタリアが施政国となったが、当時イタリアは国連に加盟していなかったため、信託統治理事会には投票権なしの参加となった。イタリアが1955年に国連に加盟してから、施政国が１つ増えたので、非施政国も１つ増えた[5]。
　1950年代末から1960年代初めに大きな非植民地化の流れがあった。この流れの中で、1960年にはカメルーンとトーゴランドが独立し、イタリアのソマリランドにおける信託統治が終了し独立したため、信託統治理事会の構成にも変化が生じた。さらに、1961年にはタンガニーカと西サモアが独立し、

1962年にはルアンダとウルンディが独立した。1968年にはナウルが独立、その後、1975年にニューギニアが独立し、1994年までには太平洋諸島がすべて自決権を行使した。その時点で信託統治地域がなくなったため、信託統治理事会は開店休業の状態になり、活動を停止した。

4．非自治地域宣言と非植民地化

非植民地化の流れに大きく貢献したのは、国連憲章第11章の「非自治地域宣言」と1960年に総会で採択された「植民地と人民に独立を付与する宣言」である。

信託統治制度に組み込まれたのは11地域だけだったが、組み込まれなかった植民地は相当な数だった。それらの地の人々の福利厚生をどのように確保し、将来自決権を行使して自らの統治をどうするか決めるのを支援するのは国連の大きな課題だった。そのため、非自治地域宣言は、国連創設のためのサンフランシスコ会議で採択され、その中で統治国の国際的統治責任の原則が明確にされ、それが憲章第11章第73条に明記されている。

その中では、統治国がその地域の住民の利益が至上のものであるという原則を承認し、住民の福祉を増進するための義務を負うことが宣言されており、それが国際の平和と安全に貢献するものであるとしている。統治国の義務については、文化の尊重、政治的、経済的、社会的および教育的進歩、公正な待遇、虐待からの保護、地域や住民の特殊事情や異なる社会の発展状況に応じた自治の発達や政治制度の漸進的発達など、広範囲にわたるものである。

ただ、地域の特殊事情や社会の異なる発達段階に言及することにより、統治国に柔軟性を与えることになる。これに対しては、事務総長に統治地域の経済、社会、教育状況などについての情報を提出させることによって、国連の監督権を確保しようとした。国連の専門機関などとの協力を奨励することによって、より実質的な発展を促進させようとする意図もあった。

問題は、何をもって「非自治地域」とするかという定義の問題と、統治国による非自治地域の情報、特に政治的発展に関する情報の提供、さらに、自

治権の行使方法だった[6]。国連憲章には非自治地域に関する定義がなく、サンフランシスコ会議でも定義は生まれていなかった。そのため、国連の監督権を抑えようとする統治国側と自決権の行使を推進しようとする国々が対立することになる。

1946年、海外に非自治地域を持つオーストラリア、ベルギー、デンマーク、フランス、オランダ、ニュージーランド、イギリス、アメリカの8か国は、施政下にある非自治地域を自発的に国連に提出した。合わせて72の地域が国連のリストに載ることになり、それらの地域の発展状況は、統治国の報告に基づいて総会の第4委員会（特別政務委員会）で審議されている。非自治地域のリストは、1963年に改定され、64地域が対象となった。

第二次世界大戦後、アジアやアフリカなどでは民族主義が徐々に高揚し、民族解放運動も広がり、その中には武力闘争も含むものになっていった。インドシナでの統治国フランスに対する独立運動は1946年から1954年まで続き、1954年頃からはフランスの統治に対するアルジェリアの抵抗が激化し、独立戦争は1962年まで続くことになる。インドは1947年に正式に独立したが、ほぼ同時にパキスタンがインドから分離して独立し、国連に加盟した。インドネシアはオランダに対する独立戦争を1949年に勝ち取り、翌1950年に国連に加盟した。

アフリカでも独立運動が徐々に高まり、まずリビアが1951年に独立、続いてスーダン、モロッコ、チュニジアが1956年に独立、ガーナが1957年、ギニアが1958年に独立した。東西冷戦下でも1950年代には政治的妥協が成立して、東欧諸国、西欧諸国、日本などが次々に国連に加盟していったため、1950年代末までに32か国が新たに国連に加盟し、国連加盟国の総数は83か国となった。東欧諸国は一般的に途上国の民族解放闘争に同情的だった。また、1955年にはインドネシアのバンドンでアジア・アフリカ会議が開催され、非同盟運動が発足した。その指導者には、インドのネルー首相、アラブナショナリズムの指導者ともいえるエジプトのナセル大統領、東西対立の中で中立的立場を取ったユーゴスラビアのチトー大統領、それにインドネシアのスカルノ大統領だった。

このような一連の動きを背景に、1960年に国連総会で「植民地と人民に独

立を付与する宣言」が採択された。採択に反対した国はいなかったが、それ
は、非植民地化に対する国際社会の道徳的、政治的支持の表れだった。ま
た、宣言が端的で国連が依拠する原則論を基礎にしたものだったことも、反
対する余地を与えなかった理由になったといえる。

　宣言の本文は7項から成る。要旨は次の通り。

（1）外国への服従は基本的人権の否定であり、国連憲章に反する。

（2）すべての人民は自決の権利がある。

（3）政治、経済、社会や文化の発展の程度は独立を遅らせる理由になら
　　ない。

（4）統治されている人民への武力行動や圧制的措置は停止する。

（5）独立を達成していない信託統治地域や非自治地域、その他の領土へ
　　全ての権力を移譲するよう即時措置を取る。

（6）国家の統一や領土保全を妨害する行為は国連憲章の目的と原則に反
　　する。

（7）すべての国家の平等と内政不干渉、主権の尊重、領土保全を基礎と
　　した国連憲章、世界人権宣言とこの宣言にすべての国は厳格に従う。

　この非植民地化の流れを受けて、1960年には17の新興独立国が一気に国連
に加盟した。その後も次々に新興独立国が誕生し、国連に加盟することによ
って、国連内の政治バランス、特に1国1票の総会での政治バランスが途上
国に有利となっていった。途上国は1964年に開催された国連貿易開発会議
（UNCTAD）の際に「77グループ（G-77）」を結成し、その後新たなメンバ
ーを加えて、国連内での大きな政治勢力となっていった。2017年の時点で
134か国を抱え、国連加盟国193か国のうち3分の2の多数を占めるほどにな
っている。また、途上国の進出で大きな影響が出たのが、中国の代表権問題
だった。

　非植民地化独立宣言の履行状況をフォローアップするために、1961年に植
民地と人民に独立を付与する宣言履行特別委員会（通称「非植民地化委員
会」）が設立された。設立当初は24か国で構成されたいため、C-24 委員会

第11章 信託統治理事会と非植民地化 197

とも呼ばれる。2017年時点では29か国がメンバーとなっている。この委員会は、各非自治地域に関する事務総長報告を受け、年次会合で自決権の行使に関する進捗状況を審査する。非自治地域からの意見を聴取したり、派遣団を送って現地調査したり、太平洋地域とカリブ海地域で交互に年次セミナーを開催している。

5．今日の非自治地域とその将来

非自治地域は、2017年の時点で16ある。人口が一番多いのが西サハラで、50万人を超える。人口が一番少ないのがピトケアン諸島で、僅か39人である。大多数が10万人以下の人口で、西サハラとジブラルタルを除くとすべて島である。統治国はイギリス、フランス、アメリカとニュージーランドの4か国だけである。西サハラはモロッコが領有権を主張しているが、西サハラのポリサリオ戦線がこれに反対し、領有権を主張している。非自治地域の中で領有権争いがあるのは、この西サハラとジブラルタル、さらに、フォークランド島・マルビナスの3つである[7]。

西サハラ

西サハラはスペインが統治しており、1963年に国連に対して非自治地域としての申請があった。そのスペインは、独裁者フランコ大統領の死後1976年に西サハラを放棄したため、当初スペインとモーリタニアが領土権を主張したが、西サハラのポリサリオ戦線も独立を主張した。モーリタニアは1979年に領土権を放棄したため、西サハラはそれ以降モロッコとポリサリオ戦線の争いとなった。1985年からの国連事務総長とアフリカ統一機構（OAU、後のAU）の仲介で1988年に「解決案」が受け入れられ、1991年に解決案履行と停戦のために国連のPKO（MINURSO）が設立され、身分証明委員会（Identification Commission）も設けられた。身分証明委員会の役割は、西サハラの帰属に関して住民投票を行うための有権者の身分を証明させるもので、1994年から本格的な作業を開始したが、モロッコに移住している西サハラ人を有権者として数えるモロッコと数えないポリサリオ戦線との間での見

解の相違があり、その作業は遅延したが、1999年までにはその作業を終えた。しかし、一時争点となっていた幾つかの部族の有権者資格をめぐるアピールのプロセスや難民の帰還などを巡って問題は解決しておらず、いまだに住民投票は実現していない。

ジブラルタル

ジブラルタルは、1713年のユトレヒト条約でスペインがイギリスに譲渡したところである。イギリスは、1946年にジブラルタルを非自治地域として国連に申請した。これに対し、スペインは、譲渡したのはジブラルタルの市と城、港と防御施設、防壁だけだと主張している。イギリスは、地峡と領海も含むと主張しており、これらを巡る両国の間での争いとなっている。国連総会は1965年以来両国に対して対話と平和的解決を促している。対話は2004年から数年行われたが、その後再開していない。

ピトケアン諸島

ピトケアン諸島は、ニュージーランドと南アメリカの中間にあり、現存している非自治地域のうち最小のもので、人口わずか39人である。そのほとんどが1789年に起きたイギリス帆船バウンティー号での反乱で島に残った人たちの子孫である。島に残ったのは8人の船員と18人のポリネシア人だった。1946年にイギリスから非自治地域として国連に申告された。イギリスの海外領土との位置づけがなされており、イギリスのニュージーランド高等弁務官が島の理事会と協議の上に統治している。住民は、このまま非自治地域としてイギリスに残る意向を示している。わずかな人口なので、イギリスの庇護のままの方が住民にとっては恩恵が大きいという判断である。

トケラウ

トケラウは、南太平洋のサモアの北に位置し、低地の島々から成っている。ニュージーランドによって統治されている。人口約1500人で、1946年に非自治地域として申告された。2006年と2007年に、ニュージーランドとの自由連合協定に関する住民投票を行ったが否決された。自由連合になると自治

表11- 1

非自治地域(2017年時点)		
地域	施政国	人口
アフリカ		
西サハラ	―	584,000
アジア・太平洋		
米領サモア	アメリカ	60,200
ニューカレドニア	フランス	268,767
フランス・ポリネシア	フランス	271,800
ピトケアン諸島	イギリス	39
トケラウ	ニュージーランド	1,499
大西洋、カリブ海および地中海		
アンギラ	イギリス	15,700
バミューダ	イギリス	61,695
英領バージン諸島	イギリス	28,200
ケイマン諸島	イギリス	60,413
フォークランド諸島(マルビナス)	イギリス	2,500
ジブラルタル	イギリス	33,910
モントセラト	イギリス	5,000
セント・ヘレナ	イギリス	5,691
タークス・カイコス諸島	イギリス	37,910
米領バージン諸島	アメリカ	103,700

出典：国連 http://www.un.org/en/decolonization/nonselfgovterritories.shtml

は拡大するが、ニュージーランドからの経済支援が減少するとの危惧が影響
した。

ニューカレドニアとフランス・ポリネシア

　ニューカレドニアは、南太平洋に位置し、フランス憲法下の海外特別共同
体との位置付けで大幅な自治権が与えられている。1946年に非自治地域とし
て申告されたが、当初フランスの海外領土として統治されたため、国連への
統治報告をしなかった。国連総会は、1986年に非自治地域として指定したた
め、フランスは非植民地化委員会の審議に参加していなかった。政治的には
独立派と反独立派の争いがあったが、1998年のヌメア合意で、2018年末まで

には住民投票が行われることになっている。フランスは、非植民地化委員会の審議に再参加している。

　フランス・ポリネシアも同じようにフランスの海外領土だったが、2003年に海外共同体となり、2004年には大幅な自治権を獲得した。2013年に国連の非自治地域のリストに掲載されている。

アメリカの立場

　非自治地域として国連のリストに掲載されているアメリカ領サモアとアメリカ領バージン諸島については、1946年にアメリカは非自治地域として申告している。しかし、自治されているがアメリカに編入されていない地域としての扱いで、国連の非植民地化委員会の管轄下になく、これらの諸島との関係はアメリカの国内問題だとしている。

バミューダやケイマン諸島など

　イギリスは、北大西洋のバミューダやカリブ海のケイマン諸島など非自治地域に掲載されている地域とは住民の意向を尊重したパートナーシップの関係になっているとしている。知事や議会が存在し、知事は外交や防衛、治安維持などに責任がある。税制面などで本国よりも有利な立場に置かれているため、海外金融資産運用の拠点となっており、住民の多くは現在のままの関係を支持している。

　非自治地域は、総人口で200万人を割るが、国連から見ると非植民地化がまだ完結していないことになる。それぞれの非自治地域によって事情が異なるため、自決権の選択肢がどの程度住民によって支持されるかは、住民の判断による。一部の地域の領有権争いはすぐに解決する目途は立っていない。また、自決権の行使が住民にとって最大の利益とは必ずしもならないところもあり、すでに相当な自治権を行使しているところもある。当面は現状が続く地域が多いと予想されるが、フランスのようにすでに自決権行使のスケジュールを決めたところもあり、非植民地化は国際社会の大きな争点とはなっていないといえる。

注

1）Aクラスの領土はトルコの支配地だった。BクラスとCクラスの領土はドイツの植民地であった。

2）Goodrich, pp.464-465.

3）*Ibid.*, pp.485-486.

4）アメリカは、太平洋諸島の信託統治は1986年に終了したとしているが、「戦略的地域」のため、安全保障理事会によって正式に承認されたのはパラオ以外の3地域が1990年であり、パラオの場合1994年であった。

5）Goodrich, pp.520-522.

6）*Ibid.,* pp.453-462.

7）非自治地域として記載されているところは、各年出版される事務総長報告書に基づいている。

第12章　国際司法裁判所

1．主要な司法機関

　国際司法裁判所は、国連憲章で「国連の主要な司法機関」として定義され（第92条）、その規程が憲章のアネックスとして付随することにより、国連の主要機関の１つとなっている。そのため、国連加盟国は自動的に国際司法裁判所規程の受け入れ当事国となる（第93条１項）。

　国際司法裁判所は、国家のみが加入でき、国家間の係争を裁定する機関である。国連の主要機関はアメリカ、ニューヨークの国連本部にあるが、国際司法裁判所だけオランダのハーグにある。裁判所は、ハーグにあった国際連盟時代の常設国際司法裁判所を基礎としている（第92条）。国際連盟は政治的な理由で十分に機能せずに終わったが、常設国際司法裁判所は、国際法に関する解釈の明確化や国際法の発展に寄与したとの評価を受けた。1922年から1940年まで機能したが、その期間、29の国家間係争を審議し、27の勧告的意見を述べている[1]。また、多くの国際条約が係争の際に常設国際司法裁判所に裁定を求めることに言及していたため、国際司法機関の継続性が求められた。しかし、第二次世界大戦での敵国や中立国の多くが常設国際司法裁判所に加入していたこともあり、常設国際司法裁判所に代わる新たな国際司法裁判所が設立されることになった[2]。

　常設国際司法裁判所は、連盟規約の中で連盟理事会による設立が謳われ（第14章）、実際1922年に設立されたが、連盟の外郭的裁判所だった。連盟の

場合には、連盟に加盟しても常設国際司法裁判所には加入しないということができた。例えば、ソ連は1934年に連盟に加盟したが、常設国際司法裁判所には加入しなかった。国際司法裁判所の場合には国連の一部となり、両者の間には密接な関係がある。

　新たな国際司法裁判所規程は、大国の政治交渉によって決められたのではなく、43か国の代表からなる法律専門家委員会（Committee of the Jurists）によって練られ、サンフランシスコ会議で多少の修正等を経て採択された。規程草案の時点での大きな争点は、義務的管轄権や裁判官の選出方法だった。国際司法裁判所に大きな決定権限を与えるため、義務的管轄権を与えようとする中小国に対し、アメリカやソ連は自国の主権がそのような義務的管轄権によって縛られることを嫌い、反対した。結局、義務的管轄権は、加盟国の自由な意思によって受け入れられることとなった。

　裁判官の選出については、常設国際司法裁判所の裁判官選出の方法を継承し、各国の法律専門家グループの推薦を基礎とすることになったが、最終的な選出は総会と安全保障理事会での別々な選挙で多数決により行うという国際連盟方式が採用された。この場合、安全保障理事会での選挙では拒否権が適用されないということで政治的妥協が成立した。

2．非加盟国の加入

　国際司法裁判所は、非加盟国でもその規程を受け入れ、加入できる。その場合は、安全保障理事会の勧告により総会によって決められた条件を受け入れることになる（憲章第93条2項）。加入の条件はすでに1946年の総会と安全保障理事会で設定されている。基本的には、国際司法裁判所規程を受け入れ、裁判所の裁定に従い、裁判所予算に関しては総会で決められた額を支払うといったものである。国連創設当初、永世中立国のスイスがそのような条件を受け入れ、1948年に加入を認められている。

　非加盟国への門戸の解放は、国連創設当初、旧敵国や中立国の中に国連非加盟の国々がまだ多くあったことによる。リヒテンシュタインは1950年に国際司法裁判所への加入が認められ、サンマリノは1954年に加入した。日本は

1956年に国連に加盟したが、その前1954年には国際司法裁判所に加入している。ナウルは1988年に国際司法裁判所に加入したが、1999年には国連に加盟している。スイスが2002年に国連に加盟した時点で、非加盟国の国際司法裁判所加入国はなくなった。

3．管轄権

　国際司法裁判所の管轄権は、当事国同士が同意の下に付託する係争と国連憲章や現行の諸条約で同裁判所への付託が規定されている事項に及ぶ（国際司法裁判所規程第36条1項）。
　より具体的には、次の場合である。

（1）紛争当事国が紛争処理を国際司法裁判所に付託する旨の当事国間の特別合意書（コンプロミー）を同裁判所に通告することによって紛争を付託する場合
（2）条約に裁判所の義務的管轄権を受諾する規定がある場合
（3）当事国が、国際司法裁判所の管轄権を当然に、かつ特別の合意なしに義務的であると宣言する場合
（4）一方の当事国の一方的提訴により、他方の当事国が明示的又は黙示的に同意したと推定できる場合（*forum prorogatum*）

　当事国が双方とも裁判所の義務的管轄権を認めている場合、次の4つの問題に関しては管轄権がある（規程第36条2項）。
　・条約の解釈に関する係争
　・国際法に関する問題
　・国際義務違反の事実の確証
　・国際義務違反の場合の賠償とその内容
　裁判所が管轄権を有するかどうかについて争いがある場合には、裁判所の裁判で決定する（規程第36条6項）。また、係争の判断の法的根拠として、次の4つを挙げている（規定第38条）。

・係争国が国際条約で認めている規則

・国際慣習（法として認められる一般慣習）

・文明国（civilized nations）で認められている法の一般原則

・補助手段として裁判判決や各国の最も権威のある国際法学者の学説

4．義務的管轄権

義務的管轄権（compulsory jurisdiction）は、加盟国が事前に国際司法裁判所の管轄権を受け入れることで、同じく裁判所の義務的管轄権を受け入れている国が係争を持ち込んだ時には、それに対して裁判所で争う義務が生じる。ただし、そのような管轄権を宣言により無条件で受け入れる場合もあれば、特定の国あるいは国々と相互主義の下で行う、あるいは一定の期間のみ受け入れるということができる（規定第36条3項）。宣言でその他特定の留保をつける場合もある。

例えば、日本の場合、1958年9月に国際司法裁判所の義務的管轄権を受諾したが、2007年7月にいわゆる「不意打ち提訴」に対する留保をした新たな義務的管轄権受諾宣言を行った[3]。「不意打ち提訴」というのは、一方の当事国が特定の紛争のみに関し、また、国際司法裁判所の義務的管轄の受諾についての寄託もしくは批准が紛争を国際司法裁判所に付託する請求の提出に先立つ12か月未満の期間内に行われる紛争の場合を意味し、日本の宣言は、この2つの場合には義務的管轄権を認めないとするものである。

日本は、さらに、2015年10月に新たな留保を加えた宣言を行った。2007年の宣言に加え、紛争当事国同士が最終かつ法的拘束力のある裁定を仲裁や司法的解決に委ねることに合意した、あるいは合意する場合と、海洋における生物資源の調査、保全、運営あるいは有効活用に関する係争に関しては、義務的管轄権を認めないとするものである[4]。これは、オーストラリア（後にニュージーランドが加わる）が日本を相手に日本の南極海における捕鯨問題で、これを禁止されている商業捕鯨として国際司法裁判所に訴えたもので、国際司法裁判所がオーストラリアの主張を認める判決を出した後に宣言したものである。

義務的管轄権は、2017年6月の時点で、72か国が受け入れている。

5．裁判官の構成、任期、選出

国際司法裁判所は15人の裁判官で構成される。裁判官は独立した立場を取り、最高裁の裁判官と同様の資格と徳望を持つか、国際法の専門家として名のある人から推挙される。推挙に当たっては、常設仲裁裁判所の国別裁判官団によって指名される者の名簿の中から選ばれ、常設仲裁裁判団に代表されない国の場合には、常設仲裁裁判官に準ずる資格を持つ候補者を国が任命した国別裁判団が指名する（規定第4条）。常設仲裁裁判所は、1899年に開催された第1回ハーグ平和会議で設立されたもので、裁判官選出の方法は1907年のハーグ協定で規定されている。国別裁判団は4人まで候補所を指名できるが、最低2名は自国の候補者でなければならない（規定第5条2項）。

国際司法裁判官の任期は9年で、3年ごとに3分の1が選出される。再選が可能で、死亡の場合は残りの任期が引き継がれる。裁判官の選挙は、総会と安全保障理事会で同時に行われ、双方で絶対多数の支持が必要である。絶対多数とは、総会の場合全加盟国の数の半数以上であり、安全保障理事会の場合には、15か国のうち8票を獲得すれば良い。この場合、拒否権は適用されない。通常、安全保障理事会で決議案が採決される場合には9票が必要だが、裁判官選挙の場合にはそれ以下となる。総会と安全保障理事会で別々に、しかも同時に選挙が行われるので、総会議長と安全保障理事会議長が選挙時に連絡を取り合い、結果を交換し合い、双方で絶対多数を獲得した候補者が選出される[5]。

裁判官は、1か国からは1人以上は選出できず、国籍が2つ以上の場合には通常政治市民権を行使している国からの選出となる（規定第3条）。裁判官は独立の立場を守るため、特に地理的配分の原則は規定されていないが、伝統的に安全保障理事会の地理的配分と同じ配分となっている（アフリカ3、ラテンアメリカ・カリブ海2、アジア3、西ヨーロッパ他5、東ヨーロッパ2）。また、特定の国に配分するとの規定は無いが、安保理常任理事国からは常に裁判官が選ばれている。

裁判官は独立しているものの、出身国の立場に同情的になりうるため、係争当事国の一方が裁判官として選出されており、他の当事国からは裁判官が出ていない場合には、他の当事国は自国の裁判官をアドホックに指名できる。その裁判官は、他の裁判官と同様の権利が与えられる（規定第31条）。

裁判長と副裁判長は、裁判官の互選で選出され、任期は3年で、再選が可能である（規定第21条）。

6．判決と勧告的意見

裁判所は、係争を審議し、判決（Judgment）を下すことができる。そして、判決は最終的なもので、上告することはできない（規定第60条）。裁判所は一審しかないが、これは国際法の権威者から成る国際法廷を具現化しているものといえる。

裁判所は、必要と判断すれば、仮保全措置（Order）を取ることができる（規定第41条）。これは、紛争当事者が自国に有利になるよう恣意的に状況を変えるのを防ぎ、双方の権利を守って公平な審議ができるようにするものである。

判決は、出席し参加している裁判官の多数決で採択される。同数の場合は議長あるいは議長を代表する裁判官の投票で決まる（規定第55条）。少数派の反対意見は明記することができる（規定第57条）。

判決は、裁判所の管轄権を受諾した紛争当事者のみを拘束するものである（規定第59条）。問題は、当事者が判決を受け入れ、それに従うかであるが、受け入れないと国連の義務に従わないことになる。国連憲章では、加盟国は当事者の場合には裁判所の決定に従うことに同意しているからである（憲章第94条1項）。また、当事国が判決に従う義務を怠った時には、他の当事国は安全保障理事会に提訴することができる（憲章第94条2項）。安全保障理事会は、憲章第7章下で経済制裁や武力行使を含む強制行動を取ることができるため、国際法を守る「最後の手段」としての役割を果たすことになる。ただし、安全保障理事会が強制行動を取れる根拠として、「平和に対する脅威、平和の破壊または侵略行為の存在」があり、それは国際の平和及び安全

第12章　国際司法裁判所　209

を維持または回復するために行動する必要があると認識された場合であるため、国際司法裁判所の決定を実施しないことが強制行動の根拠となるかどうかの問題はある。実際に安全保障理事会がそのような行動を取った事例はないが、国連憲章下の加盟国の義務の不履行は憲章違反となるため、不履行が紛争当事者間での争いとなり国際平和への脅威となる可能性はある。これをどう判断するかは、最終的には安全保障理事会の政治的判断となる。

　実際に判決が下っても、それをすぐに履行しない場合もある。ナイジェリアとカメルーンは、両国の間にあるバカシ半島の領有権を巡って争ったことがある。バカシ半島は、ギニア湾に面し漁業資源に恵まれたところで、住民の多くは漁業で生計を立てていたが、ナイジェリア沖で石油が取れることから、バカシ半島にも石油業界の関心が持たれているところである。植民地時代はイギリス統治下にあり、ナイジェリアの独立後同国の一部になっていた。しかし、イギリス統治下の南部カメルーンがフランス統治下のカメルーンと合併し独立すると、バカシ半島の帰属をめぐってナイジェリアとカメルーンが対立することになる。そして、部分的な武力衝突も起きるようになった。そのような中で、カメルーンは、1994年にこの帰属問題を国際司法裁判所に提訴し、ナイジェリアとの法廷争いとなった。

　国際司法裁判所は、植民地時代の各種合意を基に、2002年にバカシ半島はカメルーンに属する判決を下した[6]。これに対し、ナイジェリアやバカシ半島の住民は抗議したが、ナイジェリア政府は、判決そのものを拒否することはしなかった。しかし、国内の反対のために、半島の引き渡しにはすぐに応じなかった。ナイジェリアとカメルーンとの間の緊張が高まる中、国連のコフィ・アナン事務総長は両国の仲介を行い、両国の大統領とのサミットを2002年、2004年、2006年と開催して、ナイジェリアのバカシ半島からの軍の撤退と国際司法裁判所の判決の履行に関する合意を引き出した[7]。こうして、バカシ半島は2006年にカメルーンの施政下に入った。

7．勧告的意見（Advisory Opinion）

　国際司法裁判所は、勧告的意見を出すことができる。国連総会と安全保障

理事会は、いかなる法律問題に関しても国際司法裁判所に勧告的意見を求めることができ（憲章第96条1項）、さらに、国連や国連の専門機関も総会の認可の下に、自らの活動の範囲において生ずる法律問題に関して勧告的意見を求めることができる（同2項）。ただ、勧告的意見はあくまで勧告であるため、判決とは違い、法的な拘束力はない。国際司法裁判所は、1946年から2017年までに27の勧告的意見を出している。

　例えば1995年、国連総会が核兵器による威嚇あるいはその使用の合法性について勧告的意見を求めたことがある。国際司法裁判所は、国連憲章や戦争法、国際人道法などを根拠に見解をまとめた。それは、国際法の現段階での発展に鑑み、国家の生存が脅かされるようなきわめて深刻な状況で自己防衛のために核兵器による威嚇を行う、あるいは使用することが国際法上違法かどうかについては明確な結論を引き出すことはできない、というものだった。さらに、核軍縮に関する交渉を誠実に行い、厳格で効果的な国際的コントロールの下に実現する義務があることを付け加えている[8]。

8．係争の領域

　2017年6月時点で166の係争が国際司法裁判所に持ち込まれている。おおまかには、次の領域に関する係争が多い。

- ・領土権
- ・海上での境界画定
- ・外交特権の侵害や自国民の保護
- ・海洋法に関する案件（大陸棚や漁業資源など）
- ・条約の解釈、適用、違反
- ・環境保護
- ・民間航空機の安全確保
- ・内政への軍事的干渉や国境での軍事行動
- ・経済的利害や補償
- ・軍縮関連（核実験や核兵器の合法性など）

海洋法に関しては、1982年に国連海洋法条約が採択され、1994年に発効した。この条約で国際海洋法裁判所がドイツのハンブルクに設立され、さらに、深海底における活動を管理する国際海底機構，大陸棚の範囲を審査する大陸棚限界委員会が設立された。そのため、海洋法に関する係争はこれらの機関で扱われることが多くなった。海上での国境画定は主権が絡むため、ほとんどの場合国際司法裁判所で扱われる。

9．日本の捕鯨に関する国際司法裁判所の判決[9]

捕鯨論争にはいくつかの側面がある。乱獲から生じる資源保護としての側面、海洋生態系保護の側面、人道性の側面等である。捕鯨は歴史的には沿岸で行われ、蛋白源としての鯨肉や灯油用などに使われていたが、徐々に遠洋漁業へと発展していった。しかし、石油資源が燃料として使われはじめると採算が合わなくなり、捕鯨を止めざるを得ない国が多くなった。と同時に、鯨の減少への懸念から資源保護の動きが強くなり、1946年に国際捕鯨取引条約が締結され、1948年には国際捕鯨委員会が設立された。伝統的捕鯨国である日本やノルウェー、アイスランドなどは商業目的の捕鯨規制に抵抗したが、1982年には国際捕鯨委員会で1985/86年シーズンからの商業捕鯨禁止が採択された。アラスカやグリーンランド、ロシアのチュクチ、セントヴィンセント・グレナディンなどの原住民に対しては伝統的な生活・文化を破壊しないために商業捕鯨の例外規定を設けているが（原住民生存捕鯨）、捕獲量には制限が設けられている。1970年中頃から捕鯨資源管理の動きが強くなり、国際捕鯨委員会の主な活動の1つとなっている。

このような動きの中で、日本は捕鯨条約第8条で認められている「調査捕鯨」を1987年に開始した。2005年から始まった第二期南極海鯨類捕獲調査（JARPA II）では約1000頭の捕獲枠が許可された。2005年度の捕獲実績は900頭弱で、その後捕獲量は減少している。しかし、これに関しては、環境や野生動物保護団体から反対の声が上がり、ニュージーランドのシーシェパードのように実力でこれを防ごうとする団体まで出てきた。捌かれた鯨は鯨肉として売られているため、これは商業捕鯨に当たるとする議論だった。

212

　高まる「調査捕鯨」批判の中、オーストラリアは2010年５月に日本の捕鯨を商業捕鯨だとして国際司法裁判所に提訴した。オーストラリアは国際司法裁判所の「義務的管轄権」を2002年に認めていた。従って、日本としてはオーストラリアの提訴を受けざるを得なかった。オーストラリアでは捕鯨反対の立場を取る労働党が2007年に政権の座に就いたことから日本との外交交渉を試みたが成功しなかったことが国際司法裁判所への提訴に繋がった。ニュージーランドもオーストラリアに同調してこれをサポートすることになった。

　４年に渡る両国の主張や審議の結果、国際司法裁判所は2014年５月、多数決ではあったがオーストラリアの主張を受け入れ、日本の南極海での捕鯨計画（JAPRA II）自体は大まかには科学的調査としてみることもできるが、日本の致死的手段から見て日本の捕鯨許可計画は科学的調査としてみることには無理があるとの判決を下した。従って、日本は商業捕鯨のモラトリウムや南極洋での商業捕鯨禁止条項に違反しており、日本政府に対しそのような商業捕鯨の許可を取りやめるか許可しないよう言い渡した[10]。

　調査捕鯨で単に鯨を捕獲し調査するのではなく、致死させ、調査後は食肉用に売却されていることはすでに広く知られており、1000頭という捕獲枠内であっても鯨の致死的処理については国際的理解を得られなかったのが大きな原因だった。日本政府は、国際司法裁判所の判決は尊重するとの立場を表明した。しかし、2015年には新南極海鯨類科学調査計画（NEWREP-A）を発表し、12年間にわたり毎年333頭までのクジラを捕獲することを決め、実施に移された。日本の立場は、商業捕鯨の再開に向けて科学データの収集を続け、クジラの資源管理に必要とされる性成熟年齢の算出にはクジラを捕獲する「致死的調査」が不可欠だというものである。この捕鯨再開をどのように見るかは、どの程度国民の支持と国際社会の理解が得られるかにも関わってくる。

注
１）http://www.icj-cij.org/en/pcij
２）Goodrich, p.546.

第 12 章　国際司法裁判所　213

3）外務省「国際司法裁判所の概要」。http://www.mofa-irc.go.jp/link/kikan_icj.html

4）International Court of Justice, "Declarations recognizing the jurisdiction of the Court as compulsory." http://www.icj-cij.org/en/declarations/jp

　　日本の考え方は、「海洋生物資源の調査、保存、管理または開発について国際的な紛争が生じた場合には、他の特別の合意が存在しない限り、海洋生物資源に関する規定が置かれ，また，科学的・技術的見地から専門家の関与に関する具体的な規定が置かれている国連海洋法条約上の紛争解決手続を用いることがより適当であるとの考えに基づいて」いる。外務省国際法局国際法課、「国際司法裁判所（ICJ）の意義と特色」2015年10月。

5）その他の選挙の詳細については、規定第7条から第12条参照。

6）The Land and Maritime Boundary between Cameroon and Nigeria (Cameroon v. Nigeria: Equatorial Guinea intervening), Judgment, *ICJ Reports 2002*, p.303.

7）Kofi Annan, *Interventions*, New York: Penguin Press, 2012, p.115.

8）International Court of Justice, "Legality of the Threat or Use of Nuclear Weapons." http://www.icj-cij.org/en/case/95

9）この部分は、最新の動きや一部修正した部分を除いて、植木安弘『国連広報官に学ぶ問題解決力の磨き方』の「捕鯨問題に関する国際司法裁判所の判決」235-238ページを引用している。

10）International Court of Justice, "Whaling in the Antarctic (Australia v. Japan: New Zealand intervening)." http://www.icj-cij.org/en/case/148

第13章　国連事務総長と事務局

　恒久的な機関が機能し存続するためには、それを支える事務組織が必要である。19世紀に誕生した国際機関は、近代化が進み、国家間の交流が深まる中で、国家間の利害調整のために機能的側面からその役割を果たしていったが、それを支える事務局は小規模のものだった。これに代わるのが国際連盟とそれに付随して設立された国際労働機関（ILO）である。特に国連連盟では、総会や理事会を支える事務局の組織と「国際公務員」制度が設立され、連盟の職員は、国家のために働くのではなく、国際連盟という国際的公共利益を目的とした機関のために働き、中立性を守ることが期待された。この経験が国連にも踏襲されたが、国連が新たな時代に適応し機能するために新たな側面も加わった。事務局と事務総長の役割の重要性が認識されたため、事務局は国連の主要機関の1つとしての地位を与えられた（憲章第7条）。事務局は、事務総長と職員で構成される（憲章第97条）。

1．事務総長の地位と権限

　国連事務総長は、憲章下、国連の行政長（Chief Administrative Officer）としての役割を与えられた。そして、安全保障理事会の勧告の下に総会で任命される（憲章第97条）。さらに事務総長は、国際平和と安全の維持に脅威となるような事態が起きた時には、安全保障理事会の注意を喚起できる、という政治的な役割を与えられた（憲章第99条）。これは、当初、事務総長を

連盟時代のように国連を支える事務的な組織の長と捉えていたアメリカの立場に対し、イギリスと中国が、連盟時代の経験から事務総長の政治的役割の可能性を認識して提案し、受け入れられたものである[1]。これが、後の事務総長と事務局の役割にとってきわめて重要な法的根拠となる。

　行政長としての事務総長の役割は、総会、安全保障理事会、経済社会理事会と信託統治理事会の4つの主要機関を事務的に支えることである。そのために、それらの会議に出席し、それぞれの機関から要請された役割を果たすことである（憲章第98条）。また総会に、年次報告書を提出することが義務づけられている。年次報告書は、国連事務局の役割と活動を年次ごとにまとめたもので、年次総会の最初の文書として加盟国に提供される。

　事務総長は、当初から、行政の長としての事務的役割と政治的な役割の双方を担うことになり、特に政治面で常に国際政治の力学に左右され、東西冷戦や南北対立、一極化の構造から多極化への構想に移行するといった構造変化の中で、きわめて難しい政治的舵取りを余儀なくされてきている。事務総長を英語では「Secretary-General」と言うが、行政長（Secretary）か指揮官（General）か、常に試行錯誤しながら自らの役割を果たしている。事務総長の仕事を「世界で最も不可能な仕事」と評したのは初代事務総長のトリグブ・リーである。事務総長の実際の役割は国際政治によって影響されるとともに、事務総長の個性やスタイル、信念、アプローチによってもそのあり方、役割、成果、直面した課題が異なっている。

　事務総長の権限と影響力は多岐多様にわたる[2]。国際平和と安全の維持では安全保障理事会や総会の決議を履行する役割が与えられており、国連平和維持活動（国連PKO）ではそのオペレーションに関する指揮権を持つ。実際の運営には本部ではPKO局などが当たるが、現地では事務総長特別代表などが責任を持つ。軍事面での活動は司令官が任命され担当する。国連PKOは冷戦終焉後急速に拡大したが、紛争の性格や任務によってその規模は変化してきている。2017年の時点で12万人規模となっている。PKOのマンデート（任務）の規定や兵力規模、武力行使の範囲、予算等は安全保障理事会や総会で決められるが、任務の執行面では大きな影響力を行使する。その立場から事務総長の勧告には相当の重みがある。

事務総長は、紛争の平和的解決のために送られる多くの政治派遣団や平和構築活動の総指揮も務める。冷戦後は国連の政治活動も活発なものとなり、グッドオフィスと呼ばれる仲介、事実調査団の派遣や報告、紛争防止のための予防外交などに加え、民主選挙支援や選挙監視、憲法の制定、司法制度の確立、軍や警察組織の改革など平和構築に関わる活動も増えている。平和構築活動は、2005年の国連改革で平和構築委員会（PBC）が設立され、そのサポートを行う平和構築支援事務所（PBSO）と基金も同時に創設された。

事務総長には国際条約の寄託者としての役割もある。国連を代表し、中立の立場から国際法や人権を守る道義的責任である。ジェノサイド（大量虐殺）防止条約や、紛争下で一般市民を守り、捕虜の扱い方などを規定したジュネーブ諸条約、難民条約、政治的、市民的、経済的、社会的、文化的権利などを規定した国際人権規約や子供、障害者、少数民族の権利などを含む各種の国際人権条約、各種対テロ行為条約など国際法の守護神としての役割は大きい。これらの国際法に違犯する行為が生じた時には、事務総長は国際法からの解釈に関する声明を発表したり、調査団を派遣したり、違反行為の阻止や対応に影響力を持つ国々に呼びかけたりして行動する。

また、事務総長の大きな権限に人事権がある。事務総長は国連事務局の副事務総長や事務次長、事務次長補といった政治ポストを任命できる。さらに、国連PKOの事務総長特別代表や紛争調停や仲介に当たる特使、特定の問題に関する顧問などは直接事務総長の権限で任命できる。国連開発計画（UNDP）やユニセフ、国連大学といった国連が設立した「プログラム」の総裁や事務局長は事務総長の推薦が必要で、国連総会によって任命される。国連大学の場合は、ユネスコ事務局長との共同推薦となる。事務総長はこのような任命に際し、地理的配分や政治的考慮を視野に入れて決定するため、自らの裁量だけで決められるポストは比較的限られているが、それでも数多くの事務次長や次長補などの政治任命に直接、間接関与できる権限というのは相当なものである。

事務総長は国連を代表する外交的地位があるため、必要に応じて各国の大統領や首相、外相に直接あるいは電話で会談することができる。毎年9月に幕を開ける国連総会の一般討論（General Debate）の冒頭に演説し、国連の

直面する課題について各国にアピールする。この時は各国のリーダーが国連に集まるため、個々に会談して懸案の問題に関し議論する機会もある。紛争や外交的危機、人道的危機などの時には安全保障理事会に対し行動を促し、総会に通常予算やPKO予算の予算書を提出する。

　事務総長と事務局は、あくまで国連の主要機関の1つで、加盟国から成る他の主要機関や国際司法裁判所をサポートする役割がある。また、国連には独自の常備軍があるわけでもなく、独自の財源があるわけでもない。国連PKOは各国からの派遣部隊で構成されており、予算は加盟各国の分担金で賄われている。事務総長は安全保障理事会の常任理事国の支持なくしては選ばれない。従って、常任理事国の意向を無視するような行動は簡単には取れない。各国の利害が対立する時などは「四面楚歌」の状況に置かれることも多い。「世界で最も不可能な仕事」とも言われ政治的制約も多いが、国連を代表する顔として事務総長には大きな権限と数多くの任務が与えられ、その時の国際政治状況でその役割や活動は大きく影響される。

2．トリグブ・リー初代事務総長の選出と苦悩

　事務総長は安全保障理事会の勧告を経て総会で任命されることに国連憲章では規定されたが、国連創設時の設立準備委員会の勧告では安保理は1人の候補を推薦するのが望ましいとした。これを受け、総会は翌年1月の決議第11号でこの勧告を受け入れた。しかし、選択の基準については何らの合意もなかった。また、選出に当たっては常任理事国が決定権を持つため、事務総長選出は最初から大国間の政治的綱引きの対象となった。

　アメリカはカナダの駐米大使レスター・ピアソンを推し、ソ連はユーゴスラビア外相のスタノイェ・シミッチを推した。ソ連は、事務総長は北米、イギリス、フランスからは選出すべきでないと主張した。その結果、総会議長選に敗れたノルウェー外相のトリグブ・リーが妥協の候補者として選ばれた[3]。リーはロンドンでの亡命時代はノルウェーの外相を務め、サンフランシスコ会議では同国を代表し国連設立に貢献した。また、ノルウェーで労働組合のリーダーだったこともあり、ソ連にとっても受け入れる余地があっ

た。アメリカなどは、事務総長よりも総会議長の方が重要との認識があった[4]。

　リー事務総長にとっての最初の大きな仕事は、事務局体制を整え、国際公務員制度を確立することであった。しかし、この努力は当初から難航することになる。国連憲章下、事務総長と職員は国際公務員としての地位を保障されている。

> 「事務総長及び職員は、その任務の遂行に当って、いかなる政府からも又はこの機構外のいかなる他の当局からも指示を求め、又は受けてはならない。事務総長及び職員は、この機構に対してのみ責任を負う国際的職員としての地位を損ずる虞のあるいかなる行動も慎まなければならない。」（憲章第100条１項）

　また、加盟国は、事務総長や職員の国際公務員としての地位を侵してはならない。

> 「各国際連合加盟国は、事務総長及び職員の責任のもっぱら国際的な性質を尊重すること並びにこれらの者が責任を果すに当ってこれらの者を左右しようとしないことを約束する」。（憲章第100条２項）

　そして、職員は事務総長が任命する権限があり（憲章第101条１項）、任命に当たっては、「最高水準の能率、能力および誠実」という基準と、「地理的考慮」が必要とされる（憲章第101条３項）。

　しかし、常任理事国は、当初から事務局の政治ポストの人選に関し「紳士協定」を結び、事務総長に次ぐランクの８人の事務次長補（局長レベル）のうち５つを独占することになる。ほとんどの場合候補者は１人しか出さないため、これを事務総長が拒否することはできなかった。アメリカは、当初国連予算の40パーセントを拠出していたため、行政・予算局のポストを取り、ソ連は安全保障理事会担当の局、イギリスは経済局、フランスは社会局、中国は信託統治理事会と広報局を取った。アメリカはさらにリー事務総長の補佐ポストを確保したが、その後総会担当のポストに切り替えている[5]。その

後冷戦中は、アメリカは総会担当政務局長、ソ連は安全保障理事会担当政務局長を占めるパターンが続いた。冷戦後は事務局の体制がより複雑になったが、5常任理事国が主要政治任命ポスト（事務次長・局長ポスト）を得るパターンが続いている。常任理事国の隠れた特権の1つである。1970年代からは、経済成長に押されて国連の大きな資金拠出国となった日本も主要政治任命ポストの1つは提供されるようになった。これまで提供されたのは、広報、軍縮、人道、行政管理の4つの分野である。

　冷戦時代、ソ連やソ連影響下の東欧諸国の場合には、数年の契約で職員を入れ替えることをしており、自国の職員から給料の一部を政府に支払わせたりして、国際公務員制度の趣旨に沿った職員を送り込んだというわけではなかった。他方、アメリカの方も、1947年から1950年代中頃までは、アメリカでマッカーシズムと呼ばれる共産主義者排斥運動が公に起きたが、連邦捜査局（FBI）の事務所を国連事務局ビル内に置いてアメリカ人の職員に対して適正面接を行い、これを事務総長に勧告するようになった。この慣行は冷戦終焉期の1986年まで続いた[6]。

　国際公務員制度については、国際公務につける能力と資格を持つ人の多くが西側先進国に多く、また、国連本部がニューヨークに設立されたためアメリカの影響力が強く、国連事務局は、西側先進国、特にアメリカとイギリスの影響を強く受けた[7]。国際連盟時代の最初の事務局長がイギリスのエリック・ドラモンド卿だったこともあり、連盟の事務局体制がイギリスの公務員制度に近いものになった。国連の事務局体制は連盟の体制を基礎としている。また、国連の職員の給与体系については、「ノーブルメヤー原則」が適用され、アメリカの連邦政府職員をベースにした体系が採用された[8]。

　リー事務総長は、政治面では国連憲章第99条で与えられた政治的任務を積極的に果たす努力をする。例えば、1946年にギリシャ北部で起きた共産主義者による軍事行動問題に関して、事務総長の独自の調査権限を主張し、1948年のベルリン危機では、東西間の仲介の役割を果たそうとした。しかし、東西冷戦の深化は事務総長を困難な政治的状況に置いてしまう。特に朝鮮戦争勃発時には、これが顕著に出た。リー事務総長は、戦争勃発後現地国連委員会からの報告に基づいて北朝鮮の攻撃を国際平和への脅威と断定して安保理

の行動を促した[9]。当時ソ連は中国の代表権問題を巡って安全保障理事会を欠席したため、安保理は決議で「統一指令」軍設立を促し、国連旗の使用を許可した。この時のリー事務総長の態度やその後の事務局運営がアメリカ寄りとしてソ連から冷たい目で見られたため、1950年秋、ソ連はリー事務総長の再選を拒否した。これに対し、アメリカはリーの継続を望み、リーの「再任」を求め、総会で3年の「再任」を認めさせた。しかし、ソ連はこれを違法としてリーを認めず相手にしなかったため、リーは1952年11月に辞任した。

3．ダグ・ハマーショルド事務総長の貢献

リーの辞任後、新たな事務総長選が始まり、フィリピンやイラン、レバノンからも候補が出され、アメリカは再度カナダのピアソンを推したが、イギリスとフランスが推したスウェーデンのダグ・ハマーショルドが妥協の候補として選出された[10]。スェーデンの中立性と政治的バックグラウンドがあまりない実業家としての経歴や「マーシャルプラン」の実行に寄与した経歴、外交経験などが買われたのである。当初政治的貢献は期待されていなかったが、徐々に政治的感覚を発揮し、事務総長の政治的役割を強めていった。

特にハマーショルドを困難な外交の舞台に登場させ、事務総長の外交的役割を示したのは、1954年から1955年にかけて起きた中国で拘束されたアメリカの空軍パイロット11人の解放に関する交渉だった。これらのパイロットは朝鮮戦争末期の1953年1月に北朝鮮上空で撃墜され、中国に拘束されたものだ。朝鮮戦争は1953年7月に休戦になったが、アメリカは中華人民共和国を承認していなかったので、外交関係はなかった。アメリカはこの問題を国連総会に持ち込み、事務総長にアメリカ人の解放努力を要請した。この総会決議を基に中国の周恩来首相との会談を実現させたが、周恩来は総会決議ではなく、ハマーショルドとの個人的な関係でアメリカ人の解放に応じた[11]。これが「北京フォーミュラ」と呼ばれ、国連事務総長の独立性と政治的役割を広く示すことになった。

また、1956年のスエズ危機では、カナダのピアソン外相と共に、総会を通

じた国連初の平和維持軍、国連緊急軍（UNEF）の創設に大きく寄与した。1940年代の休戦監視の国連平和維持活動は、あくまで将校レベルを中心とした監視要員によるものだったが、UNEFは部隊を中心とした維持軍だった。この時の平和維持軍のあり方に関する行動原則は、中立性の維持、最小限の軍備、武器の使用は自己防衛のみ、といったもので、その後の国連PKOの基本原則となっていく。

　しかし、1960年に起きたコンゴ動乱で国連は大きな政治的、財政的危機に見舞われることになる。コンゴが独立する以前、すでにハマーショルドは独立後の混乱を予期してその対応を検討していたが、事実独立直後に深刻な危機に見舞われた[12]。コンゴは同年7月1日に独立し、ジョセフ・カサヴブが大統領に、パトリス・ルムンバが首相になった。しかし、直後にコンゴ兵による軍のベルギー指導部への反乱が起き、ベルギー人の市民に危害が加えられるに至って、ベルギー軍がコンゴ政府の同意なしに出動した。これに対し、コンゴ政府は国連の支援を求め、安全保障理事会はこれを受け入れ、新たな国連PKO（MONUC）を設立した。その任務は、ベルギー軍の撤退監視と新政府への治安維持面での支援だったが、ルムンバ首相は国連の支援を過剰に理解し、国連PKOを自らの指揮下に置こうとした。しかし、国連はこれを拒否したため、不満が高まった。また、独立後間もなくカタンガ州が分離独立宣言をしたため、同国の領土保全も任務となり、ルムンバは国連PKOをカタンガ州に送りこれを阻止しようとしたが、国連PKOの中立性を守ろうとしたハマーショルドがこれを拒否したため、ソ連に支援を求めた。そのため、コンゴ政府内のカサヴブ大統領とルムンバ首相の路線対立と東西の政治干渉が起こり、その後、ジョセフ・モブツ大佐による軍事クーデター、ルムンバ首相の殺害、カタンガ州への国連PKOの展開と傭兵を中心としたカタンガ軍との戦闘へと発展することになる。カタンガ州の分離独立問題を政治交渉で解決しコンゴ危機を打開しようとしたハマーショルドは、コンゴを訪問中に飛行機の墜落で亡くなった。コンゴ動乱は当初東西対立の的ではなく、また、新興独立諸国の同情もあり、国連の介入に対する支持が強かったが、東西対立に直接巻き込まれることにより、国連と事務総長の立場はきわめて困難なものとなった。また、このコンゴ動乱は、国連を財政的

に破綻させることになる。

ハマーショルドの貢献には、事務局の独立性を高めたこともあった。政治任命ポストの下に主任部長を置き日々の活動の運営を任せたほか、事務総長室を設立して、法務室、会計室、人事室を傘下に置き直轄し、政務担当事務次長を事務総長室内に置き、政治面での指導力を強化した。また、組織改革にも着手し、経済局と社会局を経済社会局に統合したり、政治任命の交代も試みた。ハマーショルドが事務局の組織改革やコンゴ動乱などで事務総長と事務局の独立性を高めようとしたことにより、それによって影響を受けたソ連やフランスから批判されることになる。ソ連は事務総長のトロイカ（3人）体制まで主張したが、ハマーショルドの死後、ウ・タントへの継承に繋がっていく時点でその主張は消えた。

4．財政危機への対処と途上国支援を推進したウ・タント事務総長

ハマーショルドを継承したのは、ビルマ（現在ミャンマー）出身のウ・タントだった。ウ・タントは学校の教師の経歴の持ち主だったが、ビルマの独立後内閣や外交分野で活躍し、当時ビルマの国連大使を務めていた。エジプトやイラクといったアラブ諸国やイスラエルの支持を得、ソ連が西側以外の候補に固執したこともあり、ウ・タントが1961年11月に事務総長代行に任命され、その後事務総長に任命された。ウ・タントは1961年10月のキューバの核ミサイル危機の際、米ソの間で交渉の橋渡しを行い核戦争回避に貢献したことも、米ソの支持を得る要因となった[13]。

ウ・タント事務総長にとっての最大の挑戦は国連の財政問題だった。コンゴ動乱で派遣された国連PKOは、当時7000万ドルだった国連事務局予算をはるかに凌ぐ年間1億2000万ドルのペースだった。国連PKOの活動に批判的なソ連やフランスは政治的理由で分担金の支払いを拒否したため、憲章第19条に規定されている分担金の滞納が2年分となることが予想され、総会で投票権を失う危険に陥った。そのため、政治的妥協が成立し、1964年の総会では予算のかかる決議は一切採択しないことになり、PKOの経費は第19条の対象にしないことになった。国連総会はその後国際司法裁判所の勧告的意

見を求め、PKO予算は国連の経費であるとの見解が表明されることになる。しかし、国連は財政的にきわめて苦しい立場に置かれ、活動が実質的に麻痺する状況だった。この状況を打開するため、ウ・タントは国連債を売って資金を集めることを提案し受け入れられたが、在任期間中、常に負債を抱える事務局運営に苦しんだ。

ウ・タントは、当初ハマーショルドに倣い、事務総長の政治的指導性を強める努力をした。事務次長レベルの8人の特別アドバイザーを直下に置き、政策決定を潤滑化しようとしたが、逆に閉鎖的な側面を批判され、基本的にはハマーショルド体制を継続することになった[14]。

1960年代は、急速な非植民地化の中で、新興独立国への支援が大きな国連の目標になったが、1955年のアフリカ・アジア会議、いわゆるバンドン会議で事務方を務めた経験を持つウ・タント事務総長は、アフリカやアジアの途上国への経済開発支援に力を注いだ。総会が1960年代を「開発の10年」と宣言したのを始め、ウ・タントの任期中には、世界食糧計画（WFP）が1963年、国連貿易開発会議（UNCTAD）が1964年、国連訓練調査研修所（UNITAR）が1965年、国連人口基金（UNFPA）が1969年に設立されている。その他アジア、アフリカ、米州での地域開発銀行なども設立されたことは前述した。

政治的には、コンゴ動乱で国連の任務を遂行し、その収束に貢献したのに加え、キプロス紛争での停戦監視のための国連PKO（UNFICYP）の設立にも貢献した。さらに、1964年から1965年にかけて実施された西ニューギニア（西イリアン）の国連暫定統治と治安維持隊の展開では、事務総長がオランダとインドネシアの間の政治的合意の履行に関して積極的な役割を果たし、1965年にカシミールに展開していた国連インド・パキスタン軍事監視団（UNMOGIP）の活動範囲外で起きたインドとパキスタンの軍事衝突の鎮静化のために設立された国連インド・パキスタン監視団（UNIPOM）でも事務総長として積極的な外交活動を行った[15]。

しかし、1967年にはエジプトの要求に屈してシナイ半島に展開していた国連緊急軍（UNEF）の撤退に応じたことによって、第三次中東戦争の勃発を防ぐことができなかった。国連PKOの原則にホスト国の同意があり、その

ような同意が取り消された時にホスト国の意思に反して展開を維持するには、安全保障理事会による強制行動決議無しにはできないことが証明されることとなった。また、1960年代後半はベトナム戦争が激化し、泥沼化していく中で、ウ・タント事務総長は戦争終結に向けた国連の役割を模索したが、当初大国の軍事介入に批判的な立場を表明したこともあり、アメリカはウ・タントに対して冷淡になった。また、アメリカは途上国が多数を占めるようになった総会としだいに政治的対立の方向に動いていたこともあり、国内でも反対の多いベトナム戦争への国連の政治的介入を嫌った。ウ・タント自身は2期目が終わる頃には、健康問題もあり、続投は望まなかった。

5．南北対立の中のクルト・ワルトハイム事務総長

ウ・タント後の事務総長選には、フィンランド、スウェーデン、セイロン（現スリランカ）、イラン、エチオピア、アルゼンチンなどから候補が出たが、選挙戦の後半に出馬したオーストリアのクルト・ワルトハイムが、大国の拒否権が行使されなかった候補として最終まで残った。

ワルトハイム事務総長は、自らの周りをオーストリアの外交官で固め、政治任命の上級職員を交代させて人事の刷新を図った。しかし、冷戦構造が継続する中で、総会担当はアメリカ、安全保障理事会担当はソ連の構図は続いた。政治的には、それまでと同じように事務総長室に特別政務担当事務次長2人を置いた。戦争による人的災害や自然災害への対処に国連災害救援室（UNDRO）を設立したが、これは後の人道局（DHA）や人道支援調整室（OCHA）に繋がっていく。就任当時は国連財政が逼迫していたこともあり、人事の削減や予算の凍結などを行い、事務局予算を1年ごとから2年ごとのサイクルする提案を行い受け入れられられるなど評価された面もあるが、人事面では政治的圧力に屈する傾向が強く、機能的な事務局を運営するというものでは必ずしもなかった[16]。

1970年代は、ベトナム戦争のカンボジアへの拡大やアメリカの撤退、カンボジアでのクメール・ルージュ支配と大量虐殺、ソ連のアフガニスタンへの軍事介入、イランでの神学革命とアメリカ人人質事件など、国連が政治的に

226

紛争解決に寄与できる余地があまりなかった。しかし、第四次中東戦争後は、戦争終結の一環としての国連PKO派遣（第二次国連緊急軍——UNEF IIと国連兵力引き離し軍——UNDOF）を行い、1978年のイスラエルのレバノン侵攻後その撤退を促進するために国連レバノン暫定軍などが設立された。

オイル・パワーに後押しされた途上国の国連での影響力の拡大によって南北対立が顕在化した。途上国は「新国際経済秩序」を要求するようになり、事務局に、新たに国際経済協力担当の事務局長（Director-General）という事務総長に次ぐランクのポストが新設された。国連とアメリカの対立が徐々に深まっていった。特に1975年の総会決議で「シオニズムは人種差別」決議案が採択されると、アメリカの国連に対する批判はきわめて強いものになった。1970年代からは、安全保障理事会でアメリカが拒否権を行使するケースが出てきたことも国連にとっては必ずしも良い傾向ではなかった。

事務総長の独立性と政治力の強化を求めず、どちらかというと事務に徹したワルトハイムは大きな政治的失敗もなかったため、2期10年務めた後、3期目を狙い事務総長選に出馬した[17]。アメリカやヨーロッパ諸国はワルトハイム事務総長継続を支持したが、西側が事務総長職を独占するのを嫌った中国がアフリカ出身の事務総長を主張し、タンザニアのサリム・アハメド・サリム外相を推した。他の候補で有力視されていた国連難民高等弁務官の経験を持つイランのサッドルディン・アガ・カーンはソ連の拒否権で葬られたため、ワルトハイム事務総長とサリム外相の一騎打ちとなった。15回にもわたる仮投票が行われたが、合意に至らない。結局、第3の候補者を探すことになり、ペルー出身であり、国連事務局で特別政務担当の事務次長の経験のあるハヴィエル・ペレス＝デクエヤルが拒否権の対象とならなかった候補となり、次の事務総長に選出された。

6. 冷戦終焉期のハヴィエル・ペレス＝デクエヤル事務総長

デクエヤルは、温厚な性格であまり自分の見解を強く外に出すタイプではなかったため、どちらかというと静かな外交に徹した事務総長であったが、

第 13 章　国連事務総長と事務局　227

　就任間もなくフォークランド・マルビナス紛争がイギリスとアルゼンチンの間で起きた。南米出身ということもあり、この紛争の交渉を通じた解決に努力しようとしたが、両者の仲介はアメリカによって行われた[18]。アルゼンチンの軍事行動に対してイギリスのマーガレット・サッチャー首相が応戦したため、この紛争はイギリスの勝利に終わった。

　1980年に始まったイラン・イラク戦争ではイラクによる化学兵器の使用が問題となり、デクエヤルは安全保障理事会のサポートを得て調査団を送り、化学兵器使用禁止と戦争の終結に向けた努力を行った。1980年代後半になると、ソ連におけるミハイル・ゴルバチョフの登場によって東西冷戦が収束しはじめ、国連が第三者の立場からその役割を期待されはじめた。1988年にはイラン・イラク戦争の終結を受けて国連イラン・イラク軍事監視団（UN-IIMOG）を設立し、ジュネーブで行われたソ連のアフガニスタンからの撤退交渉をまとめ、国連アフガニスタン・パキスタン仲介ミッション（UN-GOMAP）を展開した。アンゴラに出兵していたキューバの撤退合意を受け、国連アンゴラ検証団（UNAVEM）を設立し、さらに、キューバのアンゴラからの撤兵と引き換えに南アフリカがナミビアの独立移行を認めたため、国連は国連ナミビア独立移行支援グループ（UNTAG）を設立して、大規模な文民部門を含む新たな国連PKOを展開した。1990年3月のナミビアの独立は国連の大きな成功の証となった。

　デクエヤルは南米出身（ペルー）ということもあり、同じペルー出身で腹心のアルバロ・デ・ソトを中央アメリカ担当に任命し、ニカラグア、エルサルバドル、グアテマラの内戦終結と民主化にも大きな役割を果たした[19]。

　デクエヤルはワルトハイムのように自らの周りを自身の出身国の外交官などで固め、事務総長室の強化に努めた。冷戦終焉の頃には、事務局の情報収集分析能力を強化し予防外交を推進すべく、事務総長室直下に情報収集分析室を設立したが、国連のそのような能力の強化を加盟国はあまり歓迎しなかったため、これはデクエヤル時代で姿を消すことになる。

　1980年代にはロナルド・レーガン保守政権下、保守派のジーン・カークパトリック国連大使やアメリカのヘリテージ財団などから強い国連批判があり、1985年には議会もカッセバウム・ソロモン修正案を可決して、「加重投

票制」を導入するまでという条件でアメリカの分担金を20パーセント削減しはじめた。そのため、国連は再度財政難に苦しむことになる。これに対しては、日本が提唱した「賢人会」（18人グループ）設立などを基に行財政改革を行って凌いだ。

デクエヤルは、冷戦終焉期で米ソの政治的対立が解消する時期の事務総長として、国連の政治的役割の向上に貢献した。事務局の運営よりも政治的な事務総長の役割に重きを置き、舞台裏に徹した。そして2期10年に渡り事務総長の職を務めた。国連憲章に事務総長の任期は明記されていないが、こうしてウ・タント、ワルトハイム、デクエヤルと2期10年の慣例ができた。

7．ブトロス・ブトロス＝ガリ事務総長とアメリカの対立

対ワルトハイム選で敗れたアフリカ諸国は、デクエヤル後はアフリカ出身の事務総長を出すべきであるとの考えを持っていた。地域的にも、ウ・タントがアジア、ワルトハイムがヨーロッパ、デクエヤルがラテンアメリカ出身である。まだ事務総長を出していないのがアフリカであることから、アフリカ諸国の主張には広範な支持が集まった。この場合の「アフリカ」は、北はエジプトなどのアラブ諸国から「サブ・サハラ」と呼ばれているサハラ砂漠以南の「黒いアフリカ」までのアフリカ大陸全域を指す。「黒いアフリカ」出身の事務総長にはまだ抵抗があると言われる中、1991年のアフリカ統一機構（OAU）サミットから本格的な動きが始まった。

アフリカからは何ヶ国からも候補者の名前が挙がったが、エジプト出身でキリスト教コプト系、外務担当大臣をしていたブトロス・ブトロス＝ガリ（以下ガリ）とジンバブエの上級経済相のバーナード・チゼロが有力候補として残った。チゼロはイギリスと旧イギリス植民地からなるコモンウェルスの支持があった。イギリスは当初ノルウェーのブルントラント首相を推していたが、アフリカ出身者に情勢が傾くとチゼロ支持に代わった。ガリはソ連からの支持とフランス語に堪能な候補者を望んだフランスの支持があった。問題はアメリカだった。アメリカは当初ガリを支持しない態度を取っていたが、政権内で統一候補に関する合意に達しなかったため、ガリで良いとのこ

とになった。安保理での事務総長選ではアメリカはガリに対しては棄権したとされている。こうして「アフリカ」出身の事務総長が誕生した[20]。事務総長職の地域輪番制が慣例となった。

ガリ事務総長は、1992年から1996年までの1期5年間務めたのみであった。第3代のウ・タント事務総長以来の慣例である2期10年の任期を務められなかった背景には、冷戦終焉後唯一の超大国として君臨したアメリカとの確執があった。

ガリ事務総長は、就任直後の1992年1月に開催された首脳レベルの安保理サミット会合で要求された冷戦後の国連の役割に関する「平和への課題」報告書を同年6月に発表し、国連憲章が想定した安保理常任理事国の協調に基づく本来の集団安全保障体制の構築を提唱し、さらに、平和執行部隊の設立とPKOの予防展開など新たなアイデアを提案した。平和執行部隊構想は、停戦や和平協定が締結されてもこれを順守しない場合には、安保理の結束を背景に、平和維持を目的とした軽武装のPKOから停戦や和平協定を力づくでも守らせる、従ってより強力な武装を伴うPKO部隊を設立させる、というものであった。PKOはこれまで紛争防止のために展開したことはなかったが、予防外交の一環として紛争の勃発を防ぐ手段としての予防展開の構想が出てきた。

もう1点、ガリ事務総長が力を入れた視点があった。それは民主化の原則を諸国間、国家内部、コミュニティーの各レベルで推進することであった。そのため、ガリ事務総長は「国際関係の民主化」を訴えた。これは、冷戦終焉後、ソ連の解体に伴ってアメリカが大国として一極構造の頂点に立ったことがある。アメリカが国際政治を思うがまま動かすことになれば国連の役割がなくなる。従って、アメリカに拮抗する勢力を育てることが国連にとっても大事なことだとの信念である。

ガリ事務総長が力を入れた平和執行部隊はソマリアで試されたが、国連PKOの枠外で強制行動の実働部隊として展開していたアメリカ軍に深刻な被害が出ると、アメリカは撤退を決意した。主力のアメリカ部隊の撤退は、他の参加国の撤退を招き、ガリ事務総長の構想は挫折した。国連PKOはボスニア・ヘルツェゴビナでも試練を重ね、アメリカと事務総長との乖離を深

めることになる。ガリ事務総長は、ボスニア戦争への欧米による大規模な肩入れを「リッチマンズ・ウォー（金持ちの戦争）」と批判して、アフリカなどの途上国で起きている紛争にもっと目を向けるべきだとしたが、これは特にアメリカには批判的に映った。

　1994年4月に起きたルワンダのジェノサイドへの対応では、事務総長は再度アメリカと対立することになる。国連は多数派フツ族のルワンダ政府と少数派ツチ族率いるルワンダ愛国戦線との間で続いていた内戦で停戦監視のために1993年10月にルワンダに国連PKO（UNAMIR）を派遣していたが、ジェノサイドを防ぐことが出来なかった。ガリ事務総長は安保理に対して国連PKOを増加させてこれに対処すべきだと主張したが、米国は現地の状況を「ジェノサイド」とは認定せず、ガリ事務総長の主張を受け入れなかった。ジェノサイドと認定するとジェノサイド条約下でこれを防ぐための行動を取らなければならなかった。ジェノサイドは拡大し、約80万人の人たちが犠牲になったといわれている。ガリ事務総長にとってもこれは大きな痛手だった。

　国連はカンボジアやモザンビーク、エルサルバドル、ハイチ、エリトリアなどでの和平達成に大きな成果を挙げたが、ソマリア、ボスニア、ルワンダでの痛手は特にガリ事務総長にとっては大きかった。

　ガリ事務総長の苦闘は、ある意味では歴史の犠牲者となったものといえないこともない。ルワンダのジェノサイドはソマリアの失敗が尾を引くことになったし、ボスニアの安全地帯保護でも事務総長の主張には理があった。しかし、国連側に問題がなかったわけではなかった。不偏を基調とした伝統的なPKOに強制力を持たせようとしたことはガリ事務総長も後に認めたように時期尚早であったし、ルワンダでも民兵組織の武器を押収していれば状況は変わったかも知れない。ボスニアで明確になったように、伝統的なPKOの概念で内戦が突き付けるあらたな状況に対処しようとしたことにも無理があった。試行錯誤の時代ではあったが、ガリ事務総長にとっては冷戦後唯一の超大国となったアメリカとの関係を良好に保てなかったことが命取りとなってしまった。ガリ事務総長はアメリカの支持が得られたかった理由として、議会を握ったアメリカの共和党の国連批判、特にガリ事務総長批判と

1996年が大統領選挙の年でクリントン大統領側が国連批判に対抗しようとしたためだとしているが、「Secretary」よりも「General」と批判されたようにガリ事務総長の自己主張型の政治スタイルと理念追求型のアプローチが国連内外で多くの敵を作ってしまったことも大きな原因であった。

　ガリ事務総長は5年の任期が終わる頃再選への強い意欲を示したが、アメリカの拒否権でその道は断たれた。

8．事務局上がりの唯一のコフィ・アナン事務総長

　アフリカ諸国は、通常事務総長は2期務めることが慣行となっていたこともあって、ガリの後任もアフリカから、特にサハラ砂漠以南のいわゆる「黒い大陸」から2期目を務めさせることを主張した。こうして4人の候補者がそれぞれの国から推薦された。ガーナのコフィ・アナン、コートジボワールのアマラ・エッシー、ニジェールのハミド・アルガビッド、そしてモーリタニアのアフメドゥー・ウールドアブダラーの4人。アナンは英語圏出身だが、他の3人は仏語圏出身だ。アナンはPKO担当国連事務次長、エッシーは現役の外相、アルガビッドは元首相、ウールドアブダラーは国連事務総長特別代表経験者だった。アメリカは最初からアナンを支持していたこともあり、アナン支持が多数を占めたが、フランス語圏の候補者を支持するフランスだけが最後まで抵抗した。最後は、PKO局長ポストを確約させることにより支持に回った。こうして、アナンが選出された[21]。

　事務局の主要ポストは常任理事国の意向を反映し、アメリカは財政を握る管理局ポスト、イギリスは政務局ポスト、フランスはPKO局、ロシアはジュネーブ事務局長ポスト、中国は経済社会局ポストをそれぞれ獲得した。

　アナン事務総長がまず手がけたのが、ガリ事務総長の失脚の原因となったアメリカとの関係の修復であった。アメリカがアナン事務総長選出の立役者だったこともありクリントン政権とは関係が良かったが、問題は予算権限を握る議会であった。共和党は1994年の選挙で勢力を奪還し、国連を敵視してきたヘリテージ財団の影響などを受け、国連への分担金滞納で政治的プレッシャーをかけていた。アメリカは当時国連予算の25％を分担しており、その

滞納はしばしば国連を財政難に陥れた。そのため、アナン事務総長は何度も
ワシントン参りを行い、関係修復を行った。次にアメリカが深い関心を持つ
イラクの大量破壊兵器問題に取り組むことになった。

　事務局上がりの事務総長として重きを置いたのが事務局内の改革だった。
アナン事務総長はガリ事務総長のトップダウンの事務局運営に批判的だっ
た。ガリ事務総長は、例えば、安保理へのパイプ役として前インド大使のチ
ンマヤ・ガレカーンを事務総長代表として任命したが、非公式協議で国連事
務局側の活動説明はガレカーンが行った。そして、非公式協議の模様は直接
ガレカーンからガリ事務総長に報告されることになった。そのため、他の現
局への情報の流れが悪くなったのである。アナン事務総長は自叙伝の中で、
例えば、ソマリアの国連 PKO はほとんどガリ事務総長自らが兵員提供国と
交渉したため、PKO 局は政策決定過程から外されており、特に、国連 PKO
部隊を襲撃したアイディード将軍の逮捕に当たってアメリカの精鋭部隊が派
遣されたことについては知らされていなかったと述懐している[22]。

　アナン事務総長は、政策形成について国連全体を引き込むために 4 つの執
行委員会を設立した。平和と安全保障、経済社会問題、人道問題、開発問題
である。平和と安全保障では政務局が、経済社会問題では経済社会局が、人
道問題では人道調整室が、そして開発は国連開発計画（UNDP）が会合を主
催し、政策の取りまとめを行うことになった。また、国連とビジネス界を結
びつけるためにグローバルコンパクトを導入し、雇用や人権、環境などの分
野で国連の原則をサポートし、企業の社会的責任の概念を広げるのに貢献し
た。芸能界との協調も重視した。というのは、国連の活動サポートに芸能界
の著名な人々が関わることで、国連の目的や理念、活動への理解とサポート
が広がるのである。そのために、「平和のメッセンジャー」などを任命した。

　アナン事務総長にとっての大きなチャレンジは1999年に起きたコソボ危機
と東ティモールの将来を決める住民投票だった。コソボ危機では、米欧は、
親ユーゴスラビアのロシアが安保理で拒否権を持っているため、安保理の許
可なく NATO による空爆を挙行した。ロシアはこれを国際法違反とした
が、アナン事務総長は武力行使を許可できる唯一の安全保障理事会の権威を
守ることの重要性を強調しながら、コソボの規模の大きな人権侵害行為が発

第13章　国連事務総長と事務局　　233

生した場合に、これに対処すべく安保理が行動を取れない時には国連そのものの存在意義が問われるだろう、と人道的介入論を支持する立場を取った。

　東ティモールはもともとポルトガルの植民地だったが、国内政変で植民地を手放した結果内紛となり、インドネシアが国連の反対にも関わらず併合した地域である。1990年末にアジアを襲った経済危機でインドネシアのスハルト大統領が退陣した後、後任のハビビ大統領の歴史的決断で、東ティモールにおいて「ポピュラー・コンサルテーション（国民協議)」と呼ばれる住民投票が国連によって行われた。投票結果は78パーセントの住民がインドネシアへの併合案を拒否し、独立に向けた意思表示が行われたが、併合派民兵組織による騒乱が起こり、東ティモール全土が焼野原となり、25万人の東ティモール人が西ティモールに避難した。この危機でアナン事務総長は人道的介入の必要性を説き、多国籍軍の形成を支持し、インドネシア政府に対しても多国籍軍の受け入れを促した。この時の精力的な動きは、ルワンダやボスニアのスレブレニッツァで許した大量虐殺から国連が、そしてアナン事務総長自身が学んだ教訓でもあった。アナン事務総長は1999年末、ルワンダとスレブレニッツァでの大量虐殺に関する調査報告書を公表している。そして、その教訓は後に「保護する責任」という考え方に繋がっていく。

　アナン事務総長は1期目の業績が評価され、さらに5年の任期が与えられたが、2001年9月11日、アルカーイダによる同時テロ事件が起き、それが次第にアナン事務総長の運命を変えていくことになる。アルカーイダを匿っていたアフガニスタンのタリバン政権が倒れた後、アフガニスタンの再興は国連を中心に行われていった。しかし、アメリカの関心はイラクに移り、イラクの大量破壊兵器開発隠蔽とアルカーイダの連携を主張して、国際社会を二分化させながらも、自らの一方的主張を通してイラクの体制変化を求めるべくイラク戦争を主導した。この件で、アナンはBBCのインタビューで「イラク戦争は違法」との見解を示し、アメリカの逆鱗に触れた。アメリカは「石油と食糧交換計画」での汚職調査を要求し、アナンを苦しい立場に追い込んだ。アナンの2期目後半には新たな事務局改革を余儀なくされることになった。

　1期目に大国アメリカとの関係を修復したアナンではあったが、2期目に

してアメリカ政権との関係が悪化し、事務総長の政治的基盤の弱体化に繋がった。国連内外の信頼も厚くカリスマ性も徐々に発揮したが、アナンは「Secretary」から「General」的になったところで頓挫したといえる。

アナン事務総長の2期目はイラク戦争でアメリカに批判的な態度を取ったために、アメリカとの関係が冷却化したが、2期終了前に事務局の指導体制を変えることにより乗り切った。ガリ事務総長とアナン事務総長合わせて15年アフリカがこのポストを占めたため、次はアジアの番との見方が多勢を占めた。

9. アジア的潘基文事務総長

アナンまでの事務総長選は安全保障理事会で秘密のベールに包まれて事務総長候補も公にキャンペーンを張ることはなかったが、事務総長選出プロセスへの不満の声が上がる中、公に立候補を立てるところが出てきた。特に立候補の規定があるわけでなかったため、これは自主的に行われた。まず名乗りを上げたのが東南アジア連合（ASEAN）に推されたタイのスラキアート・サティラタイ外相だった。それにスリランカ政府推薦のジャヤンタ・ダナパラ元国連軍縮局長が続いた。そして、韓国から推薦された潘基文が名乗りを上げた。ヨルダン政府はゼイド・ラアド国連大使を推薦し、アフガニスタン政府はアシラフ・ガニ財務相を推薦した。インドのシャシ・タルール国連広報局長は自国の外務省から後押しがなかったため、シン首相からの個人的支持を得て立候補した。東欧ラトビアのヴァイラ・ヴィケ＝フレイベルガ大統領はバルト三国の支持を基に名乗りを上げたが、これは女性候補を立てるべく「今平等を」（Equality Now）という女性グループが動いた背景があった。

米国は当初必ずしもアジアからの事務総長選出に拘らない立場を取ったといわれているが、大勢がアジアの番を支持すると友邦国からの事務総長を望んだ。そして、韓国に目を向けたとされている。問題は中国の出方だった。仮投票は2006年7月と9月に行われた。2回の仮投票では潘が1位、タルールが2位だった。タルールの票の中には常任理事国の「奨励しない」票が1

票あった。中国はインドとの関係はまだ改善しておらず、また対韓関係の改善を望んでいたこともあり、潘支持に回った。他の候補者が次々と候補を辞退した結果、2006年10月に潘が次期事務総長に選出された。

アナン事務総長が長年の国連経験から国連の立場をよく理解し、温和な話し方ではあったが筋の通った見解を流暢な英語で述べていたのと比べ、外部からの、しかも長年韓国の外交畑を歩んできた潘事務総長は、語学力の問題に加え国連の立場をよく理解していなかったこともあり、当初躓いた。例えば、イラクのサダム・フセインが処刑された問題では死刑を肯定するような発言を行い、国連のそれまでの立場が理解できていないことを露呈した。また、高級人事では副事務総長を含めその任命にかなりの遅れを取った。

しかし、潘事務総長は当初から幾つかの優先課題を打ち立てていた。政治的にはアフリカや中東の紛争解決への努力であり、国連内部では事務局改革だった。就任当時はスーダンのダルフール紛争やコンゴ民主共和国東部の内戦などが焦眉の課題であり、アフリカ連合サミットへの出席やコンゴ訪問などを通じて精力的に関与していくことになった。事務局改革では、全ての政治任命者に辞表を出させ、新たな指導体制を作っていった。拡大しつつあるPKOや政治派遣団、平和構築派遣団などを機能よくサポートしていくために新たにフィールドサポート局（DFS）を設置するなどした。また、硬直化している人事体制を改革するために、複雑な職員の契約形態を簡素化し、人事異動の柔軟性、特に本部とフィールドの職員の異動（モビリティー）を高める努力をしてきた。

潘事務総長はその後いくつもの優先課題を加えている。貧国の削減や初等教育の普及、妊産婦の死亡率の低下、HIVエイズの減少などを盛り込んだミレニアム開発目標（MDGs）の推進や2015年以降のミレニアム開発目標に代わる持続的開発目標（SDGs）設定準備、さらに、気候変動への新たな取り組み、テロへの対処などグローバルな問題の解決に対し国際社会の協調と行動を積極的に促している。「アラブの春」への対応では自由と民主主義を求める大衆の動きを支援し、シリア紛争ではアナン前事務総長やベテラン国連外交官のラクダール・ブラヒミを調停者に任命して解決の道を探ったが、政治的解決の条件が揃っていない中の調停には困難が伴った。シリアの化学

兵器使用と撤去問題では安保理の後押しを得て、化学兵器禁止機関
（OPCW）との協調の下にシリアからの化学兵器撤去に成功した。

潘事務総長は西洋型組織の国連にアジア的思考を導入し、国連のあり方を
徐々に変えていく努力をした。アジア的思考の典型は「自ら模範を示すこと
によってリードする」というもので、朝早くから夜遅くまで仕事に励むこと
により国連職員に公僕としての模範を示している。しかし、超過密の仕事を
職員に強制することはできず、西側側近の中には仕事と生活のバランスを考
え、あるいは自分のキャリア形成を重視して離れていく職員もいた。また、
潘事務総長は調整型の官僚的アプローチで、知的にリードするタイプではな
いが、アジア的な見方には道徳、倫理の徹底やチームワーク、効率の良さな
どもある。アナン時代の「石油と食糧交換計画」や調達問題でのスキャンダ
ルや、PKO 要員の性的搾取問題などもあり、職員の道徳、倫理向上のため
のトレーニングを行ったり、職員の評価基準の改革を行ったりした。

潘事務総長は加盟国との関係には特に慎重に対処し、特にアメリカとの関
係ではアメリカの政策と相反するようなことはほとんどしなかった。密接過
ぎるとの批判もあり、特に中東ではそのイメージが強いが、安保理常任理事
国との関係では慎重な対応をせざるを得ない。歴代の事務総長が常任理事国
に批判的な発言あるいは行動をして政治的に困難な状況に置かれたことを考
えると、細い綱の上を歩かざるを得ない事務総長としては苦しいところであ
る。潘事務総長は官僚的な慎重さや英語での表現力の問題もあり、「感動を
与えない」とか「平凡」、「カリスマ性が無い」といった批評が多かったが、
気候変動や SDGs 合意のために世界のリーダーを招集し、協調を促進した。
総合的に見ると、「General」ではなく「Secretary」的な事務総長であった。

10. 混迷期の国際政治に対応するアントニオ・グテーレス 事務総長

新たな事務総長を選出するに当たって、それまでの安全保障理事会での政
治的妥協で「弱い」事務総長を選ぶのではなく、混迷する国際社会を先導で
き、しっかりと事務局を指導できる人物を選ぶために、事務総長を任命する
権限を持つ総会の役割を強化すべきだとの声がしだいに強くなった。そのた

め、2015年9月の総会決議で、総会議長と安保理議長が共同で候補者を募ることになった。また、同じ総会決議では、次期事務総長選出において地理的配分と女性への配慮が強調された。地域輪番制が慣例となってきたこともあり、アジアの次はヨーロッパ、しかもこれまで事務総長が出ていない東ヨーロッパから出すべきだとの声が高まり、また、それまで男性が事務総長職を独占してきたこともあって、次は女性から事務総長が選出されるべきだとの声も強くなった。こうして、12人の候補者がそれぞれの国から推薦され、そのうち8人が東ヨーロッパ諸国出身だった。残り2人は西ヨーロッパ（ニュージーランドも含む）、あと2人はラテンアメリカからである。候補者の半分の6人が女性で、そのうち4人が東ヨーロッパ出身だった。

この事務総長選が前回までと違った点は、総会や市民社会のより積極的な関与と透明性拡大の努力である。4月から7月にかけて候補者の公聴会やグローバル・タウンホールが総会などで行われ、各候補者は立候補声明を発表し、各国や市民社会からの質問に答える作業が行われた。しかし、最終的には安全保障理事会による勧告で決まることになるため、7月末から10月初めまで、安全保障理事会で計6回にわたる仮投票を行った結果、最初から一番多くの支持票を獲得していたポルトガルの元首相で、国連難民高等弁務官を10年務めたアントニオ・グテーレスが選出された[23]。

グテーレス事務総長は2017年からその任期が始まったが、この時期は国際政治構造が多極化に移行しはじめたことが顕著に出はじめ、イギリスのヨーロッパ連合（EU）からの離脱（Brexit）決定や「アメリカ・ファースト」を唱えるドナルド・トランプ大統領の出現、中国の大国的行動による周辺国への脅威の増加、ロシアのプーチン大統領のロシア再興へ向けたクリミア併合やウクライナ東部の紛争、国内での政治権力の集中化など、特に常任理事国間の政治的緊張が高まり、国際協調路線が徐々に後退していく中での舵取りとなった。

事務局のあり方に関しては、アナン、潘と続いた体制を大きく変換させ、政策委員会（Policy Committee）と4つの執行委員会（政治・安全保障、経済社会、人道、開発グループ）のうち、開発グループを除く3つの執行委員会を廃止し、ハイレベル（事務次長レベル）の執行委員会（Executive Committee）を設立した。この執行委員会は事務総長の戦略的政策決定の機関となる。その要になるのが副事務総長や官房長、シニア政策顧問で、委員会メンバーには管理、政務、PKO、フィールドサポート、経済社会、緊急人道支援、平和構築などの事務局主要局長、それに人権高等弁務官、UN Women、開発グループ座長（通常国連開発計画総裁が兼任）が加わる。他の部局や部門は必要に応じて招待される。

　グテーレス事務総長は、この執行委員会を内閣のような扱いにしており、政治、開発、人道、人権などを１つの場で議論し、その議論を踏まえてグテーレス自身が総合的な判断を行い、最終決定をする体制になっている。この体制が官僚組織的側面を排除し、政策が統合的になされ、決定が速く行われ、相互に関連した分野が協調して行動できるようにしている点ではこれまでにない面が見られる。

　グテーレス事務総長は、さらに自らの権限内での国連改革を進めており、政治・安全保障、開発、運営の３つの改革チームを発足させた。平和・安全保障面では、紛争の形態が以前と変わってきていることもあり、紛争の予防に重点を置く体制を目指している。開発分野では、SDGs の履行体制を確立することが目標である。運営面では、事務局の運営権限を加盟国から国連に、そして、国連内ではさらに実質的な活動を行っている現局に移譲していく考えである。これについては、国連をマイクロマネージしようする加盟国との間での抵抗も予想されるが、ポルトガル首相時代や前職の国連難民高等弁務官時代の運営のあり方をベースにしたものである。

　上級人事に関しては、アナン時代以来の政務局はアメリカ、PKO 局はフランス、経済社会局は中国、ロシアは欧州のポスト、イギリスは人道調整室といったパターンは政治的理由で変わっていないが、ジェンダーへの配慮で副事務総長や官房長を初めとした女性の幹部登用と均衡な地理的配分、さらに国連職員の幹部登用が目立つ人事になっている。

　国連事務総長にとっては選出の際も在任中も常任理事国との関係を維持していくことがきわめて重要となる。冷戦時代は東西の政治対立の中で「ゼロ・サム・ゲーム」を強いられることが多く、一方の立場を支持する行動を取ると他の一方からの反発を受けるという難しい選択を迫られることが多か

第13章　国連事務総長と事務局　239

った。冷戦後の世界では唯一の超大国となったアメリカとの関係がきわめて重要になった。アメリカと主導権を争ったガリは2期目を拒否権で葬られ、イラク戦争でアメリカを批判したアナンはアメリカから内部改革を余儀なくされた。潘はアメリカとの関係を維持するためにアメリカに対しては追随的な態度を取ることが多かった。

　国際政治が徐々に多極化の時代に移行していく中で、事務総長の役割も徐々に変遷していくことになる。アメリカは政治的にも、軍事的にも、財政的にも依然大きな影響力を保っているため、アメリカとの関係を維持することは必須だが、アメリカに追随的な行動では国連の意義がなくなる。そのため、事務総長は国際社会の良心として行動しつつもきわめて高度な政治的判断と手腕が必要とされる。Secretary としての仕事は当然としても、General としての行動をどの程度、そしてどのように取っていくかが事務総長の力量と成果の判断材料となる。

注
1 ）Goodrich, p.573.
2 ）この部分から第1節の最後までは、植木安弘「国連事務総長：選出の歴史と役割の変遷」、日本国際連合学会編『国連：戦後70年の歩み、課題、展望』、国連研究、第17号、101 - 103頁を一部修正して引用している。
3 ）歴代の事務総長選出の過程は、前掲書の第1章「歴代事務総長とその選出」から引用している部分が多い。Thant Myint-U and Amy Scott, *The UN Secretariat: A Brief History 1945-2006*, New York: International Peace Academy, 2007, pp.9-10.
4 ）Leon Gordenker, *The UN Secretary-General and Secretariat*, New York & London: Routledge, 2005, p.11.
5 ）Thant Myint-U, pp.15-16.
6 ）Gordenker, p.24.
7 ）国連設立当初、専門職の約8割が西側の職員で占められていた。Myint-U and Scott, p.34.
8 ）国際公務員制度の発展については、内田孟男「国連事務総長と事務局の任務」、内田孟男編著『国際機構論』ミネルヴァ書房、2013年、284-292頁参照。
9 ）Trygve Lie, *In the Cause of Peace*, New York: Macmillan Co. 1954, 第2章参照。
10）Thant Myint-U, p.24.
11）Brian Urquhart, *Hammarskjold*, New York: Alfred A. Knopf Inc., 1972, pp.96-131.
12）Ralph J. Bunche, "The United Nations Operation in the Congo," Andrew W. Cordier and Wilder Foote ed., *The Quest for Peace: The Dag Hammarskjold Memorial Lectures*,

New York and London: Columbia University Press, 1965, p.123.

13）詳細は、U Thant, pp.154-194. A. Walter Dorn and Robert Pauk, "Unsung Mediator: U Thant and the Cuban Missile Crisis," *Diplomatic History*, Vol.33, Nov. 2, April 2009, pp. 161-292参照。

14）Thant Myint-U, pp.40-41.

15）U Thant, pp.27-31. ウ・タントは、自らのグッドオフィスが成果を挙げた例と挙げられなかった例について述べている。

16）Thank Myint-U, pp.57-61.

17）ワルトハイムの活動に関しては、James Daniel Ryan, *The United Nations under Kurt Waldheim, 1972-1981*, Maryland and London: The Scarecrow Press, 2001 参照。

18）Javier Perez de Cuellar, *Pilgrimage for Peace: A Secretary-General's Memoir*, New York: St. Martin's Press, 1997, Chapter 14.

19）George J. Lankevich, *The United Nations under Javier Perez de Cuellar, 1982-1991*, Maryland and London: The Scarecrow Press, 2001

20）ガリからアナン、潘事務総長と続く部分は、植木安弘「国連事務総長」104-114ページから引用している。

21）ガリの失脚とアナンの選出過程に関する詳細は、前掲書97-100頁を参照。

22）Kofi Annan, *Interventions*, New York: The Penguin Press, 2012, pp.44-45.

23）グテーレス事務総長の選出過程は、植木安弘の Japan In-Depth オンラインジャーナルの記事、3月10日（その1から4まで）、7月24日、8月7日、8月30日、9月30日、10月7日参照。

第14章　国連憲章改正と死文化条項

　国連憲章の改正は、第108条に規定されている。

　　「この憲章の改正は、総会の構成国の３分の２の多数で採択され、且つ、
　　安全保障理事会のすべての常任理事国を含む国際連合加盟国の３分の２
　　によって各自の憲法上の手続に従って批准された時に、すべての国際連
　　合加盟国に対して効力を生ずる」。

　この場合、すべての加盟国の３分の２という意味であり、絶対的な数字で
ある。2017年の時点では193か国が加盟しているので、そのうちの３分の２
は129か国となる。さらに、この３分の２には安全保障理事会の常任理事国
すべてが入るため、これは常任理事会の隠れた拒否権となる。日本が安全保
障理事会の構成を変更して常任理事国入りするためには憲章の改正が必要で
あり、常任理事国の１か国でも反対している場合には不可能ということにな
る。

　これまでに、国連憲章は何度か改正されている。最初の改正は1965年にな
され、この改正で安全保障理事会の非常任理事国が４か国増えたため、理事
国数が11か国から15か国になり、また、決議採択に必要な賛成票が７票から
９票に変更された。さらに、経済社会理事会の構成も18か国から27か国に増
えた。これは、特に非植民地化の過程で新興独立国が増え、国連の加盟国が
創設当初の２倍以上になったことがある。経済社会理事会の構成は、さら

に、1973年に27か国から54か国に増加した。

　憲章は1968年には、憲章の第109条が改正された。この条項は、憲章の再審議を行うために国連加盟国の全体会議を開催するというもので、全体会議を開催する時には、国連加盟国の3分の2の賛成と、安全保障理事会の11か国のうち7か国の賛成が必要とのものであったが、1965年の改正で安全保障理事会の決議に必要な票が9か国となったため、第109条の改正はそれを反映させたものである[1]。国連創設当初は、常任理事国の拒否権をなくすために再審議を開催すべきという声もあったが支持を得ず、国連創設10年後の総会で議題として取り上げることになっていた。結局、そのような全体会議は開催されなかったが、万が一そのような全体会議が開催されたとしても、改正には常任理事国の批准が必要なため、全体会議を通じた憲章改正の可能性はなくなっている。

　国連憲章には、いくつもの死文化した条項がある。例えば、常任理事国については、「中華民国、フランス、ソヴィエト社会主義共和国連邦、グレート・ブリテン及び北部アイルランド連合王国及びアメリカ合衆国」となっているが、中国の代表権は1971年に中華民国から中華人民共和国に代わっており、ソ連も1991年に解消され、ロシアがその地位を継承している。また、信託統治理事会もその作業を終えていることから、新たな信託統治が出現しない限り死文化と同じ状況にある。

　さらに、憲章第7章に規定されている特別協定もこれまでに結ばれておらず、これに関する条項は実施されていないし、実施される可能性もほとんどない。軍事参謀委員会は存在し、月1回の定期会合は開催されているが、実質的な機能は果たしていない。「旧敵国条項」はすでに総会で死文化していることが確認されている。

　これらの死文化条項にも関わらず、憲章が容易に改正されないのは、憲章が国連の基本文書であるからであり、改正の動きは多くの加盟国が不満を持っている常任理事国とその拒否権に関する改正要求が高まるからである。事実、安全保障理事会の改正の論議は1990年代中頃から総会の作業部会で続いているが、打開の道は見えていない。

注

1）詳細は、Simma, Third Edition, pp.2232-2241参照。

おわりに

　国連は、70年を超える歴史の中で、常にその時々の国際政治の影響を受けながら、その役割と機能を適応させてきた。国際政治構造は、創設直後の東西冷戦という二極構造の時代から、途上国の発言権拡大に伴う南北対立、ソ連の崩壊と冷戦後のアメリカ一極時代、そして、日本の経済大国化やEUの拡大、中国の台頭、ロシアの復活、インドや他の途上国の力の増加に伴って多極化時代に移行しつつある。多極化時代は、「国際関係の民主化」を具現するものであっても必ずしも政治的安定をもたらすものではなく、むしろ、ナショナリズムやポピュリズムの台頭、さらには、国際秩序そのもののあり方に挑戦する宗教原理主義に基づく国際テロ組織の挑戦などによって、先行きが見えない時代になりつつある。

　そのような中で、国連は、主権国家間の行動の調整や秩序の維持、さらには、気候変動や持続的可能な発展など地球規模の課題に取り組むとともに、拡大する紛争や人道危機に対処すべく、加盟国や市民社会などのサポートの下にその役割と機能を拡大させている。しかし、これは常に国家主権の壁や主権国家システムに内在する緊張や対立に直面することになる。国連はあくまでも主権国家が政策の中核に位置する国際機関である。国連憲章の前文にもあるように、国連の存在意義は、さらなる世界大戦を防ぐことだけでなく、人権の促進や経済社会の発展、国際法秩序の維持、そして、主権国家間の利害の調整でもあり、国家間の協調をいかに促進させていくか、また、国際社会全体をどのように動員してグローバルな問題やローカルな紛争や対立

に対処していくか、その本来の意義が問われる時代になっている。その意味では、国連憲章に描かれた理想や理念を根本的な活動の指針として、地道に問題の解決に努力するほかない。

本書は、国連の役割と機能を国連憲章に沿って、かつ、これまでの歴史の事例を参考にしながら概説しようとしたものである。しかし、国連の役割は、国際平和の安全と維持から経済社会の発展、人権の促進、人道的支援など広範囲に及ぶものであり、それをすべて網羅し詳細に紹介することにはかなりの困難が伴う。できるだけ体系立てて簡潔に説明すべき努力をしたが、紙幅の制約から実質的な活動については概略で終えている。国連の実質的な活動をより体系的に、そしてより深く分析するのは、次の機会に託したい。

本書は、これまで私が大学で教えてきた「国連研究１」の内容をより深く掘り下げたものである。そのため、国連の役割と機能を教える先生方にとっても、本書を教科書あるいは参考書として取り上げて頂ければ、学生や生徒の理解にも役に立つのではないかと思う。なお、「国連研究２」では、テーマ別に国連の実質的な活動を紹介している。

最後に、本書の企画に賛同して頂き、会社の承諾を取り付け、校正までサポートして頂いた元日本評論社社員の飯塚英俊さん、そして、その後出版に至るまでサポートを引き継いで頂いた日本評論社編集部の森美智代さんには、この場を借りて心から感謝の意を表します。

2017年11月

著者

国連憲章

序

　国際連合憲章は、国際機構に関する連合国会議の最終日の、1945年6月26日にサンフランシスコにおいて調印され、1945年10月24日に発効した。国際司法裁判所規程は国連憲章と不可分の一体をなす。

　国連憲章第23条、第27条および第61条の改正は、1963年12月17日に総会によって採択され、1965年8月31日に発効した。1971年12月20日、総会は再び第61条の改正を決議、1973年9月24日発効した。1965年12月20日に総会が採択した第109条の改正は、1968年6月12日発効した。

　第23条の改正によって、安全保障理事会の理事国は11から15カ国に増えた。第27条の改正によって、手続き事項に関する安全保障理事会の表決は9理事国（改正以前は7）の賛成投票によって行われ、その他のすべての事項に関する表決は、5常任理事国を含む9理事国（改正以前は7）の賛成投票によって行われる。

　1965年8月31日発効した第61条の改正によって、経済社会理事会の理事国数は18から27に増加した。1973年9月24日発効した2回目の61条改正により、同理事会理事国数はさらに、54に増えた。

　第109条1項の改正によって、国連憲章を再審議するための国連加盟国の全体会議は、総会構成国の3分の2の多数と安全保障理事会のいずれかの9理事国（改正前は7）の投票によって決定される日と場所で開催されることになった。但し、第10通常総会中に開かれる憲章改正会議の審議に関する109条3項中の「安全保障理事会の7理事国の投票」という部分は改正されなかった。1955年の第10総会及び安全保障理事会によって、この項が発動された。

国際連合憲章

われら連合国の人民は、

われらの一生のうちに二度まで言語に絶する悲哀を人類に与えた戦争の惨害から将来の世代を救い、基本的人権と人間の尊厳及び価値と男女及び大小各国の同権とに関する信念をあらためて確認し、正義と条約その他の国際法の源泉から生ずる義務の尊重とを維持することができる条件を確立し、一層大きな自由の中で社会的進歩と生活水準の向上とを促進すること

並びに、このために、

寛容を実行し、且つ、善良な隣人として互いに平和に生活し、

国際の平和及び安全を維持するためにわれらの力を合わせ、

共同の利益の場合を除く外は武力を用いないことを原則の受諾と方法の設定によって確保し、

すべての人民の経済的及び社会的発達を促進するために国際機構を用いることを決意して

、これらの目的を達成するために、われらの努力を結集することに決定した。

　よって、われらの各自の政府は、サン・フランシスコ市に会合し、全権委任状を示してそれが良好妥当であると認められた代表者を通じて、この国際連合憲章に同意したので、ここに国際連合という国際機構を設ける。

第1章　目的及び原則

第1条

国際連合の目的は、次のとおりである。

1. 国際の平和及び安全を維持すること。そのために、平和に対する脅威の防止及び除去と侵略行為その他の平和の破壊の鎮圧とのため有効な集団的措置をとること並びに平和を破壊するに至る虞のある国際的の紛争又は事態の調整または解決を平和的手段によって且つ正義及び国際法の原則に従って実現すること。

2. 人民の同権及び自決の原則の尊重に基礎をおく諸国間の友好関係を発展させること並びに世界平和を強化するために他の適当な措置をとること。

3. 経済的、社会的、文化的または人道的性質を有する国際問題を解決

することについて、並びに人種、性、言語または宗教による差別なくすべての者のために人権及び基本的自由を尊重するように助長奨励することについて、国際協力を達成すること。

4. これらの共通の目的の達成に当たって諸国の行動を調和するための中心となること。

第2条

この機構及びその加盟国は、第1条に掲げる目的を達成するに当っては、次の原則に従って行動しなければならない。

1. この機構は、そのすべての加盟国の主権平等の原則に基礎をおいている。

2. すべての加盟国は、加盟国の地位から生ずる権利及び利益を加盟国のすべてに保障するために、この憲章に従って負っている義務を誠実に履行しなければならない。

3. すべての加盟国は、その国際紛争を平和的手段によって国際の平和及び安全並びに正義を危うくしないように解決しなければならない。

4. すべての加盟国は、その国際関係において、武力による威嚇又は武力の行使を、いかなる国の領土保全又は政治的独立に対するものも、また、国際連合の目的と両立しない他のいかなる方法によるものも慎まなければならない。

5. すべての加盟国は、国際連合がこの憲章に従ってとるいかなる行動についても国際連合にあらゆる援助を与え、且つ、国際連合の防止行動又は強制行動の対象となっているいかなる国に対しても援助の供与を慎まなければならない。

6. この機構は、国際連合加盟国ではない国が、国際の平和及び安全の維持に必要な限り、これらの原則に従って行動することを確保しなければならない。

7. この憲章のいかなる規定も、本質上いずれかの国の国内管轄権内にある事項に干渉する権限を国際連合に与えるものではなく、また、その事項をこの憲章に基く解決に付託することを加盟国に要求する

ものでもない。但し、この原則は、第7章に基く強制措置の適用を
妨げるものではない。

第2章　加盟国の地位

第3条

国際連合の原加盟国とは、サン・フランシスコにおける国際機構に関する
連合国会議に参加した国又はさきに1942年1月1日の連合国宣言に署名した
国で、この憲章に署名し、且つ、第110条に従ってこれを批准するものをい
う。

第4条

1. 国際連合における加盟国の地位は、この憲章に掲げる義務を受託
   し、且つ、この機構によってこの義務を履行する能力及び意思があ
   ると認められる他のすべての平和愛好国に開放されている。
2. 前記の国が国際連合加盟国となることの承認は、安全保障理事会の
   勧告に基いて、総会の決定によって行われる。

第5条

安全保障理事会の防止行動または強制行動の対象となった国際連合加盟国
に対しては、総会が、安全保障理事会の勧告に基づいて、加盟国としての権
利及び特権の行使を停止することができる。これらの権利及び特権の行使
は、安全保障理事会が回復することができる。

第6条

この憲章に掲げる原則に執拗に違反した国際連合加盟国は、総会が、安全
保障理事会の勧告に基いて、この機構から除名することができる。

第3章　機関

第7条

1. 国際連合の主要機関として、総会、安全保障理事会、経済社会理事
   会、信託統治理事会、国際司法裁判所及び事務局を設ける。
2. 必要と認められる補助機関は、この憲章に従って設けることができ
   る。

第8条

国際連合は、その主要機関及び補助機関に男女がいかなる地位にも平等の条件で参加する資格があることについて、いかなる制限も設けてはならない。

第4章　総会

【構成】
第9条

1. 総会は、すべての国際連合加盟国で構成する。
2. 各加盟国は、総会において5人以下の代表者を有するものとする。

【任務及び権限】
第10条

総会は、この憲章の範囲内にある問題若しくは事項又はこの憲章に規定する機関の権限及び任務に関する問題若しくは事項を討議し、並びに、第12条に規定する場合を除く外、このような問題又は事項について国際連合加盟国若しくは安全保障理事会又はこの両者に対して勧告をすることができる。

第11条

1. 総会は、国際の平和及び安全の維持についての協力に関する一般原則を、軍備縮小及び軍備規制を律する原則も含めて、審議し、並びにこのような原則について加盟国若しくは安全保障理事会又はこの両者に対して勧告をすることができる。
2. 総会は、国際連合加盟国若しくは安全保障理事会によって、又は第35条2に従い国際連合加盟国でない国によって総会に付託される国際の平和及び安全の維持に関するいかなる問題も討議し、並びに、第12条に規定する場合を除く外、このような問題について、1若しくは2以上の関係国又は安全保障理事会あるいはこの両者に対して勧告をすることができる。このような問題で行動を必要とするものは、討議の前または後に、総会によって安全保障理事会に付託されなければならない。
3. 総会は、国際の平和及び安全を危くする虞のある事態について、安

全保障理事会の注意を促すことができる。

4．本条に掲げる総会の権限は、第10条の一般的範囲を制限するもので
はない。

第12条

1．安全保障理事会がこの憲章によって与えられた任務をいずれかの紛
争または事態について遂行している間は、総会は、安全保障理事会
が要請しない限り、この紛争又は事態について、いかなる勧告もし
てはならない。

2．事務総長は、国際の平和及び安全の維持に関する事項で安全保障理
事会が取り扱っているものを、その同意を得て、会期ごとに総会に
対して通告しなければならない。事務総長は、安全保障理事会がそ
の事項を取り扱うことをやめた場合にも、直ちに、総会又は、総会
が開会中でないときは、国際連合加盟国に対して同様に通告しなけ
ればならない。

第13条

1．総会は、次の目的のために研究を発議し、及び勧告をする。

　a．政治的分野において国際協力を促進すること並びに国際法の斬新
　　的発達及び法典化を奨励すること。

　b．経済的、社会的、文化的、教育的及び保健的分野において国際協
　　力を促進すること並びに人種、性、言語又は宗教による差別なく
　　すべての者のために人権及び基本的自由を実現するように援助す
　　ること。

2．前記の1bに掲げる事項に関する総会の他の責任、任務及び権限
は、第9章及び第10章に掲げる。

第14条

第12条の規定を留保して、総会は、起因にかかわりなく、一般的福祉また
は諸国間の友好関係を害する虞があると認めるいかなる事態についても、こ
れを平和的に調整するための措置を勧告することができる。この事態には、
国際連合の目的及び原則を定めるこの憲章の規定の違反から生ずる事態が含
まれる。

第15条

1. 総会は、安全保障理事会から年次報告及び特別報告を受け、これを審議する。この報告は、安全保障理事会が国際の平和及び安全を維持するために決定し、又はとった措置の説明を含まなければならない。

2. 総会は、国際連合の他の機関から報告を受け、これを審議する。

第16条

総会は、第12章及び第13章に基いて与えられる国際信託統治制度に関する任務を遂行する。この任務には、戦略地区として指定されない地区に関する信託統治協定の承認が含まれる。

第17条

1. 総会は、この機構の予算を審議し、且つ、承認する。

2. この機構の経費は、総会によって割り当てられるところに従って、加盟国が負担する。

3. 総会は、第57条に掲げる専門機関との財政上及び予算上の取極を審議し、且つ、承認し、並びに、当該専門機関に勧告をする目的で、この専門機関の行政的予算を検査する。

【表決】

第18条

1. 総会の各構成国は、1個の投票権を有する。

2. 重要問題に関する総会の決定は、出席し且つ投票する構成国の3分の2の多数によって行われる。重要問題には、国際の平和及び安全の維持に関する勧告、安全保障理事会の非常任理事国の選挙、経済社会理事会の理事国の選挙、第86条1cによる信託統治理事会の理事国の選挙、新加盟国の国際連合への加盟の承認、加盟国としての権利及び特権の停止、加盟国の除名、信託統治制度の運用に関する問題並びに予算問題が含まれる。

3. その他の問題に関する決定は、3分の2の多数によって決定されるべき問題の新たな部類の決定を含めて、出席し且つ投票する構成国の過半数によって行われる。

254

第19条

この機構に対する分担金の支払が延滞している国際連合加盟国は、その延滞金の額がその時までの満2年間にその国から支払われるべきであった分担金の額に等しいか又はこれをこえるときは、総会で投票権を有しない。但し、総会は、支払いの不履行がこのような加盟国にとってやむを得ない事情によると認めるときは、その加盟国に投票を許すことができる。

【手続】

第20条

総会は、年次通常会期として、また、必要がある場合に特別会期として会合する。特別会期は、安全保障理事会の要請又は国際連合加盟国の過半数の要請があったとき、事務総長が招集する。

第21条

総会は、その手続規則を採択する。総会は、その議長を会期ごとに選挙する。

第22条

総会は、その任務の遂行に必要と認める補助機関を設けることができる。

第5章　安全保障理事会

【構成】

第23条

1．安全保障理事会は、15の国際連合加盟国で構成する。中華民国、フランス、ソヴィエト社会主義共和国連邦、グレート・ブリテン及び北部アイルランド連合王国及びアメリカ合衆国は、安全保障理事会の常任理事国となる。総会は、第一に国際の平和及び安全の維持とこの機構のその他の目的とに対する国際連合加盟国の貢献に、更に衡平な地理的分配に特に妥当な考慮を払って、安全保障理事会の非常任理事国となる他の10の国際連合加盟国を選挙する。

2．安全保障理事会の非常任理事国は、2年の任期で選挙される。安全保障理事会の理事国の定数が11から15に増加された後の第1回の非常任理事国の選挙では、追加の4理事国のうち2理事国は、1年の

任期で選ばれる。退任理事国は、引き続いて再選される資格はない。

3．安全保障理事会の各理事国は、1人の代表を有する。

【任務及び権限】

第24条

1．国際連合の迅速且つ有効な行動を確保するために、国際連合加盟国は、国際の平和及び安全の維持に関する主要な責任を安全保障理事会に負わせるものとし、且つ、安全保障理事会がこの責任に基く義務を果すに当って加盟国に代って行動することに同意する。

2．前記の義務を果すに当たっては、安全保障理事会は、国際連合の目的及び原則に従って行動しなければならない。この義務を果たすために安全保障理事会に与えられる特定の権限は、第6章、第7章、第8章及び第12章で定める。

3．安全保障理事会は、年次報告を、また、必要があるときは特別報告を総会に審議のため提出しなければならない。

第25条

国際連合加盟国は、安全保障理事会の決定をこの憲章に従って受諾し且つ履行することに同意する。

第26条

世界の人的及び経済的資源を軍備のために転用することを最も少くして国際の平和及び安全の確立及び維持を促進する目的で、安全保障理事会は、軍備規制の方式を確立するため国際連合加盟国に提出される計画を、第47条に掲げる軍事参謀委員会の援助を得て、作成する責任を負う。

【表決】

第27条

1．安全保障理事会の各理事国は、1個の投票権を有する。

2．手続事項に関する安全保障理事会の決定は、9理事国の賛成投票によって行われる。

3．その他のすべての事項に関する安全保障理事会の決定は、常任理事国の同意投票を含む9理事国の賛成投票によって行われる。但し、

第6章及び第52条3に基く決定については、紛争当事国は、投票を棄権しなければならない。

【手続】
第28条
1. 安全保障理事会は、継続して任務を行うことができるように組織する。このために、安全保障理事会の各理事国は、この機構の所在地に常に代表者をおかなければならない。
2. 安全保障理事会は、定期会議を開く。この会議においては、各理事国は、希望すれば、閣員または特に指名する他の代表者によって代表されることができる。
3. 安全保障理事会は、その事業を最も容易にすると認めるこの機構の所在地以外の場所で、会議を開くことができる。

第29条
安全保障理事会は、その任務の遂行に必要と認める補助機関を設けることができる。

第30条
安全保障理事会は、議長を選定する方法を含むその手続規則を採択する。

第31条
安全保障理事会の理事国でない国際連合加盟国は、安全保障理事会に付託された問題について、理事会がこの加盟国の利害に特に影響があると認めるときはいつでも、この問題の討議に投票権なしで参加することができる。

第32条
安全保障理事会の理事国でない国際連合加盟国又は国際連合加盟国でない国は、安全保障理事会の審議中の紛争の当事者であるときは、この紛争に関する討議に投票権なしで参加するように勧誘されなければならない。安全保障理事会は、国際連合加盟国でない国の参加のために公正と認める条件を定める。

第6章 紛争の平和的解決

第33条

1. いかなる紛争でも継続が国際の平和及び安全の維持を危うくする虞のあるものについては、その当事者は、まず第一に、交渉、審査、仲介、調停、仲裁裁判、司法的解決、地域的機関又は地域的取極の利用その他当事者が選ぶ平和的手段による解決を求めなければならない。

2. 安全保障理事会は、必要と認めるときは、当事者に対して、その紛争を前記の手段によって解決するように要請する。

第34条

安全保障理事会は、いかなる紛争についても、国際的摩擦に導き又は紛争を発生させる虞のあるいかなる事態についても、その紛争または事態の継続が国際の平和及び安全の維持を危うくする虞があるかどうかを決定するために調査することができる。

第35条

1. 国際連合加盟国は、いかなる紛争についても、第34条に掲げる性質のいかなる事態についても、安全保障理事会又は総会の注意を促すことができる。

2. 国際連合加盟国でない国は、自国が当事者であるいかなる紛争についても、この憲章に定める平和的解決の義務をこの紛争についてあらかじめ受諾すれば、安全保障理事会又は総会の注意を促すことができる。

3. 本条に基いて注意を促された事項に関する総会の手続は、第11条及び第12条の規定に従うものとする。

第36条

1. 安全保障理事会は、第33条に掲げる性質の紛争又は同様の性質の事態のいかなる段階においても、適当な調整の手続又は方法を勧告することができる。

2. 安全保障理事会は、当事者がすでに採用した紛争解決の手続を考慮

に入れなければならない。

3. 本条に基いて勧告をするに当っては、安全保障理事会は、法律的紛争が国際司法裁判所規程の規定に従い当事者によって原則として同裁判所に付託されなければならないことも考慮に入れなければならない。

第37条

1. 第33条に掲げる性質の紛争の当事者は、同条に示す手段によってこの紛争を解決することができなかったときは、これを安全保障理事会に付託しなければならない。

2. 安全保障理事会は、紛争の継続が国際の平和及び安全の維持を危うくする虞が実際にあると認めるときは、第36条に基く行動をとるか、適当と認める解決条件を勧告するかのいずれかを決定しなければならない。

第38条

第33条から第37条までの規定にかかわらず、安全保障理事会は、いかなる紛争についても、すべての紛争当事者が要請すれば、その平和的解決のためにこの当事者に対して勧告をすることができる。

第7章　平和に対する脅威、平和の破壊及び侵略行為に関する行動

第39条

安全保障理事会は、平和に対する脅威、平和の破壊又は侵略行為の存在を決定し、並びに、国際の平和及び安全を維持し又は回復するために、勧告をし、又は第41条及び第42条に従っていかなる措置をとるかを決定する。

第40条

事態の悪化を防ぐため、第39条の規定により勧告をし、又は措置を決定する前に、安全保障理事会は、必要又は望ましいと認める暫定措置に従うように関係当事者に要請することができる。この暫定措置は、関係当事者の権利、請求権又は地位を害するものではない。安全保障理事会は、関係当時者がこの暫定措置に従わなかったときは、そのことに妥当な考慮を払わなけれ

ばならない。

第41条

安全保障理事会は、その決定を実施するために、兵力の使用を伴わないいかなる措置を使用すべきかを決定することができ、且つ、この措置を適用するように国際連合加盟国に要請することができる。この措置は、経済関係及び鉄道、航海、航空、郵便、電信、無線通信その他の運輸通信の手段の全部又は一部の中断並びに外交関係の断絶を含むことができる。

第42条

安全保障理事会は、第41条に定める措置では不充分であろうと認め、又は不充分なことが判明したと認めるときは、国際の平和及び安全の維持又は回復に必要な空軍、海軍または陸軍の行動をとることができる。この行動は、国際連合加盟国の空軍、海軍又は陸軍による示威、封鎖その他の行動を含むことができる。

第43条

1. 国際の平和及び安全の維持に貢献するため、すべての国際連合加盟国は、安全保障理事会の要請に基き且つ1又は2以上の特別協定に従って、国際の平和及び安全の維持に必要な兵力、援助及び便益を安全保障理事会に利用させることを約束する。この便益には、通過の権利が含まれる。

2. 前記の協定は、兵力の数及び種類、その出動準備程度及び一般的配置並びに提供されるべき便益及び援助の性質を規定する。

3. 前記の協定は、安全保障理事会の発議によって、なるべくすみやかに交渉する。この協定は、安全保障理事会と加盟国との間又は安全保障理事会と加盟国群との間に締結され、且つ、署名国によって各自の憲法上の手続に従って批准されなければならない。

第44条

安全保障理事会は、兵力を用いることに決定したときは、理事会に代表されていない加盟国に対して第43条に基いて負った義務の履行として兵力を提供するように要請する前に、その加盟国が希望すれば、その加盟国の兵力中の割当部隊の使用に関する安全保障理事会の決定に参加するようにその加盟

国を勧誘しなければならない。

第45条

国際連合が緊急の軍事措置をとることができるようにするために、加盟国は、合同の国際的強制行動のため国内空軍割当部隊を直ちに利用に供することができるように保持しなければならない。これらの割当部隊の数量及び出動準備程度並びにその合同行動の計画は、第43条に掲げる1又は2以上の特別協定の定める範囲内で、軍事参謀委員会の援助を得て安全保障理事会が決定する。

第46条

兵力使用の計画は、軍事参謀委員会の援助を得て安全保障理事会が作成する。

第47条

1. 国際の平和及び安全の維持のための安全保障理事会の軍事的要求、理事会の自由に任された兵力の使用及び指揮、軍備規制並びに可能な軍備縮小に関するすべての問題について理事会に助言及び援助を与えるために、軍事参謀委員会を設ける。

2. 軍事参謀委員会は、安全保障理事会の常任理事国の参謀総長又はその代表者で構成する。この委員会に常任委員として代表されていない国際連合加盟国は、委員会の責任の有効な遂行のため委員会の事業へのその国の参加が必要であるときは、委員会によってこれと提携するように勧誘されなければならない。

3. 軍事参謀委員会は、安全保障理事会の下で、理事会の自由に任された兵力の戦略的指導について責任を負う。この兵力の指揮に関する問題は、後に解決する。

4. 軍事参謀委員会は、安全保障理事会の許可を得て、且つ、適当な地域的機関と協議した後に、地域的小委員会を設けることができる。

第48条

1. 国際の平和及び安全の維持のための安全保障理事会の決定を履行するのに必要な行動は、安全保障理事会が定めるところに従って国際連合加盟国の全部または一部によってとられる。

2．前記の決定は、国際連合加盟国によって直接に、また、国際連合加
盟国が参加している適当な国際機関におけるこの加盟国の行動によ
って履行される。

第49条

国際連合加盟国は、安全保障理事会が決定した措置を履行するに当って、
共同して相互援助を与えなければならない。

第50条

安全保障理事会がある国に対して防止措置又は強制措置をとったときは、
他の国でこの措置の履行から生ずる特別の経済問題に自国が当面したと認め
るものは、国際連合加盟国であるかどうかを問わず、この問題の解決につい
て安全保障理事会と協議する権利を有する。

第51条

この憲章のいかなる規定も、国際連合加盟国に対して武力攻撃が発生した
場合には、安全保障理事会が国際の平和及び安全の維持に必要な措置をとる
までの間、個別的又は集団的自衛の固有の権利を害するものではない。この
自衛権の行使に当って加盟国がとった措置は、直ちに安全保障理事会に報告
しなければならない。また、この措置は、安全保障理事会が国際の平和及び
安全の維持または回復のために必要と認める行動をいつでもとるこの憲章に
基く権能及び責任に対しては、いかなる影響も及ぼすものではない。

第8章　地域的取極

第52条

1．この憲章のいかなる規定も、国際の平和及び安全の維持に関する事
項で地域的行動に適当なものを処理するための地域的取極又は地域
的機関が存在することを妨げるものではない。但し、この取極又は
機関及びその行動が国際連合の目的及び原則と一致することを条件
とする。

2．前記の取極を締結し、又は前記の機関を組織する国際連合加盟国
は、地方的紛争を安全保障理事会に付託する前に、この地域的取極
または地域的機関によってこの紛争を平和的に解決するようにあら

ゆる努力をしなければならない。

3．安全保障理事会は、関係国の発意に基くものであるか安全保障理事会からの付託によるものであるかを問わず、前記の地域的取極又は地域的機関による地方的紛争の平和的解決の発達を奨励しなければならない。

4．本条は、第34条及び第35条の適用をなんら害するものではない。

第53条

1．安全保障理事会は、その権威の下における強制行動のために、適当な場合には、前記の地域的取極または地域的機関を利用する。但し、いかなる強制行動も、安全保障理事会の許可がなければ、地域的取極に基いて又は地域的機関によってとられてはならない。もっとも、本条2に定める敵国のいずれかに対する措置で、第107条に従って規定されるもの又はこの敵国における侵略政策の再現に備える地域的取極において規定されるものは、関係政府の要請に基いてこの機構がこの敵国による新たな侵略を防止する責任を負うときまで例外とする。

2．本条1で用いる敵国という語は、第二次世界戦争中にこの憲章のいずれかの署名国の敵国であった国に適用される。

第54条

安全保障理事会は、国際の平和及び安全の維持のために地域的取極に基いて又は地域的機関によって開始され又は企図されている活動について、常に充分に通報されていなければならない。

第9章　経済的及び社会的国際協力

第55条

人民の同権及び自決の原則の尊重に基礎をおく諸国間の平和的且つ友好的関係に必要な安定及び福祉の条件を創造するために、国際連合は、次のことを促進しなければならない。

a．一層高い生活水準、完全雇用並びに経済的及び社会的の進歩及び発展の条件

b．経済的、社会的及び保健的国際問題と関係国際問題の解決並びに文化的及び教育的国際協力

c．人種、性、言語または宗教による差別のないすべての者のための人権及び基本的自由の普遍的な尊重及び遵守

第56条

すべての加盟国は、第55条に掲げる目的を達成するために、この機構と協力して、共同及び個別の行動をとることを誓約する。

第57条

1．政府間の協定によって設けられる各種の専門機関で、経済的、社会的、文化的、教育的及び保健的分野並びに関係分野においてその基本的文書で定めるところにより広い国際的責任を有するものは、第63条の規定に従って国際連合と連携関係をもたされなければならない。

2．こうして国際連合と連携関係をもたされる前記の機関は、以下専門機関という。

第58条

この機構は、専門機関の政策及び活動を調整するために勧告をする。

第59条

この機構は、適当な場合には、第55条に掲げる目的の達成に必要な新たな専門機関を設けるために関係国間の交渉を発議する。

第60条

この章に掲げるこの機構の任務を果たす責任は、総会及び、総会の権威の下に、経済社会理事会に課せられる。理事会は、このために第10章に掲げる権限を有する。

第10章　経済社会理事会

【構成】

第61条

1．経済社会理事会は、総会によって選挙される54の国際連合加盟国で構成する。

2．3の規定を留保して、経済社会理事会の18理事国は、3年の任期で毎年選挙される。退任理事国は、引き続いて再選される資格がある。

3．経済社会理事会の理事国の定数が27から54に増加された後の第1回の選挙では、その年の終わりに任期が終了する9理事国に代って選挙される理事国に加えて、更に27理事国が選挙される。このようにして選挙された追加の27理事国のうち、総会の定めるところに従って、9理事国の任期は1年の終りに、他の9理事国の任期は2年の終りに終了する。

4．経済社会理事会の各理事国は、1人の代表者を有する。

第62条

1．経済社会理事会は、経済的、社会的、文化的、教育的及び保健的国際事項並びに関係国際事項に関する研究及び報告を行い、または発議し、並びにこれらの事項に関して総会、国際連合加盟国及び関係専門機関に勧告をすることができる。

2．理事会は、すべての者のための人権及び基本的自由の尊重及び遵守を助長するために、勧告をすることができる。

3．理事会は、その権限に属する事項について、総会に提出するための条約案を作成することができる。

4．理事会は、国際連合の定める規則に従って、その権限に属する事項について国際会議を招集することができる。

第63条

1．経済社会理事会は、第57条に掲げる機関のいずれとの間にも、その機関が国際連合と連携関係をもたされるについての条件を定める協定を締結することができる。この協定は、総会の承認を受けなければならない。

2．理事会は、専門機関との協議及び専門機関に対する勧告並びに総会及び国際連合加盟国に対する勧告によって、専門機関の活動を調整することができる。

第64条

1. 経済社会理事会は、専門機関から定期報告を受けるために、適当な措置をとることができる。理事会は、理事会の勧告と理事会の権限に属する事項に関する総会の勧告とを実施するためにとられた措置について報告を受けるため、国際連合加盟国及び専門機関と取極を行うことができる。

2. 理事会は、前記の報告に関するその意見を総会に通報することができる。

第65条

経済社会理事会は、安全保障理事会に情報を提供することができる。経済社会理事会は、また、安全保障理事会の要請があったときは、これを援助しなければならない。

第66条

経済社会理事会は、総会の勧告の履行に関して、自己の権限に属する任務を遂行しなければならない。理事会は、国際連合加盟国の要請があったとき、又は専門機関の要請があったときは、総会の承認を得て役務を提供することができる。理事会は、この憲章の他の箇所に定められ、または総会によって自己に与えられるその他の任務を遂行しなければならない。

【表決】

第67条

1. 経済社会理事会の各理事国は、1個の投票権を有する。

2. 経済社会理事会の決定は、出席し且つ投票する理事国の過半数によって行われる。

【手続】

第68条

経済社会理事会は、経済的及び社会的分野における委員会、人権の伸張に関する委員会並びに自己の任務の遂行に必要なその他の委員会を設ける。

第69条

経済社会理事会は、いずれの国際連合加盟国に対しても、その加盟国に特に関係のある事項についての審議に投票権なしで参加するように勧誘しなけ

れればならない。

第70条

経済社会理事会は、専門機関の代表者が理事会の審議及び理事会の設ける委員会の審議に投票権なしで参加するための取極並びに理事会の代表者が専門機関の審議に参加するための取極を行うことができる。

第71条

経済社会理事会は、その権限内にある事項に関係のある民間団体と協議するために、適当な取極を行うことができる。この取極は、国際団体との間に、また、適当な場合には、関係のある国際連合加盟国と協議した後に国内団体との間に行うことができる。

第72条

1. 経済社会理事会は、議長を選定する方法を含むその手続規則を採択する。
2. 経済社会理事会は、その規則に従って必要があるときに会合する。この規則は、理事国の過半数の要請による会議招集の規定を含まなければならない。

第11章　非自治地域に関する宣言

第73条

人民がまだ完全に自治を行うに至っていない地域の施政を行う責任を有し、又は引き受ける国際連合加盟国は、この地域の住民の利益が至上のものであるという原則を承認し、且つ、この地域の住民の福祉をこの憲章の確立する国際の平和及び安全の制度内で最高度まで増進する義務並びにそのために次のことを行う義務を神聖な信託として受託する。

1. 関係人民の文化を充分に尊重して、この人民の政治的、経済的、社会的及び教育的進歩、公正な待遇並びに虐待からの保護を確保すること。
2. 各地域及びその人民の特殊事情並びに人民の進歩の異なる段階に応じて、自治を発達させ、人民の政治的願望に妥当な考慮を払い、且つ、人民の自由な政治制度の斬新的発達について人民を援助するこ

と。

3．国際の平和及び安全を増進すること。

4．本条に掲げる社会的、経済的及び科学的目的を実際に達成するために、建設的な発展措置を促進し、研究を奨励し、且つ、相互に及び適当な場合には専門国際団体と協力すること。

5．第12章及び第13章の適用を受ける地域を除く外、前記の加盟国がそれぞれ責任を負う地域における経済的、社会的及び教育的状態に関する専門的性質の統計その他の資料を、安全保障及び憲法上の考慮から必要な制限に従うことを条件として、情報用として事務総長に定期的に送付すること。

第74条

国際連合加盟国は、また、本章の適用を受ける地域に関するその政策を、その本土に関する政策と同様に、世界の他の地域の利益及び福祉に妥当な考慮を払った上で、社会的、経済的及び商業的事項に関して善隣主義の一般原則に基かせなければならないことに同意する。

第12章　国際信託統治制度

第75条

国際連合は、その権威の下に、国際信託統治制度を設ける。この制度は、今後の個々の協定によってこの制度の下におかれる地域の施政及び監督を目的とする。この地域は、以下信託統治地域という。

第76条

信託統治制度の基本目的は、この憲章の第１条に掲げる国際連合の目的に従って、次のとおりとする。

1．国際の平和及び安全を増進すること。

2．信託統治地域の住民の政治的、経済的、社会的及び教育的進歩を促進すること。各地域及びその人民の特殊事情並びに関係人民が自由に表明する願望に適合するように、且つ、各信託統治協定の条項が規定するところに従って、自治または独立に向っての住民の漸進的発達を促進すること。

268

3．人種、性、言語または宗教による差別なくすべての者のために人権
及び基本的自由を尊重するように奨励し、且つ、世界の人民の相互
依存の認識を助長すること。

4．前記の目的の達成を妨げることなく、且つ、第80条の規定を留保し
て、すべての国際連合加盟国及びその国民のために社会的、経済的
及び商業的事項について平等の待遇を確保し、また、その国民のた
めに司法上で平等の待遇を確保すること。

第77条

1．信託統治制度は、次の種類の地域で信託統治協定によってこの制度
の下におかれるものに適用する。

a．現に委任統治の下にある地域

b．第二次世界大戦の結果として敵国から分離される地域

c．施政について責任を負う国によって自発的にこの制度の下におか
れる地域

2．前記の種類のうちのいずれの地域がいかなる条件で信託統治制度の
下におかれるかについては、今後の協定で定める。

第78条

国際連合加盟国の間の関係は、主権平等の原則の尊重を基礎とするから、
信託統治制度は、加盟国となった地域には適用しない。

第79条

信託統治制度の下におかれる各地域に関する信託統治の条項は、いかなる
変更又は改正も含めて、直接関係国によって協定され、且つ、第83条及び第
85条に規定するところに従って承認されなければならない。この直接関係国
は、国際連合加盟国の委任統治の下にある地域の場合には、受任国を含む。

第80条

1．第77条、第79条及び第81条に基いて締結され、各地域を信託統治制
度の下におく個々の信託統治協定において協定されるところを除
き、また、このような協定が締結される時まで、本章の規定は、い
ずれの国又はいずれの人民のいかなる権利をも、また、国際連合加
盟国がそれぞれ当事国となっている現存の国際文書の条項をも、直

接又は間接にどのようにも変更するものと解釈してはならない。

2．本条1は、第77条に規定するところに従って委任統治地域及びその他の地域を信託統治制度の下におくための協定の交渉及び締結の遅滞又は延期に対して、根拠を与えるものと解釈してはならない。

第81条

信託統治協定は、各場合において、信託統治地域の施政を行うについての条件を含み、且つ、信託統治地域の施政を行う当局を指定しなければならない。この当局は、以下施政権者といい、1若しくは2以上の国またはこの機構自身であることができる。

第82条

いかなる信託統治協定においても、その協定が適用される信託統治地域の一部又は全部を含む1又は2以上の戦略地区を指定することができる。但し、第43条に基いて締結される特別協定を害してはならない。

第83条

1．戦略地区に関する国際連合のすべての任務は、信託統治協定の条項及びその変更又は改正の承認を含めて、安全保障理事会が行う。

2．第76条に掲げる基本目的は、各戦略地区の人民に適用する。

3．安全保障理事会は、国際連合の信託統治制度に基く任務で戦略地区の政治的、経済的、社会的及び教育的事項に関するものを遂行するために、信託統治理事会の援助を利用する。但し、信託統治協定の規定には従うものとし、また、安全保障の考慮が妨げられてはならない。

第84条

信託統治地域が国際の平和及び安全の維持についてその役割を果すようにすることは、施政権者の義務である。このため、施政権者は、この点に関して安全保障理事会に対して負う義務を履行するに当って、また、地方的防衛並びに信託統治地域における法律及び秩序の維持のために、信託統治地域の義勇軍、便益及び援助を利用することができる。

第85条

1．戦略地区として指定されないすべての地区に関する信託統治協定に

ついての国際連合の任務は、この協定の条項及びその変更又は改正の承認を含めて、総会が行う。

2. 総会の権威の下に行動する信託統治理事会は、前記の任務の遂行について総会を援助する。

第13章　信託統治理事会

第86条

1. 信託統治理事会は、次の国際連合加盟国で構成する。

   a. 信託統治地域の施政を行う加盟国

   b. 第23条に名を掲げる加盟国で信託統治地域の施政を行っていないもの

   c. 総会によって3年の任期で選挙されるその他の加盟国。その数は、信託統治理事会の理事国の総数を、信託統治地域の施政を行う国際連合加盟国とこれを行っていないものとの間に均分するのに必要な数とする。

2. 信託統治理事会の各理事国は、理事会で自国を代表する特別の資格を有する者1人を指名しなければならない。

【任務及び権限】

第87条

総会及び、その権威の下に、信託統治理事会は、その任務の遂行に当って次のことを行うことができる。

1. 施政権者の提出する報告を審議すること。

2. 請願を受理し、且つ、施政権者と協議してこれを審査すること。

3. 施政権者と協定する時期に、それぞれの信託統治地域の定期視察を行わせること。

4. 信託統治協定の条項に従って、前記の行動その他の行動をとること。

第88条

信託統治理事会は、各信託統治地域の住民の政治的、経済的、社会的及び教育的進歩に関する質問書を作成しなければならない。また、総会の権限内

にある各信託統治地域の施政権者は、この質問書に基いて、総会に年次報告を提出しなければならない。

【表決】

第89条

　　1．信託統治理事会の各理事国は、1個の投票権を有する。

　　2．信託統治理事会の決定は、出席し且つ投票する理事国の過半数によって行われる。

【手続】

第90条

　　1．信託統治理事会は、議長を選定する方法を含むその手続規則を採択する。

　　2．信託統治理事会は、その規則に従って必要があるときに会合する。この規則は、理事国の過半数の要請による会議招集の規定を含まなければならない。

第91条

信託統治理事会は、適当な場合には、経済社会理事会及び専門機関がそれぞれ関係している事項について、両者の援助を利用する。

第14章　国際司法裁判所

第92条

国際司法裁判所は、国際連合の主要な司法機関である。この裁判所は、付属の規程に従って任務を行う。この規定は、常設国際司法裁判所規程を基礎とし、且つ、この憲章と不可分の一体をなす。

第93条

　　1．すべての国際連合加盟国は、当然に、国際司法裁判所規程の当事国となる。

　　2．国際連合加盟国でない国は、安全保障理事会の勧告に基いて総会が各場合に決定する条件で国際司法裁判所規程の当事国となることができる。

第94条

1. 各国際連合加盟国は、自国が当事者であるいかなる事件においても、国際司法裁判所の裁判に従うことを約束する。

2. 事件の一方の当事者が裁判所の与える判決に基いて自国が負う義務を履行しないときは、他方の当事者は、安全保障理事会に訴えることができる。理事会は、必要と認めるときは、判決を執行するために勧告をし、又はとるべき措置を決定することができる。

第95条

この憲章のいかなる規定も、国際連合加盟国が相互間の紛争の解決をすでに存在し又は将来締結する協定によって他の裁判所に付託することを妨げるものではない。

第96条

1. 総会又は安全保障理事会は、いかなる法律問題についても勧告的意見を与えるように国際司法裁判所に要請することができる。

2. 国際連合のその他の機関及び専門機関でいずれかの時に総会の許可を得るものは、また、その活動の範囲内において生ずる法律問題について裁判所の勧告的意見を要請することができる。

第15章　事務局

第97条

事務局は、1人の事務総長及びこの機構が必要とする職員からなる。事務総長は、安全保障理事会の勧告に基いて総会が任命する。事務総長は、この機構の行政職員の長である。

第98条

事務総長は、総会、安全保障理事会、経済社会理事会及び信託統治理事会のすべての会議において事務総長の資格で行動し、且つ、これらの機関から委託される他の任務を遂行する。事務総長は、この機構の事業について総会に年次報告を行う。

第99条

事務総長は、国際の平和及び安全の維持を脅威すると認める事項につい

て、安全保障理事会の注意を促すことができる。

第100条

1. 事務総長及び職員は、その任務の遂行に当って、いかなる政府からも又はこの機構外のいかなる他の当局からも指示を求め、又は受けてはならない。事務総長及び職員は、この機構に対してのみ責任を負う国際的職員としての地位を損ずる虞のあるいかなる行動も慎まなければならない。

2. 各国際連合加盟国は、事務総長及び職員の責任のもっぱら国際的な性質を尊重すること並びにこれらの者が責任を果すに当ってこれらの者を左右しようとしないことを約束する。

第101条

1. 職員は、総会が設ける規則に従って事務総長が任命する。

2. 経済社会理事会、信託統治理事会及び、必要に応じて、国際連合のその他の機関に、適当な職員を常任として配属する。この職員は、事務局の一部をなす。

3. 職員の雇用及び勤務条件の決定に当って最も考慮すべきことは、最高水準の能率、能力及び誠実を確保しなければならないことである。職員をなるべく広い地理的基礎に基いて採用することの重要性については、妥当な考慮を払わなければならない。

第16章　雑則

第102条

1. この憲章が効力を生じた後に国際連合加盟国が締結するすべての条約及びすべての国際協定は、なるべくすみやかに事務局に登録され、且つ、事務局によって公表されなければならない。

2. 前記の条約または国際協定で本条1の規定に従って登録されていないものの当事国は、国際連合のいかなる機関に対しても当該条約または協定を援用することができない。

第103条

国際連合加盟国のこの憲章に基く義務と他のいずれかの国際協定に基く義

務とが抵触するときは、この憲章に基く義務が優先する。

第104条

この機構は、その任務の遂行及びその目的の達成のために必要な法律上の能力を各加盟国の領域において亨有する。

第105条

1. この機構は、その目的の達成に必要な特権及び免除を各加盟国の領域において亨有する。

2. これと同様に、国際連合加盟国の代表者及びこの機構の職員は、この機構に関連する自己の任務を独立に遂行するために必要な特権及び免除を亨有する。

3. 総会は、本条１及び２の適用に関する細目を決定するために勧告をし、又はそのために国際連合加盟国に条約を提案することができる。

第17章　安全保障の過渡的規定

第106条

第43条に掲げる特別協定でそれによって安全保障理事会が第42条に基く責任の遂行を開始することができると認めるものが効力を生ずるまでの間、1943年10月30日にモスコーで署名された４国宣言の当事国及びフランスは、この宣言の第５項の規定に従って、国際の平和及び安全の維持のために必要な共同行動をこの機構に代ってとるために相互に及び必要に応じて他の国際連合加盟国と協議しなければならない。

第107条

この憲章のいかなる規定も、第二次世界大戦中にこの憲章の署名国の敵であった国に関する行動でその行動について責任を有する政府がこの戦争の結果としてとり又は許可したものを無効にし、又は排除するものではない。

第18章　改正

第108条

この憲章の改正は、総会の構成国の３分の２の多数で採択され、且つ、安

全保障理事会のすべての常任理事国を含む国際連合加盟国の3分の2によって各自の憲法上の手続に従って批准された時に、すべての国際連合加盟国に対して効力を生ずる。

第109条

1. この憲章を再審議するための国際連合加盟国の全体会議は、総会の構成国の3分の2の多数及び安全保障理事会の9理事会の投票によって決定される日及び場所で開催することができる。各国際連合加盟国は、この会議において1個の投票権を有する。

2. 全体会議の3分の2の多数によって勧告されるこの憲章の変更は、安全保障理事会のすべての常任理事国を含む国際連合加盟国の3分の2によって各自の憲法上の手続に従って批准された時に効力を生ずる。

3. この憲章の効力発生後の総会の第10回年次会期までに全体会議が開催されなかった場合には、これを招集する提案を総会の第10回年次会期の議事日程に加えなければならず、全体会議は、総会の構成国の過半数及び安全保障理事会の7理事国の投票によって決定されたときに開催しなければならない。

第19章　批准及び署名

第110条

1. この憲章は、署名国によって各自の憲法上の手続に従って批准されなければならない。

2. 批准書は、アメリカ合衆国政府に寄託される。同政府は、すべての署名国及び、この機構の事務総長が任命された場合には、事務総長に対して各寄託を通告する。

3. この憲章は、中華民国、フランス、ソヴィエト社会主義共和国連邦、グレート・ブリテン及び北部アイルランド連合王国、アメリカ合衆国及びその他の署名国の過半数が批准書を寄託した時に効力を生ずる。批准書寄託調書は、その時にアメリカ合衆国政府が作成し、その謄本をすべての署名国に送付する。

4．この憲章の署名国で憲章が効力を生じた後に批准するものは、各自の批准書の寄託の日に国際連合の原加盟国となる。

第111条

この憲章は、中国語、フランス語、ロシア語、英語及びスペイン語の本文をひとしく正文とし、アメリカ合衆国政府の記録に寄託しておく。この憲章の認証謄本は、同政府が他の署名国の政府に送付する。

以上の証拠として、連合国政府の代表者は、この憲章に署名した。
1945年6月26日にサン・フランシスコ市で作成した。

出所：国際連合広報センター http://www.unic.or.jp/info/un/charter/text_japanese/

植木安弘（うえき　やすひろ）

1976年上智大学外国語学部卒業。コロンビア大学大学院で国際関係論修士号、博士号取得。1982年より国連事務局広報局勤務。1992-94年 日本政府国連代表部（政務班）、1994-99年 国連事務総長報道官室、1999-2014年 広報局、広報戦略部勤務。ナミビアや南アフリカで選挙監視活動、東ティモールで政務官兼副報道官、イラクで国連大量破壊兵器査察団バグダッド報道官、津波後のインドネシアのアチェで広報官なども務める。2014年より上智大学総合グローバル学部教授。上智大学国際関係研究所所員。著書：『国連広報官に学ぶ問題解決力の磨き方』（祥伝社新書、2015年）、共著や論文：「アフリカにおける国連の役割：国家主権の問題との関わりを中心に」（『世界の中のアフリカ』上智大学出版、2013年）、「国連新事務総長が直面する大国の自国第一主義」（『世界』2016年3月号）、『人間の安全保障と平和構築』（日本評論社、2017年）等。

こくさいれんごう
国際連合 その役割と機能
やくわり　き のう

2018年2月20日　第1版第1刷発行

著　者──植木　安弘
発行者──串崎　浩
発行所──株式会社 日本評論社
　　　　　〒170-8474 東京都豊島区南大塚3-12-4
　　　　　電話 03-3987-8611（代表）／03-3987-8621（販売）
　　　　　振替 00100-3-16
印　刷──精文堂印刷株式会社
製　本──株式会社 難波製本
検印省略　©UEKI, Yasuhiro 2018
ISBN 978-4-535-58714-4
装　幀──林 健造

JCOPY ＜（社）出版者著作権管理機構委託出版物＞
本書の無断複写は著作権法上での例外を除き禁じられています。複写される場合は、そのつど事前に、（社）出版者著作権管理機構（電話03-3513-6969、FAX03-3513-6979、e-meil: info@jcopy.or.jp）の許諾を得てください。また、本書を代行業者等の第三者に依頼してスキャニング等の行為によりデジタル化することは、個人の家庭内の利用であっても、一切認められておりません。

人間の安全保障と平和構築

東 大作[編著]

紛争の絶えない世界に、平和をどうやってもたらすのか。国際社会に何ができるのか。
さまざまな角度から論じる。植木安弘ほか著。　　　　　　◆A5判／本体2,600円＋税

難民の権利

ジェームス・C・ハサウェイ[著]　佐藤安信・山本哲史[訳]

国際難民法の世界的権威であるJ.ハサウェイ教授の原著の主要解説を完全翻訳。人権
法、そして実証的な国際法の観点からも解説される本書は、研究者、難民保護実務に
かかわる方々に必読の書。　　　　　　　　　　　　　　　◆A5判／本体4,200円＋税

法律家による難民支援

大川秀史[著]

コソボ、フィリピン、シリア、約30カ国の難民問題を視察、調査した弁護士による現認レ
ポート。難民支援への参加を呼びかける。　　　　　　　　◆A5判／本体3,600円＋税

非正規滞在者と在留特別許可

移住者たちの過去・現在・未来

近藤 敦・塩原良和・鈴木江理子[編著]

近年、社会的に広く認識されるようになった「在留特別許可」をめぐり、歴史的経緯や
諸外国との比較を交えて多角的に検証する。　　　　　　　◆A5判／本体5,700円＋税

21世紀の国際法 多極化する世界の法と力

大沼保昭[編]　　　　　　　　　　　法セミ LAW ANGLE シリーズ

世界はいま、国際法でどう捉えられるか。国際法各分野はもちろん、憲法、法哲学、法社
会学、国際政治学の研究者も集い、考察する対談集。　　　◆A5判／本体4,000円＋税

日本評論社
https://www.nippyo.co.jp/